필사본 고전소설 읽는 법

필사본 고전소설 읽는 법

허원기

조율

허원기

충북 충주에서 출생하였다.

건국대학교에서 국어국문학을 공부하고, 한국학중앙연구원(구 한국정신문화연구원) 한국학대학원에서 고전문학을 전공하여 석사와 박사학위를 받았다. 학위논문 주제로는 '삼국유사의 구도설화'와 '판소리의 신명풀이'를 각각 다루었다.

한국학중앙연구원 장서각의 전임연구원과 한국학중앙연구원 민족문화연구소에서 책임연구원을 지냈다.

현재는 다산학술문화재단의 전임연구원으로 있으면서 건국대학교에서 고전문학을 강의하고 있다.

문헌자료에 토대를 두고, 한국 서사문학의 사상적 의미와 미적 특질을 탐색하는 작업을 주로 진행해 왔으며, 최근에는 고전문학의 문화콘텐츠 활용에 대해서도 관심을 가지고 있다.

저서로는 『판소리의 신명풀이 미학』, 『고전서사문학의 사상과 미학』, 『고전산문자료 연구』, 『한문현토본 구운몽 교감주해 연구』, 『장서각 고소설 해제(공저)』 등이 있으며, 그밖에 다수의 고전산문 관련 논문들을 발표하였다.

필사본 고전소설 읽는 법

제1판 제1쇄 발행 2010년 7월 27일

지은이   허원기
펴낸이   허재식
펴낸곳   도서출판 조율

주소   [413-756] 경기도 파주시 교하읍 문발리 파주출판도시 513-15번지 2층
전화   031-955-7695
전송   031-955-7696
전자우편 joyul@joyulbook.com
홈페이지 www.joyulbook.com
신고   제406-2009-000053호(2009년 7월 27일)

ⓒ허원기, 2010
ISBN   978-89-962967-1-3 (93810)

값은 뒤표지에 있습니다.
저자와 협의하여 인지는 생략합니다.

책머리에

　수년전, 어느 날 필자는 필사본 고전소설 한 건을 입수하게 되었다. 그것은 필자의 은사이신 박용식 선생님께서 전해주신 것이다. 박용식 선생님은 작고하신 진동혁 선생님에게서 이 자료를 건네 받으셨는데, 진동혁 선생님은 인사동 고서점가에서 이 책을 구입했다는 이야기가 있었다.
　그러나 그 무렵, 필자는 한국학중앙연구원의 장서각에 근무하면서 수많은 필사본 고전소설들을 과분할 정도로 접하고 있던 터라 이 자료에 대해 별다른 관심을 기울이지 않았다. 필사년도도 1907년으로 오래된 것이 아니었고, 얼핏 보기에 작품의 내용도 별로 특별해 보이지 않았기 때문이다.
　그 후 필자는 생활의 터전을 고향인 충주로 옮기게 되었고 신상에도 적지 않은 변화가 있었다. 그러다가 좀 더 큰 집으로 이전하면서 무질서하게 쌓여있었던 예전의 자료들을 새롭게 정리할 수 있는 공간을 확보하면서 좀 더 차분하게 필자가 소장한 자료들을 살펴볼 수 있는 여유를 얻게 되었다. 그리고 올 봄에는 대학원 강의를 맡았다. 강의안을 어떻게 마련할지를 고민하다가 학생들에게 고전산문 필사본 자료에 대한 실질적인 판독능력을 습득하게 해주어야 한다는 생각을 하게 되었다. 더불어 필사본 고전산문 강독을 위한 자료로 어떤 것이 적절할지 고심하다가 예전에 입수한 필사본 고전소설 자료를 꼼꼼하게 다시 살펴보았다.
　수년전에 입수한 그 필사본 고전소설의 제목은 '칠미인연유기'였다. 이 소설은 주인공 장옥선이 영웅적 활약을 벌이면서 천정배필인 일곱 미인을 만나 아름다운 인연을 맺고 인간으로서는 이루기 힘든 부귀영화를 누린다는 내용을 담고 있다. 한편으로는 주인공의 영웅적인 투쟁과 또 한편으로는 남녀 간의 사랑을 이루어가는 과정을 서로 균형 있게 서술하고 있으며, 그를 통해 중세인들의 삶의 이상을 형상화하고 있다.

자아가 세계에 대응하는 방식은 결국 두 가지 중의 하나이다. 자아는 세계에 적대적으로 대응하기도 하고 우호적으로 대응하기도 한다. 세계에 적대적으로 대응할 때 그것은 투쟁이나 전쟁이야기가 되며, 세계에 우호적으로 대응할 때 그것은 사랑이야기가 된다. 그러한 점에서 세상의 모든 이야기는 결국 전쟁이야기가 아니면 사랑이야기로 수렴한다. 이중에서 전쟁이야기를 발전시킨 것이 영웅군담소설이며, 사랑이야기를 적극적으로 발전시킨 것이 애정소설이다. 이 소설은 이러한 두 가지 요소를 온전히 잘 갖추고 있다. 또한 이 소설은 이상소설의 성격이 강하다. 이것은 애정화소와도 일정한 관련성이 있겠으나, 이 소설에는 중세인들이 한번쯤 나도 이렇게 살아보았으면 하고 꿈꾸었던 이상적인 삶의 형상들이 잘 나타난다. 이와 함께, 옛 사람들의 이러한 투쟁과 사랑, 그리고 삶의 이상이 한국적 공간과 한국적 인물을 통해 나타난다는 점에서, 이 소설은 소설사적으로 매우 중요한 의미를 지닌다.

내용뿐만 아니라 형식적인 면에서도 이 소설은 필사본 고전소설의 형태를 온전하게 완비하고 있다. 본 내용에 앞서, 인물소개란을 따로 두고 있을 뿐만 아니라, 서문, 본문, 필사기의 형태가 온전히 갖추어져 있다. 그리고 글자의 서체가 매우 정갈하고 행간의 간격이 시원하게 설정되어 있으며, 손가락에 침을 발라 책장을 넘기기 편하게 만든 침자리도 넉넉하게 갖추어져 있어 독자들에게 매우 편한 느낌으로 다가온다.

그러므로 이 소설은 고전소설 일반의 서사적 전형을 매우 잘 갖추고 있을 뿐만 아니라, 조선 후기 고전소설 필사본의 완결된 형태를 잘 보여주고 있다는 점에서 매우 중요한 텍스트이다. 내용적인 면과 형식적인 면에서 조선 후기 필사본 소설의 완결된 특성을 잘 구비하고 있다는 점에서 이 소설이 아주 좋은 학습 독본임을 알 수 있다. 그런 이유로 지난 학기 강의에서 이 소설을 강독하고 그 결과를 이 책으로 간행한다. 이것을 책으로 간행하는 이유는 이 소설이 전문 연구자 외에도 필사본 고전소설의 맛을 온전히 보고자하는 일반 독자에게 많은 도움이 되리라고 생각하였기 때문이다.

문학이란 결국 맛을 보고 그 맛을 표현하는 행위라 할 수 있다. 무언가를 맛보는데 내용적인 면과 형식적인 면이 모두 중요하다. 그러한 점에서 고전소설의 내용적인 면과 함께 형식적인 면을 직접 확인하면서 읽을 수 있도록 이 책을 구성하였다. 이 책이 내용적인 면이나 형식적인 면에서 필사본 고전소설을 온전히 맛보고자 하는 독자들에게 조금이나마 도움이 되었으면 한다.

   자료를 제공하여 주신 박용식 선생님, 고전소설을 어려움없이 읽을 수 있도록 가르침을 주신 임치균 선생님과 여러 스승님들, 함께 이 소설을 읽었던 건국대학교 대학원 학생들, 그리고 책을 품위 있게 만들어주신 도서출판 조율의 허재식 사장님께 감사의 마음을 전하며 서문에 대신한다.

2010년 7월 필자 씀.

차례

책머리에   5

고전소설, 칠미인연유기(七美人宴遊記) 소개   9

칠미인연유기 권지일   31
제1장_안탑하영(雁榻賀榮) 웅몽점길(熊夢占吉)   48
제2장_흥진이비래(興盡而悲來) 현사이축신(賢士而逐臣)   102

칠미인연유기 권지이   143
제3장_호방의 고괘명(戶房高掛名) 여피로 우결연(儷皮遇結緣)   170

칠미인연유기 권지삼   295
제4장_삼전파적진(三戰破敵陣) 오야영미인(五夜迎美人)   298
제5장_일합멸적당(一合滅賊黨) 팔년알엄친(八年謁嚴親)   366
제6장_차상일공주(且賞一公主) 대연칠미인(大宴七美人)   388

고전소설, 칠미인연유기(七美人宴遊記) 소개

1. 서언

　현재 우리에게는 상당히 많은 양의 고전소설 자료들이 전해지고 있다. 자료의 측면에서 보면 이들 작품에 대한 연구는 선학들에 의해 비교적 충실하게 이루어져 왔다고 할 수 있다. 그러나 아직도 적절하게 발굴되지 못한 작품들과 깊이 있게 연구되지 못한 작품들이 적지 않게 남아 있는 것 또한 사실이다. 그러한 점에서 새로운 자료의 발굴과 그에 대한 적절한 조명은 여전히 고전소설 연구의 중요한 과제임을 부인할 수 없다.

　이 책에서 거론하는『칠미인연유긔(七美人宴遊記)』는 학계에 처음 소개되는 자료이다. 이 문헌의 원본은 필자가 소장하고 있으며, 한국학중앙연구원 장서각에 마이크로필름 촬영을 의뢰하여 현재 촬영이 끝난 상태이다.[*]

　이 문헌은 원래 인사동 고서점가에서 유통되던 것이었다. 이것을 단국대학교의 고 진동혁 교수가 입수하여 건국대학교의 박용식 교수에게 전해준 것이라고 한다. 필자는 이 문헌을 박용식 교수로부터 전해 받았다. 이 문헌은 다른 이본이 없는 것으로 보아 유일본 소설로 추정된다.

---

[*]　마이크로필름 번호는 '장서각 MF35-16230'이다.

이 문헌의 가치는 단순히 새로운 자료라는 것에 한정되지 않는다. 왜냐하면, 이 문헌이 필사본 문헌의 서지적 형태와 성격, 소설의 서술 체제, 소설의 서사적 내용과 미적 특질 등의 전반적인 면에서 소설사적으로 매우 중요한 의미가 있는 작품으로 평가될 수 있는 측면들이 많기 때문이다. 이 책에서 필자는 이 문헌의 전반적인 성격을 검토하고, 그것이 지니고 있는 소설사적 가치와 의미에 대하여 점검해 보고자 한다.

2. 서지의 특성

이 문헌의 표제는 '칠미인연유긔'이다. 그런데 이 문헌에는 특이하게도 권수제가 두 번이나 나타난다. 첫 번째 권수제는 '七美人宴遊記 칠미인연유긔'로, 두 번째 권수제는 '칠미인연유긔'로 표기되어 있다. 이것은 소설의 본문이 표지 바로 다음 장부터 시작되는 것이 아니라, 표지 다음의 두 번째 장부터 시작되기 때문에 그렇게 된 것이다. 표지의 바로 다음 장은 소설의 본문이 아니라 인물을 소개하는 장으로 설정되어 있다.

책의 크기는 가로 21.3cm, 세로 21.8cm이다. 전체가 3권 3책으로 구성되어 있으며, 1책은 28장, 2책은 37장, 3책은 38장 분량이며 작품의 전체 분량은 103장으로 이루어져 있다. 아래의 그림은 제 1책의 표지이다.

[그림 1] 표지

위의 그림과 같이 제1책은 오침(五針)의 선장본(線裝本)으로 이루어져 있다. 2책과 3책도 그러하다. 전체적으로 한글로 필사된 소설이지만 경우에 따라 필사자가 꼭 필요하다고 여긴 부분에는 한글 옆에 한자를 병기한 사례도 약간씩 나타난다.

형荊샨山옥玉쇠簫유有쥬主ᄒ미 삼三샨山옥玉제笛득得빈配라

(권지삼, 25앞)*

위의 글귀는 형산공주의 옥소에 새겨져 있었던 것이다. 이 글귀는 작품 속에서 남녀 주인공의 운명을 예견한 것으로 매우 중요한 의미가 있는 것이기 때문에 독자의 이해도를 높이기 위해 한자를 병기한 것으로 여겨진다. 예외가 있다면, 표지 다음 장에 등장인물들을 소개하는 부분이 있는데, 여기에서는 한문으로 먼저 표기하고 한글을 병기하는 형태로 되어있다.

본문으로 들어가면, 본문의 한 면은 8줄로 필사되어 있고 각 줄의 글자 수는 대략 18자 안팎이다. 전반적으로 줄 간격에 넉넉한 여유가 있어 독자들의 시야에 글자들이 시원스럽게 들어올 수 있도록 하였다. 그리고 각 면의 모서리 부분에 책장을 넘길 수 있도록 공백을 두고 있는 점은, 이 문헌이 세책본일 가능성을 짐작케 하는 서지상의 중요 특성이다. 각 장(張)의 앞면은 마지막 두 줄 끝부분이 대략 글자 서너 자(字) 정도의 간격을 둔 채 비워져 있다.

다음의 그림에서 볼 수 있듯이, 책장을 넘길 때 손가락이 닿는 부분에는 글자를 적지 않은 채로 공백이 있다. 이것은 손가락의 온기에 의해 먹물이 번지는 현상을 방지하고, 독자들이 보다 깨끗한 지면을 볼 수 있도록 세심하게 배려한 결과로 나타난 것이라 하겠다. 책 넘김을 위해 따로 의도적인 배려를 보인 이러한 필사방식은 세책본 고전소설이 지닌 독특한 특성이라 할 수 있다. 이러한 '침 자리'는 다른 세책본 국문 고전소설에서 자주 발견되는 현상이다. 그러나 필사본 국

---

* 원본은 세로쓰기 형태로 되어 있으나, 논문은 가로쓰기 형태이므로 이처럼 표기했으나 한자가 한글 아래에 표기된 것이 아니라 한글 옆에 표기되어 있다는 점에 유의하기 바란다.

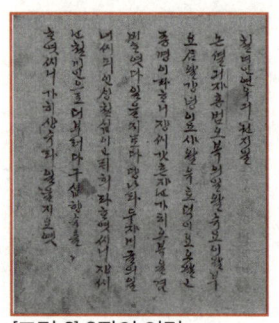 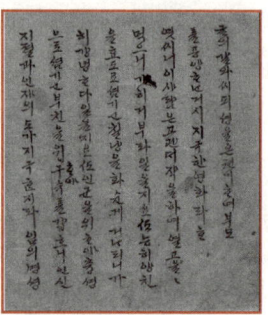

[그림 2] 3장의 앞면　　　　[그림 3] 3장의 뒷면

문 고전소설에 전체 줄 분량의 4분의 1정도나 배려하여 모서리 하단의 2줄을 넉넉하게 '침 자리'로 삼은 경우는 흔치 않다. 이것은 조선말 세책본 국문 고전소설이 상업화하면서 독자에 대한 서지적 배려가 극대화되었음을 반영한다고 할 수 있다.

필사된 글자의 자체(字體)는 해정하며 비교적 아름답다. 왕실의 낙선재에 소장되었던 소설들의 일반적인 궁서체와는 다른 서체적 특성을 보여주고 있으며, 여타 민간에서 필사된 소설의 서체와 비교해보아도 독특한 특성을 지니고 있다. 그리고 읽기에 부담이 없는 필체를 보여준다.

이 소설의 필사와 관련하여, 작품의 말미에는 다음과 같은 필사기가 적혀 있다.

> 되한 광무십일년(光武十一年) 정월일
> 글시 츄솔(麤率)ᄒᆞ고 오쟈각*셔(誤字落書)가 만스오니 물니(文理)를 좃쳐 그되로 눌너보시고 뉘시더지 비러다 보신 후 곳 임쟈의게로 회젼(回傳)ᄒᆞ시옵
>
> 　　　　　　　　　　　　　　　　　　　　　　(권지삼, 38앞)**

위에서 말하는 대한 광무십일년은 1907년에 해당된다. 이해 8월에는 순종황제가 새로 즉위하면서 광무 연호는 융희(隆熙)로 바뀐다. 그러나 필사자와 저자에

---

*　　'각'은 '낙'의 오기인 것으로 생각된다.
**　　괄호 ( ) 안의 한자는 이해를 돕기 위해 필자가 새로 삽입한 것임.

대한 정보는 나타나 있지 않다. 그러므로 이 작품은 현재로서는 작자 미상의 소설이다. 필사기에 따르면, 이 소설은 1907년 정월에 필사되었음이 분명하다. 또한 "비러다 보신 후 곳 임쟈의게로 회젼(回傳)ᄒ시ᅌᅳᆸ"이라고 하는 문구는 이 문헌이 세책본의 성격을 지니고 있었음을 재확인케 한다.

이러한 서지의 여러 측면에서 볼 때, 이 문헌은 조선 후기 필사본 국문 고전소설의 최종적 완결형식을 잘 보여 주고 있는 작품이며, 이러한 점에서 소설사적으로 매우 중요한 가치를 지닌 자료라고 할 수 있다.

3. 서술 체제

이 소설은 형태서지의 측면뿐만이 아니라 내용의 서술 체제 면에서도 몇 가지 독특한 점이 발견된다.

첫째로는 등장인물을 소개하는 지면을 독립적으로 따로 배정하고 있다는 점이다. 앞에서도 잠시 언급한 것처럼, 이것이 『칠미인연유기』의 권수제가 두 번에 걸쳐 나타도록 만든 직접적 원인이 되었다. 소설 속 등장인물 소개는 제 1책의 본문 제1장(張)의 앞면과 그 뒷면에 걸쳐 나타나고 있는데, 그것을 그림으로 보이면 아래와 같다.

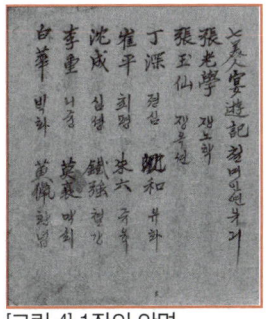
[그림 4] 1장의 앞면

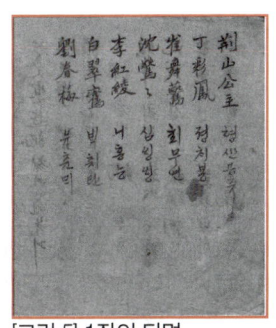
[그림 5] 1장의 뒷면

1장의 앞면에는 주인공의 부친인 쟝노학과 남자주인공 쟝옥선을 비롯하여 12인의 등장인물 이름을 한자와 한글을 병기하여 소개하고 있다. 특히 1장의 뒷면에는 제목에서 말하는 이른바 '칠미인'이 따로 소개되고 있다. 이렇게 두 면을 통해 모두 19인의 주요 등장인물을 소개하고 있다. 이런 식으로, 표지 다음의 첫 면이 등장인물의 소개로부터 시작되는 고전소설은 거의 찾아보기 어렵다. 완판본 105장본『구운몽』에서 이러한 사례˙를 확인할 수 있으나, 필사본 국문 고전소설에서는 이 작품 외에 이러한 사례를 발견하지 못하였다. 이러한 점에서 이 소설의 서술 체제는 매우 특별한 가치와 의미를 지닌다.

둘째로는 이 작품의 집필 동기와 관련하여 상당히 자세한 서설격의 서술을 삽입하여 수록하고 있다는 점이 매우 주목할 만하다. 조금 장황한 감이 있지만, 그 내용을 전부 인용해보면 아래와 같다.

> 논셜 긔쟈(箕子) 홍범(洪範) 오복(五福)의 일왈(一曰) 슈(壽)요 이(二)왈 부(富)요 숨(三)왈 강녕(康寧)이요 샤(四)왈 유호덕(攸好德)이요 오(五)왈 고종명(考終命)이라 ᄒᆞ니 쟝씨(張氏) 갓흔 쟈ᄂᆞᆫ 가히 오복을 겸비ᄒᆞ엿다 일을지로다. 당(唐)나라 두쟈미(杜子美) 글의 일너씨되 인싱칠십고릭희(人生七十古來稀)라 ᄒᆞ엿씨니 쟝씨ᄂᆞᆫ 칠미인(七美人)으로 더부러 다 구십향슈(九十享壽)를 ᄒᆞ엿씨니 가히 샹슈(上壽)라 일을지요, 옛글의 갈와씨되 "셩(性)을 온젼이 ᄒᆞ여 부모를 공양(供養)ᄒᆞᄂᆞᆫ 거시 지극한 영화(榮華)라" ᄒᆞ엿씨니 이 샤람은 고관딕쟉(高官大爵)을 하여 열 고을ᄉᆞ 먹으니 가히 거부(巨富)라 일을지요, 쏘 능히 양친(兩親)을 효도로 섬기고 칠낭(七娘)을 화슌(和順)케 거ᄂᆞ리니 가히 강녕(康寧)ᄒᆞ다 일을지요, 쏘 인군(人君)을 위

---

* 완판본 105장본『구운몽』에서 등장인물 소개는 한자와 한글이 병기되어 있다는 점에서『칠미인연유긔』와 유사한 형태를 띠고 있다. 그러나 "楊少游 楚國 楊處士之子 僧名 性眞 양쇼유는 초싸 양처ᄉᆞ의 아둘이니 승명은 셩진이라"에서 보듯이 단지 이름만 나열한 것이 아니라, 등장 인물의 아버지와 출신지, 별칭을 함께 제시하고 있다는 점에서 차이점이 있다. 국문소설이 아닌 한문소설의 경우에는 간혹 그러한 사례를 확인할 수 있으나 여기서는 자세하게 거론하지 않는다.

ᄒ야 츙셩(忠誠)으로 셤기고 부친을 위ᄒ야 구슈(仇讐)를 갑흐니 인신지절(人臣之節)과 인쟈(人子)의 도가 지극ᄒ지라, 임의 명셩덕닙(名成德立)ᄒ엿씨니 가히 유호덕(攸好德)이라 일을지요, 옛글의 ᄒ엿씨되 "달도 챠면 이우고 ᄒᆡ도 졍즁(正中)ᄒ면 기운다" ᄒ엿고, ᄯᅩ 일너씨되 "ᄉᆡ가 다 ᄒᆞᄆᆡ 활이 감취고 ᄯᅩ기가 죽으ᄆᆡ ᄀᆡ가 삼는다" ᄒ엿고, 한신(韓信)과 핑월(彭越)이 복질(覆跌)ᄒ엿고 진희(震豨)와 경포(黥布)도 효슈(梟首)ᄒ엿씨니, 셩공쟈(成功者) 거(去)는 쟈고(自古) 샹샤(常事)라. 연(然)이ᄂᆞ 쟝씨ᄂᆞᆫ ᄃᆡ공(大功)을 임의 일우ᄆᆡ 후샹(厚賞)을 만이 밧고 한가히 도라가 쵸당(草堂)의 누어 죠졍(朝廷)닐을 간예(干與)ᄒ고 천명(天命)으로 집의셔 연관(捐館)ᄒ니 가히 고종명(考終命)이라 일을지로다. 연(然)이ᄂᆞ 이 오복 외에 ᄯᅩ ᄒᆞᆫ가지 큰 복과 ᄒᆞᆫ가지 큰 화긔(和氣)가 잇씨니 예젹의 화봉인(華封人)이 ᄃᆡ요(大堯)의 츅샤(祝辭)의 일온 바 '슈부다남쟈(壽富多男子)'라 ᄒ엿씨니 다남쟈(多男子)도 ᄯᅩᄒᆞᆫ 큰 복이라, 쟝씨ᄂᆞᆫ 아달이 십일 형졔를 두고 쟈숀이 다 고관ᄃᆡ쟉(高官大爵)을 하여 츙셩을 다ᄒ여 국가의 갑흐니 이 읏지 큰 복이 안이며 부인(夫人) 칠인(七人)을 두며 왕후(王侯)의 ᄯᅡᆯ노 필부(匹夫)의게 하가(下嫁)ᄒ되 투긔(妬忌)ᄒᄂᆞᆫ 마음이 읍고 샤셔(士庶)의 녀쟈로 공쥬를 ᄃᆡ졉ᄒ되 죠금도 투긔와 흔극(釁隙)이 읍시니 이 엇지 화긔(和氣)가 안이리요? 쇽샤(俗士)와 범인비(凡人輩)ᄂᆞᆫ 다만 일쳐일쳡(一妻一妾)을 두되 셔로 시긔(猜忌)ᄒ여 구슈(仇讐)간 갓치 지니여 긔여히 가퓌국경(家敗國傾)ᄒᄂᆞᆫ ᄃᆡ 이르니 그런 샤람들은 읏지 홀노 붓그럽지 안이 ᄒ리요? 쟝씨ᄂᆞᆫ 졔가지도(齊家之道)에 익어 능히 화슌(和順)케 ᄒ엿씨니 이차관지(以此觀之)ᄒ면 쟝씨 갓흔 쟈ᄂᆞᆫ 가히 여셧 가지 복녹(福祿)을 갓쵸고 ᄒᆞᆫ가지 화긔(和氣)가 잇ᄂᆞᆫᄯᅩ다. 후속(後續) 인ᄉᆡᆼ(人生)이 그 풍취(風采) 긔샹(氣像)과 부귀공명(富貴功名)을 뉘 안이 흠션(欽羨)ᄒ리요? 이러무로 글 지여 젼(傳)ᄒ니라.

(권지일, 2앞-4뒤)

위의 서술에 의하면, 이 소설의 남자 주인공 장옥선이 인간으로서 오복을 온전히 누리고 많은 자손을 두었으며 처첩이 투기하지 않고 온 집안에 큰 화기(和氣)가 있었기 때문에, 모두가 부러워할만한 인생을 살았다고 평했다. 이것을 여섯 가지 복과 한 가지 화기로 지칭한다. 그리고 이 여섯 가지 복과 한 가지 화기가 이 작품을 집필하게 된 중요한 동기가 되었음을 밝히고 있다. 저술동기에 대한 서설적 서술이 이 정도로 상세히 나타난 필사본 국문소설 작품은 찾아보기 어렵다.[*] 그러한 점에서 이러한 서설 대목도 『칠미인연유긔』의 서술 체제를 보여주는 매우 중요한 특성이라고 할 수 있다.

등장인물 소개와 그 다음의 서설적 서술 다음에 이어지는 셋째 단계에서는 장옥선의 삶을 중심으로 하는 소설의 서사적 내용이 본격적으로 서술되고 있다.[**] 그리고 서사적 내용 다음에는 앞에서 잠시 살펴보았던 필사기를 통해 마무리되고 있다. 작품 말미의 필사기 부분을 그림으로 보이면 아래와 같다.

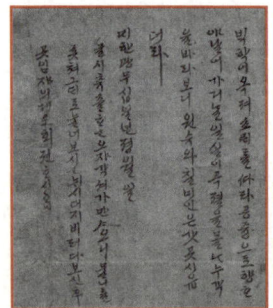

[그림 6] 작품 말미 필사기 대목

이러한 요소들을 종합하면, 『칠미인연유긔』의 전반적인 서술 체제는 ① 등장인물 소개 ② 서설 ③ 서사적 실제 내용 ④ 필사기의 네 가지 요소로 구성되어 있다. 이 작품은 이러한 네 단계의 서술 형식 체제를 온전하게 갖추고 있다는 점에

---

[*] 서설에 해당하는 부분은 국문소설보다는 한문소설에 그 사례가 더 잘 나타나므로, 이러한 형식은 한문소설의 형식으로부터 영향을 받았을 가능성도 있다.
[**] 이 내용에 대한 자세한 검토는 4장, 5장에서 이어진다.

서 매우 특별하다. 이렇게 네 가지 요소를 모두 포함하고 있는 탄탄한 형식의 소설 서술 체제는 그 이전의 다른 필사본 국문소설 작품에서는 발견할 수 없다. 이 작품은 조선시대 필사본 국문소설의 전반적인 서술 체제를 형식적으로 종합하고 완성한 작품이라는 점에서 우리 소설사에서 매우 중요한 가치를 지닌 작품이다. 우리 필사본 국문 고전소설의 서술 체제가 이 시기의 이 작품에 이르러 거의 완결된 형태를 갖추었으며, 그러한 징표를 보여주는 작품으로서 이 작품은 매우 중요한 가치와 의미를 지닌다.

4. 작품 경개

이 작품은 전체가 6개의 장으로 구성되어 있다. 본문에 제시되어 있는 각 장의 장회명을 권별로 나누어 제시하면 아래와 같다.

권지일

안탑하영(雁榻賀榮)* 웅몽졈길(熊夢占吉)
길에기 탑의 영화를 ᄒ례ᄒ고 곰의 쑴이 길ᄒᆞᆷ을 졈치도다.

홍진이비릭(興盡而悲來) 현ᄉᆞ이튝신(賢士而逐臣)
흥이 다 ᄒᆞ미 슬푸미 오고 어진 신히 구양 가ᄂᆞᆫ도다.

권지이

호방의고괘명(戶房高掛名) 여피로우결연(儷皮遇結緣)**
호방의 놉히 일홈을 걸고 여피로 또 인연을 만난 쏘다.

* 괄호 ( ) 안의 한자는 독자의 이해를 돕기 위해 필자가 새로 삽입한 것이다.
** '의'와 '로'는 우리말 토로서 한문장회명에 잘못 삽입된 듯하다.

권지삼

샴젼파젹진(三戰破敵陣) 오야영미인(五夜迎美人)
세 번 싸와 도젹의 진을 파ᄒᆞ고 오야의 쏘 미인을 어든쏘다.

일합멸젹당(一合滅賊黨) 팔년알엄친(八年謁嚴親)
흔합의 도젹의 당뉴를 멸ᄒᆞ고 팔 년만의 비로쇼 부친을 뵈온쏘다.

챠샹일공쥬(且賞一公主) 딕연칠미인(大宴七美人)
쏘한 공쥬의게 샹ᄒᆞ고, 크게 일곱 미인을 연희ᄒᆞᄂᆞᆫ쏘다.

장회명은 각기 한문 문구의 한글음으로 표기되어 있고, 그 한글음에 대한 뜻풀이가 한글로 함께 기재되어 있다. 이 소설의 서사적 줄거리를 각 장별로 나누어 정리하면 아래와 같다.

1장

고려 세상 호남부 삼산(보은의 옛 지명) 속리산 문응동에 삼한공신의 후예 장노학이라는 사람이 산다. 그는 경성 장상서의 아들로 조실부모하고 강호의 경개 좋은 곳을 찾아다니면서 초간을 이루며 살아간다. 그러던 어느 날 노학은 부인 한씨와 작별하여 속리산에 들어가 송산도사에게 십년동안 공부한 후 하산한다. 송산도사는 자신이 태을신선임을 밝히고 옥피리 하나를 주며 오십년 후에 만나게 될 것을 예언한다. 얼마 후 노학은 과거에 장원급제하여 한림학사가 된다. 수삼 년 후 그는 벼슬이 병부상서에 이르렀으나, 나이 40에 이르도록 아들이 없음을 근심한다. 이에 노학 부부는 속리산에 백일기도하여 태몽을 얻는다. 노학의 태몽에는 황룡 하나가 청룡 일곱을 이끌고 등천하는 것이 나타나고, 한씨의 태몽에는 누른 옥 하나와 푸른 옥 일곱 개를 얻는 것이 나타난다. 얼마 후 노학 부부는 용모 준수한 아들을 낳아 이름을 옥선(玉仙)이라 하고 자를 승룡(昇龍)이라 한다. 옥선은 교육을 잘 받으며 자란다.

2장

한편 천자는 옥선과 한날한시에 태어난 공주를 낳아서 기른다. 그 무렵 흉년이 들고 백성들이 도탄에 빠지자 관서지방에서 철강(鐵强)이란 자가 십만 군병을 모아 난을 일으키니 관서관동의 주린 백성들이 벌떼처럼 일어난다. 이에 간신인 호부시랑 주육(朱六)이 병란의 원인을 병부시랑 장노학에게 돌린다. 노학은 사직상소를 올리고 물러나지만 주육은 노학을 모함하여 죽이려 한다. 이에 충신인 예부시랑 정심(丁深), 이부상서 이중(李重)이 상소를 올려 구명하려 하지만, 격노한 천자는 노학을 탐라로 원찬하고 정심과 이중도 쫓아낸다. 이중은 귀양 가기 전에 옥선과 한날한시에 태어난 자신의 딸 홍릉이 정혼한 사실을 부인에게 알리고 떠나간다. 주육은 충신들을 쫓아내고 철강과 교통하여 철강으로 하여금 옥선을 죽이려 한다. 한씨는 꿈에 태을선관의 계시를 받아 옥선을 데리고 피신하여 태을선관이 보낸 청의동자들의 구원을 받는다. 그후 한씨와 옥선은 백낙촌 백화(白華)의 집에 이른다.(이상 권지일)
백화는 40여세에 꿈에 태을선관을 보고 취란을 낳았는데 또다시 꿈속에 태을선인의 지시를 받아 한씨와 옥선을 만난다. 이들을 만난 백화는 옥선의 나이와 생일생시가 취란과 같음을 알고 놀라며, 함께 기거토록 한다. 백화는 취란의 비파 소리와 옥선의 옥피리 연주가 서로 조화됨을 보고서 서로가 천정배필임을 깨닫고 혼인케 한다.

3장

철강이 군병을 이끌고 경성으로 들어와 천자를 겁박하니 주육은 항복을 주장한다. 그러나 천자는 공부시랑 사선의 의견에 따라 강화부로 파천하여 도읍을 정하고 후일을 기약한다. 주육이 철강과 함께 결국 천하의 삼분의 이를 차지하자 천자는 정심을 불러 과거를 통해 천하의 인재를 구하도록 한다. 이 사실을 안 옥선은 과거를 보기 위해 강화부에 이르러 여관에 거처한다. 옥선은 달 밝은 밤에 강화부를 배회하다가 정채봉과 이홍릉이 거문고와 노래로 읊조리는 광경을 목격하고 옥저로 이에 화답한다. 옥저 소리에 홍릉은 정혼자 옥선이 왔음을 알고, 옥선은 담을 넘어 들어가 두 여인을 만난다. 그 자리에서 홍릉은 옥선에게 이번 과거에 장원급제하여 정상서의 사위가 되어 자신을 잉첩으로 들일 것을 부탁한다. 옥선이 드디어 과거에 장원급제하니 천자는 그를 한림학사에 제수하고, 정심은 천자의 허락을 받아 옥선을 자신의 사위로 삼는다. 옥선은 모친과 취란이 있는 백낙촌으로 가는 길에 산동현에 이르러 기녀 최무연을 만나 옥저로 봉구황(鳳求凰)을 부니 무연이 춤으로 화답하고 서로 인연을 맺는다. 백낙촌으로 간 옥선은 모친 한씨와 백화, 백취란과 함께 돌아오다가 계룡부에서 남장한 심앵앵을 만난다. 앵앵의 벗인 취란은 옥선에게 앵앵을 천거하니 이에 옥선이 앵앵과 가약을 맺는다. 옥선 일행이 경성에 이르자 정심은 딸과 사위의 혼례를 거행한다. 며칠 후 옥선은 천자에게 출병을 청하니, 천자는 옥선에게 군사 이만과 상방검을 주어 육도대도독을 삼아 출전케 한다.(이상 권지이)

4장

십육 세의 어린 도원수 옥선이 출전하자 주육은 완산부를 도읍으로 삼고 철강을 선봉대장으로 삼아 황렵으로 하여금 옥선의 군대를 치게 한다. 옥선은 완산부에 이르러 다섯 가지 죄를 거론하며 항복을 권하는 격서를 주육에게 보낸다. 격노한 주육이 황렵을 출전시키니 옥선은 활을 쏘아 황렵을 말에서 떨어뜨리고 적진을 유린하여 첫 싸움을 승리로 이끈다. 그날 밤 옥선의 진중으로 한 자객이 찾아오니 이 사람은 지리산에서 태을선인에게 무예를 익힌 유춘매이다. 그날 밤 옥선과 춘매는 진중에서 백년가약을 맺는다. 다음날 황렵이 다시 군사를 이끌고 왔다가 춘매의 칼에 머리가 떨어지고 주육의 군대가 패전한다. 이에 철강이 직접 군대를 이끌고 출전하나 옥선의 철퇴에 맞아 죽고 춘매가 적을 무찌르니 적장들이 주육을 결박하여 바친다. 주육은 경성으로 압송되어 효수된다. 그 후 옥선은 대군을 돌려보내고 춘매와 함께 이중의 귀양지로 찾아가 홍릉과의 혼인 사실과 이중의 해배 사실을 알린다.

5장

옥선은 아버지가 유배된 탐라로 가다가 주육의 휘하 장수인 막쇠와 그 군대의 공격을 받는다. 그러나 막쇠는 춘매의 칼에 목숨을 잃고 적들이 소탕된다. 탐라에 이른 옥선은 배소에서 아버지 노학과 상봉한다. 옥선은 취처한 사연을 비롯하여 그동안의 일들을 고한다. 옥선은 노학과 함께 돌아오는 길에 무연과 다시 만나 함께 경성으로 돌아온다. 이에 천자는 남문밖에 거동하여 옥선 일행을 마중하고 노학에게 자신의 실책을 사과한다. 또한 천자는 노학을 승상으로 임명하고 옥선에게는 많은 상을 내리고 일등공신에 봉한다. 이에 이르자 옥선은 여섯 미인과 함께 화락하며 지낸다.

6장

한편 왕후는 공주가 십 여세 되던 무렵에 꿈을 꾼다. 그것은 태을신선이 옥소를 전해주면서 태을궁 옥저를 가진 이가 공주의 배필이 될 것이라 예언한 꿈이다. 왕후는 꿈을 깬 후에 과연 옥저를 얻었는데 그 옥소에는 '형산옥소유주(荊山玉簫有主) 삼산옥저득배(三山玉笛得配)'라고 적혀 있었다. 이에 천자는 공주를 형산공주에 봉한다. 어느 날 밤에 형산공주가 옥소를 불다가 피리소리에 응하여 춤을 추던 학을 매개로 하여 삼산 옥소의 주인공이 옥선임을 알게 된다. 이 사실을 알고 천자는 천정연분임을 내세워 옥선을 부마로 삼으려 한다. 그러나 옥선은 상소를 올려 조강지처를 버릴 수 없음을 간한다. 한편 형산공주는 왕후의 딸이 하가할 때 잉첩을 둘 수 있다하며 기존의 부인들을 받아들일 수 있도록 천자에게 간한다. 이에 드디어 공주와의 혼사가 이루어지고, 태을선관이 이른바 청옥 칠 개의 예언이 이루어진다. 그 후 옥선은 연수각을 지어 부모를 봉양하고, 별초당 일곱 개를 지어 일곱 미인들을 거처하게 하고 일곱 미인과 음악으로 태평성대를 즐긴다. 세월이 흘러 노학 부부가 세상을 떠나고, 옥선은 이십일 형제를 두고 일품벼슬의 지위가 되어 부귀영화를 극진히 누리다가 구십칠 세에 일곱 미인과 백일승천(白日昇天)한다.

5. 서사적 특질

4장에서 이미 살펴본 바와 같이, 이 소설은 조선시대 사람들이 꿈꾸었던, 귀족적인 삶의 이상을 장옥선이란 인물을 통해 형상화한 작품이라고 할 수 있다. 이 작품의 서사적 내용도 장옥선이 천정배필인 일곱 미인을 만나 아름다운 인연을 맺고 입신양명(立身揚名)하고 출장입상(出將入相)하며, 온갖 부귀영화와 복락을 누리는 것을 중심으로 하여 구성돼 있다. 작품 속에서 남자주인공 장옥선이 일곱 미인과 더불어 지극한 복락과 영화를 누리는 모습은 아래와 같이 잘 형상화되어 나타난다.

> 여러 미인으로 더부러 질길시, 치봉은 글을 지어 을푸고, 무연을 팔을 드러 춤을 츄고, 잉슈은 노리를 부르고, 홍능은 거문고를 타고, 취란은 비파를 치고, 츈미는 쟝금(長劍)을 쎄여 춤을 츄고, 원슈는 옥져(玉笛)를 닉여 곡죠(曲調)를 지어 부니, 쇼리 셔로 응ᄒ고 곡죄(曲調) 셔로 합ᄒ야 화락(和樂)ᄒ는 정의(情誼)는 천고(千古)의 읍는 빌너라.
>
> (권지삼, 23앞)

> 원슈 칠미인을 다 으드미 틱을션관(太乙仙官)의 청옥칠기(青玉七箇)를 씨닷고 칠미인(七美人)으로 더부러 화긔옹ᄉ(和氣雍雍)ᄒ고 위의습ᄉ(威儀襲襲)ᄒ야 죠곰도 편이(偏愛)하고 투긔(妬忌)ᄒ는 모양이 읍고 쏘한 황상과 왕후게 극진 츙셩으로 셤기고 승샹과 부인게 영화효도(榮華孝道)로 셤

기니 그 안이 죠 흘손야! 잇써 원슈 가샤(家舍)를 크게 이룩할 졔 연슈각[延壽閣]은 웅쟝히 지여 승샹 부쳐를 뫼시고 죠셕(朝夕) 문안범졀(問安凡節)과 의복음식지공(衣服飮食之功)을 극진 효셩(孝誠)으로 ᄒᆞ고, 별 쵸당(草堂) 칠간(七間)을 후원(後園)의 지을 시 연못슬 넓게 파고 연못 안의 셕가산(石假山) 모고 긔화이쵸(奇花異草)를 심그고 비금쥬슈(飛禽走獸)를 길으고 별당(別堂) 일곱 간을 졍묘(精妙)히 짓고 현판(懸板)을 붓쳣쓰니 졔일 왕낭각[王娘閣]은 형산공쥬(荊山公主) 거쳐ᄒᆞ야 옥쇼(玉簫)로 셰월을 보닉고, 졔이 단산[丹山]각은 졍치봉(丁彩鳳)이 거쳐ᄒᆞ야 풍월(風月)노 셰월을 보닉고, 졔삼 효열[孝烈]각은 니홍능(李紅綾)이 거쳐ᄒᆞ야 거문고로 쇼젹(消寂)ᄒᆞ고, 졔샤 운쇼[雲霄]각은 빅츄란(白翠鸞) 거쳐ᄒᆞ야 비파(琵琶)를 쳥아히 타고, 졔오 셜월[雪月]각은 뉴츈미(劉春梅) 거쳐ᄒᆞ야 칼츔으로 노닐고, 졔육 눌뉴[嫩柳]각은 심잉ᄉᆞ(沈鶯鶯)이 거쳐ᄒᆞ야 노릭를 맑게 부르고, 졔칠 샴츈[三春]각은 최무연(崔舞鷰)이 거쳐ᄒᆞ야 츔츄기로 일솜으니, 그 안이 죠흘손야! 원슈는 옥져(玉笛)를 들고 이 각(閣) 져 각 두로 단이며 곡죠를 응ᄒᆞ야 옥져를 부러 질탕(跌宕)이 논이니 신션(神仙) 노름이 ᄉᆞ에 지나지 못ᄒᆞ너라. 이러구러 쳔히(天下) 퇴평(太平)ᄒᆞ고 죠졍(朝廷)의 일이 읍셔 빅셩(百姓)이 격양가(擊壤歌)를 부르고, 긔린(麒麟)과 봉황(鳳凰)이 쟈로 나린지라. 셰월이 여류(如流)ᄒᆞ야 오십 년이 지닉는지라. 승샹과 부인은 션관의 언약ᄒᆞᆫ 씩를 당ᄒᆞ야 션관을 보이려고 셰샹을 이별ᄒᆞ고

(권지삼, 35앞-36뒤)

승샹과 부인은 션관의 언약ᄒᆞᆫ 씩를 당ᄒᆞ야 션관을 보이려고 셰샹을 이별ᄒᆞ고 원슈는 아달 이십일 형졔를 두엇씨되 벼살이 다 일품지위(一品之位)의 일으고 졍샹셔와 니샹셔도 다 승샹의 이르러 팔십지년(八十之年)의 셰샹을 쟉별ᄒᆞ고, 츈미 모친 이부인과 잉ᄉᆞ 모친 교부인과 무연 모친 홍부인

---

* 괄호 [ ] 안의 내용은 원본에 있는 한문병기임. 이하 상동.

도 천고(千古)의 읍는 영화(榮華)를 보고, 팔십 향슈(享壽)ᄒ엿시며, 빅쥬부(白主簿)도 벼살이 일품이 되고 팔십 향슈ᄒ얏더라. 이러구로 셰월이 지ᄂ 원슈 위국공(魏國功) 츙렬부원분군(忠烈府院君) 인동후(安東侯)를 봉(封)ᄒ고 칠미인으로 더부러 다 연광(年光)이 구십칠셰(九十七歲)의 일은지라. 쟈숀이 극진 효셩으로 봉양ᄒ던이 일ᄉ(一日)은 공이 칠미인으로 더부러 누각(樓閣) 우의 안져 셔로 질기더이, ᄉ옥고 오ᄉ치운(五色彩雲)이 누각의 쟈옥ᄒ고 말근 향ᆟ 진동ᄒ고 쳥학(靑鶴) 빅학(白鶴)이 날어들며 옥져 소릭 쳥아히 ᄂ더니 샴일 후의 구룸이 것치면서 향ᆟ 읍ᄂ지라. 쳥학 빅학이 옥져 쇼릭를 따라 공즁으로 향ᄒ야 날어가거늘 일실(一室)이 곡졀(曲折)을 몰ᄂ 누각을 바라보니 원슈와 칠미인은 갓 곳시 읍더라.

(권지삼, 36뒤-38앞)

   이처럼 남자주인공이 일부다처(一夫多妻)와 지극한 복락을 누리며 사는 이상적 삶을 그린 일군의 소설들을 우리는 이상소설(理想小說)이라고 한다. 이상소설은 중세인들의 삶의 이상을 형상화한 소설이라 할 수 있는데, 이 이상소설을 대표하는 작품으로는 『구운몽』이 있다. 구운몽 외에도 『육미당기』, 『옥선몽』, 『옥루몽』, 『임호은전』, 『오선기봉』, 『계상국전』 등이 이러한 유형에 속한다.[*] 『칠미인연유긔』도 이러한 이상소설의 범주에 포함되는 작품이라고 할 수 있다. 그러나 『칠미인연유긔』는 이상소설로서의 보편성과 아울러 나름의 특수성도 지니고 있다. 『칠미인연유긔』가 지닌 이상소설로서의 성격을 온전히 파악하자면, 이상소설의 전형이라고 할 수 있는 『구운몽』과 비교·검토하여 논의해 볼 필요가 있다. 『칠미인연유긔』는 아래와 같은 점에서 『구운몽』과 매우 유사한 양상을 보여준다.
   첫째, 여성주인공들의 형상이 매우 유사하게 나타난다. 『칠미인연유긔』의 칠미인과 『구운몽』의 팔선녀는 비록 '칠'과 '팔'이라는 수적 차이를 보여주기는 하

---

[*] 김기동, 『한국고전소설연구』, 교학연구사, 1985. 457면 참조.

지만 성격상 유사한 점이 많다. 팔선녀와 양소유가 같은 시점에 속세에 환생하였는데, 옥선과 칠미인의 경우에도 그러하다. 『칠미인연유긔』에서는 이를 더욱 강조하기 위하여 옥선과 칠미인의 사주가 같음을 명시하고 있다. 칠미인과 팔선녀의 신분도 거의 유사한 점이 많다. 『칠미인연유긔』에는 공주의 신분인 형산공주, 조정 대신의 딸인 정채봉과 이홍릉, 기녀인 최무연, 여검객인 유춘매 등이 등장한다. 『구운몽』에도 이들과 유사한 신분의 여자주인공들이 등장한다. 공주의 신분인 난양공주가 등장하고, 조정 대신의 딸인 정경패와 진채봉, 기녀인 계섬월과 적경홍, 여검객인 심요연이 등장한다. 『칠미인연유긔』에는 뿐만 아니라 잉첩이라는 형식으로 남자주인공과 인연을 맺는 이홍릉과 심앵앵이 등장하는데, 이는 『구운몽』에 등장하는 가춘운의 인물형상과 유사하다. 또한 두 작품의 여주인공들이 인덕과 신의, 기예와 음율에 뛰어난 점도 서로 다르지 않다. 다만 『칠미인연유긔』는 속세의 현실세계에 보다 근접하려는 경향을 보여주기 때문에 『구운몽』에 등장하는 용왕의 딸, 백능파와 같은 신분의 여성주인공은 등장하지 않는다.**

둘째, 남녀주인공이 결연을 이루는 과정에서도 유사한 점이 많이 나타난다. 『칠미인연유긔』의 옥선과 형산공주가 결연하는 것은 『구운몽』에서 소유와 난양공주가 결연을 이루는 방식과 유사하다. 그리고 옥선과 기녀 최무연의 만남은 소유와 계섬월, 적경홍의 만남과 유사하다. 또한 남자주인공이 진중에 진입한 여자객과 인연을 이루는 것도 유춘매, 심요연의 경우를 보면 다르지 않다. 그리고 『구운몽』의 경우 소유와 정경패는 봉구황(鳳求凰)이라는 악곡을 매개로 하여 인연을 맺게 되는데, 『칠미인연유긔』의 옥선과 최무연이 인연을 맺는 대목도 봉구황이라는 악곡을 매개로 하여 나타난다. 다른 점이 있다면, 『칠미인연유긔』의 경우에는 『구운몽』보다 남녀의 결연에 음악이 더욱 많은 비중을 차지한다는 점이다. 여자객인 유춘매와 인연을 맺는 대목을 제외하면 거의 대부분의 경우에 옥선의 옥저는 남녀 결연에 중요한 기능을 담당한다. 특히 옥선의 옥저와 형산공주의

---

*　　정채봉의 '채봉'이라는 이름도 『구운몽』의 진채봉과 연관이 있을 것이라는 예상을 할 수 있게 한다.
**　　용왕의 딸인 백능파의 부재는 용궁이라는 비현실 세계에 대한 작가의 부정을 의미하며, 『구운몽』과 『칠미인연유긔』의 성격을 변별하는 하나의 기점이기도 하다.

옥소에 이르면 이러한 음율을 통한 남녀결연이 절정에 이른다.
  셋째, 두 작품의 남자주인공이 보여주는 '영웅의 일대기' 형식'도 서로 유사한 점이 많다. 선행연구에 의하면 영웅의 일대기는 다음과 같은 기본 구조를 보여준다**는 것이다.

① 고귀한 혈통을 지니고 태어난다.(고귀한 혈통)
② 비정상적으로 잉태되거나 출생한다.(비정상적 출생)
③ 범인과는 다른 탁월한 능력을 타고났다.(탁월한 능력)
④ 어려서 기아가 되어 죽을 고비에 이른다.(기아)
⑤ 구출·양육자를 만나서 죽을 고비에서 벗어난다.(구출)
⑥ 자라서 다시 위기에 부딪친다.(위기)
⑦ 위기를 투쟁으로 극복하여 승리자가 된다.(극복 및 승리)

  『칠미인연유긔』의 경우 이러한 영웅의 일대기 양상은, ①은 삼한공신의 후예이며 병부상서의 아들, ②는 속리산에 백일기도, 태몽, ③은 용모가 준수하고 재능이 탁월함, ④는 부친의 귀양과 주육과 철강에 의해 죽을 고비를 넘김, ⑤는 백화에게 의탁하여 양육됨, ⑥은 출정, ⑦은 승전, 복수와 같은 형태로 나타난다. 이러한 점에서『칠미인연유긔』와『구운몽』*** 이 모두 이러한 영웅의 일대기 구조를 잘 보여주고 있다. 이것은 비단 이 두 작품뿐만 아니라 대부분의 이상소설이 채택하고 있는 전형적인 서사구조라고 할 수 있다.
  한편으로『칠미인연유긔』는『구운몽』은 다음과 같은 점이 확연하게 다르게 나타난다.
  첫째, 우리나라를 배경으로 하여 작품의 배경이 설정되어 있다는 점****이다. 시

---

*   조동일,「영웅의 일생, 그 문학사적 전개」,『동아문화』제10집, 1971. 참조.
**   조동일, 앞의 논문, 1971.
***   『구운몽』을 영웅의 일대기라는 관점에서 검토한 논의는 조동일(앞의 논문)을 비롯하여 여러 차례 있었으므로 여기에서는 상론하지 않는다.
****   이러한 점에서 이 작품은『옥선몽』·『육미당기』와 같은 성격을 지닌다.

간적으로 보면 고려가 개국한 후 대략 300년이 지난 시기를 배경으로 삼고 있으며, 공간적으로는 속리산, 지리산, 완산부, 송악산, 강화도, 탐라, 계룡부 등을 배경으로 하여 이야기가 전개된다. 이러한 점에서 『칠미인연유긔』는 중국 당나라를 배경으로 하여 낭만성을 극대화하는 쪽으로 나아간 『구운몽』과는 다른 모습을 보여준다. 구운몽 이외의 다른 이상소설도 중국을 작품의 배경으로 설정한 것이 많다는 사실에 비추어 보면, 『칠미인연유긔』가 보여준 새로운 시도는 매우 특별하다고 할 수 있다. 이것은 이상소설이 한국적 현실과 풍토에 더욱 근접하려는 시도를 보여주었다는 점에서 중요한 의미를 지닌다.

둘째, 『칠미인연유긔』는 『구운몽』과는 달리 '아버지의 부재'를 탈피한 모습을 보여주며, '용궁의 부재'를 보여준다. 『구운몽』에서 남자주인공 양소유의 아버지 양처사는 선가의 인물로 이미 양소유가 어린 시절에 세상을 떠난다. 그래서 양소유는 홀어머니 밑에서 자라나게 되고 끝까지 아버지를 상봉하지 못한다. 『칠미인연유긔』에 등장하는 장옥선의 아버지 장노학도 태을신선에게 수학한 선가의 인물이다. 하지만 이 작품 속에서 장노학은 속세에 오래도록 머물며 옥선과 자손들의 봉양을 받다가 세상을 떠난다. 또한 『구운몽』에서 백능파를 통해 나타나는 용궁의 세계가 『칠미인연유긔』에서는 부재하다는 것도 주목할 만하다. 이를 통해 용궁이라는 비현실세계보다는 이와 상반되는 현실세계에 집중하려는 경향이 잘 나타난다. 이러한 설정들은 이 작품이 속세의 현실세계에 대한 관심과 속세의 현실세계에서 이상을 추구하려는 의식을 다른 이상소설에 비해 더욱 강하게 반영하고 있음을 알 수 있게 한다.

6. 결언

지금까지 필자는 새로 발견된 유일본 소설 자료인 『칠미인연유긔』를 대상으로 하여, 그 서지의 특성, 서술 체제, 작품의 줄거리, 서사적인 특질을 전반적으로 검토해 보았다. 앞의 논의 내용을 요약하여 제시하는 것으로 결언을 대신하고

자 한다.

이 소설은 한글필사본으로서 3권 3책으로 구성되어 있다. 현재 작자와 필사자는 알 수 없지만 필사기에 의하면 1907년 정월에 필사한 것임을 알 수 있다. 전체적으로 볼 때 필사 상태가 양호하고 필체도 아름다운 편이다. 각 면은 8줄로 필사되어 있으며 책 넘김을 위해 각 면의 모서리 부분 아래 쪽 끝의 두 줄에 의도적으로 공백을 두었다. 이것은 다른 세책본의 필사본 국문 고전소설에도 이러한 특성이 나타나고 있어서, 이 소설이 세책본이었을 가능성이 짙다. 다만 이 소설은 다른 필사본 국문 고전소설보다 독자들을 배려하여 더욱 읽기 편한 세련된 형태로 진화시켰다는 점에서 중요하다. 또한 진화되어가던 필사본 국문 고전소설의 최종적 서지 형태를 비교적 잘 보여주고 있다는 점에서 소설사적으로 매우 중요한 작품이다.

이 작품은 전체적인 서술 체제면에서도 잘 정리된 형식을 보여주고 있다. 우선 독자들이 작품의 직접 대하기 전에 등장인물들을 명확히 이해하고 넘어갈 수 있도록 〈등장인물 소개란〉을 따로 배정했는데, 이것은 기존의 필사본 고전소설의 체제에서는 발견할 수 없는 현상이다. 그리고 작품의 집필 동기와 관련하여 서설에 해당하는 대목을 따로 설정하고 비교적 상세히 서술하고 있는 것도 다른 필사본 국문 고전소설 체제에서 발견하기 힘든 형태이다. 이 소설은 〈등장인물 소개란〉에서 〈서설〉, 〈본문〉, 〈필사기〉로 이어지는 네 단계의 서술 체제를 온전히 구현하여, 조선 후기 필사본 국문소설의 서술 형식과 그 체제를 완결하였다고 할 수 있다. 그러므로 서술 체제의 측면에서도 소설사적으로 매우 중요한 의미를 지닌다.

작품의 내용으로 보면 이상소설의 새로운 전형을 창조하였음을 알 수 있다. 여주인공들의 인물 형상과 결연 과정, 남자주인공들의 영웅적 일대기 등으로 보면 기존의 이상소설과 유사한 점이 많다. 그러나 우리의 공간과 시간을 배경으로 하고, 아버지 부재와 용궁의 세계를 탈피하는 방식을 통하여 속세의 현실 세계에 대한 관심을 보다 증폭시키고 현실세계에 근접한 이상을 형상화하려 했다는 점에서 소설사적 의의와 가치를 부여할 수 있다.

이러한 점들로 보면, 이 자료는 서지와 형식과 내용면에서 점차 완숙된 경지로 나아가는 조선 후기 필사본 고전소설의 최종적 진화 모습을 잘 보여준다는 점에서 매우 중요한 가치를 지닌다.

참고문헌

1. 자료
『칠미인연유긔』(필자소장본)
『九雲夢』(노존본B)
『九雲夢』(완판 105장본)

2. 연구서
김기동,『한국고전소설연구』, 교학연구사, 1985.
이윤석·大谷森繁·정명기,『세책 고소설 연구』, 혜안, 2003.
조희웅,『고전소설 이본목록』, 집문당, 1999.
천혜봉,『한국서지학』, 민음사, 1997.
허원기,『고전 산문자료 연구』, 아세아문화사, 2007.
모리스 쿠랑(이희재 역),『한국서지』, 일조각, 1997.
W.E Skillend,『古代小說 Kodae Sosol : A Survey of Korean Traditional Style Popular Novels』, University of London, 1968.

3. 연구논문
조동일,「영웅의 일생, 그 문학사적 전개」,『동아문화』제10집, 서울대학교 동아문화연구소, 1971.

칠미인연유기
권지일

표지

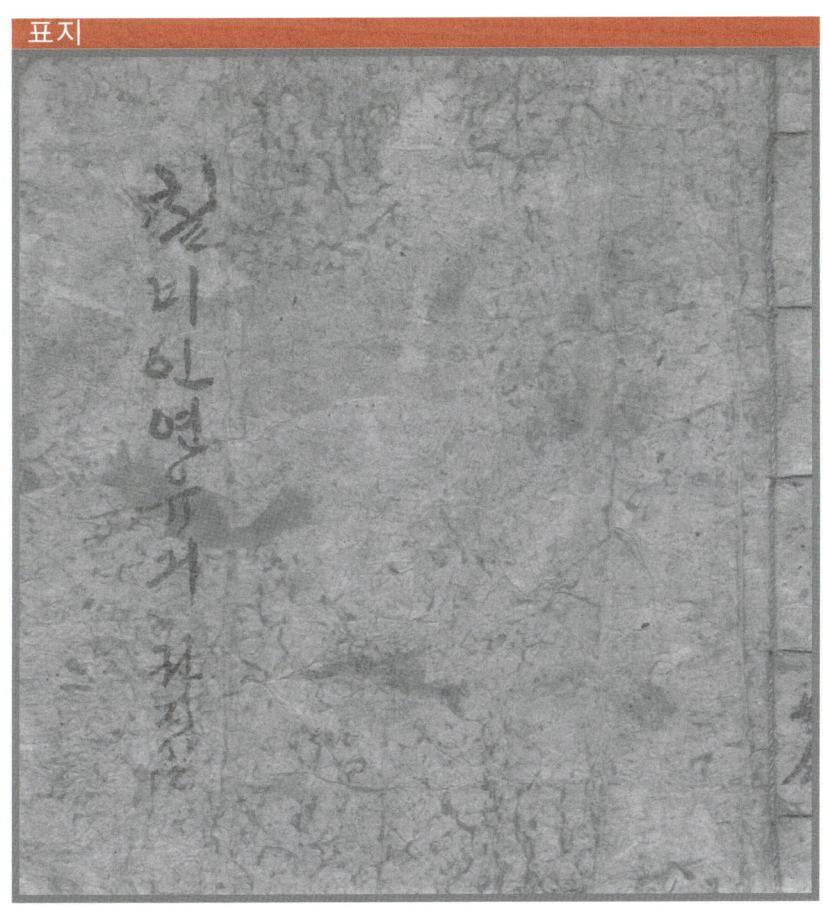

칠미인연유긔[1] 권지일　　공숨

현대어로 옮겨 읽기

칠미인연유기 권지일　　공삼

해설
- 공숨(共三)은 모두 세 권으로 구성되어 있다는 뜻이다.

1 칠미인연유긔 이 소설의 제목으로 한자로 바꾸면 '七美人宴遊記'가 된다. '일곱 미인과 잔치를 벌이며 논 이야기'라는 의미를 지닌다.

1_앞

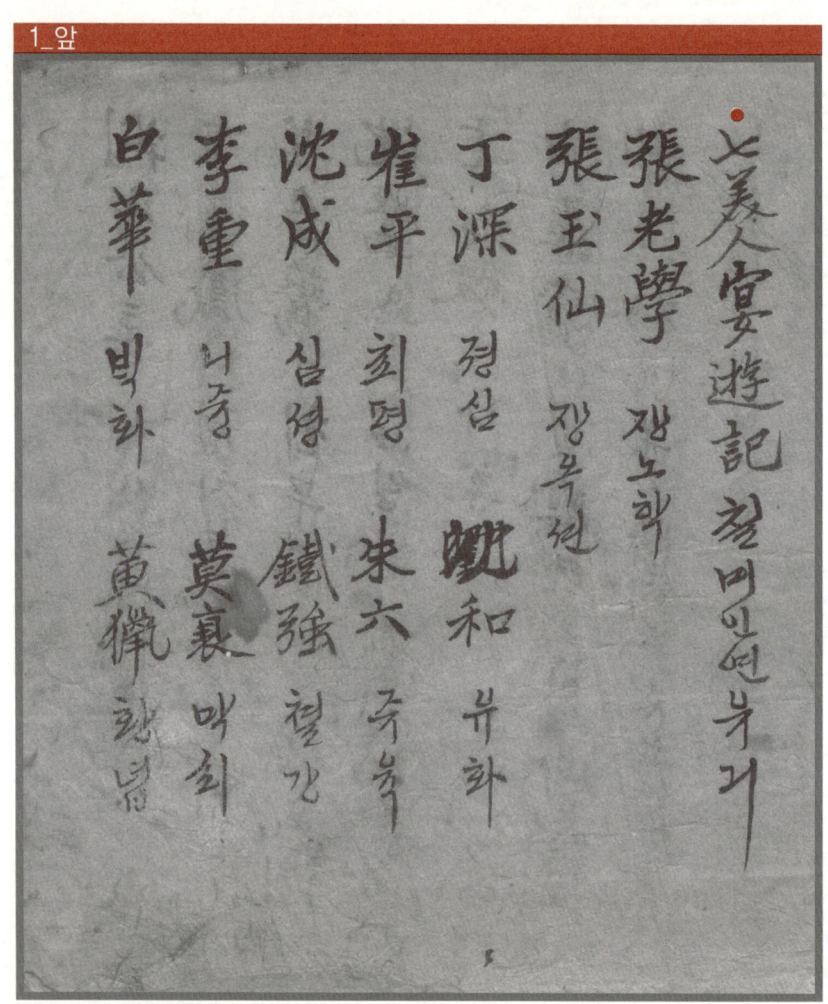

七美人宴遊記 칠미인연유긔

張老學 쟝노학

張玉仙 쟝옥션

丁深 졍심   劉和 유화

崔平 최평   朱六 쥬육

沈成 심셩   鐵强 철강

李重 니즁   莫衰 막쇠

白華 빅화   黃獵 황녑

현대어로 옮겨 읽기

七美人宴遊記 칠미인연유기

張老學 장노학

張玉仙 장옥선

丁深 정심   劉和 유화

崔平 최평   朱六 주육

沈成 심성   鐵强 철강

李重 이중   莫衰 막쇠

白華 백화   黃獵 황렵

해설

- '七美人宴遊記 칠미인연유긔'는 표제가 아니라 본문의 앞쪽에 오는 제목인 '권수제(卷首題)'에 해당한다.
- 여기서는 등장인물을 소개하고 있다. 남성 인물만 제시되어 있다.

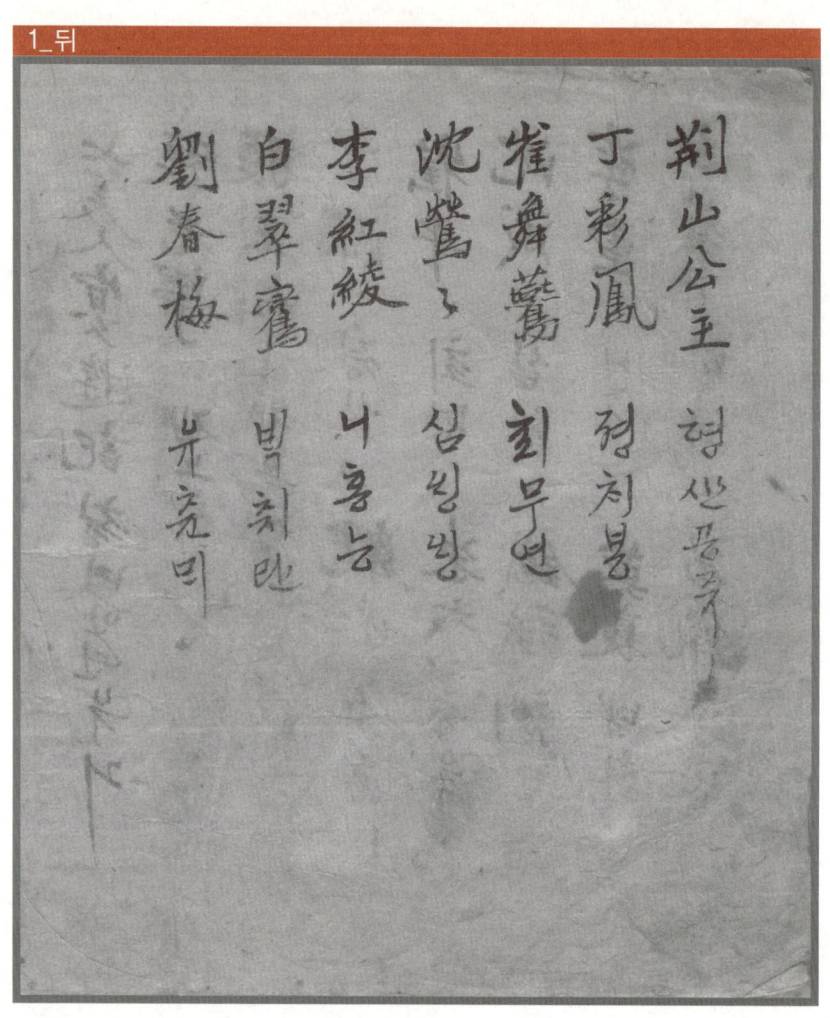

荊山公主 형산공쥬

丁彩鳳 졍치봉

崔舞鷰 최무연

沈鶯々 심잉잉

李紅綾 니홍능

白翠鸞 빅취란

劉春梅 유츈미

현대어로 옮겨 읽기

荊山公主　형산공주
丁彩鳳　정채봉
崔舞鷰　최무연
沈鶯々　심앵앵
李紅綾　이홍릉
白翠鸞　백취란
劉春梅　유춘매

해설

- 여기서도 앞면에 이어 등장인물을 소개하고 있다. 이 작품의 제목에 해당하는 일곱 미인들의 이름이 제시되어 있다.
- 고전소설의 앞 대목에 등장인물을 소개하는 경우는 많지는 않으나, 이런 경우 본문의 앞에 제시되는 것이 일반적인 형식이다.
- 한자 표기와 한글 독음이 함께 정리되어 있다.

2_앞

칠미인연유긔 권지일

논셜 긔쟈(箕子) 홍범(洪範)[2] 오복(五福)[3]의 일왈(一曰) 슈(壽)요 이(二)왈 부(富)요 숨(三)왈 강녕(康寧)이요 샤(四)왈 유호덕(攸好德)이요 오(五)왈 고죵명(考終命)이라 ᄒᆞ니 쟝씨(張氏) 갓혼 쟈는 가히 오복을 겸비ᄒᆞ엿다 일을지로다. 당(唐)나라 두쟈미(杜子美)[4] 글의 일너씨되 인싱칠십고릭희(人生七十古來稀)[5]라 ᄒᆞ엿씨니 쟝씨는 칠미인(七美人)으로 더부러 다 구십향슈(九十享壽)를 ᄒᆞ엿씨니 가히 샹슈(上壽)라 일을지요, 옛

현대어로 옮겨 읽기

칠미인연유기 권지일

기자의 홍범에 논설하되, 오복(五福)의 하나를 장수(長壽)라 하고, 둘을 부(富)라 하고, 셋을 강녕(康寧)이라 하고, 넷을 덕을 좋아하는 것이라 하고, 다섯을 제 명대로 살다가 죽는 것이라 하니, 장씨 같은 사람은 오복을 겸비하였다고 이를만하다. 당나라 두목(杜牧)의 글에 일렀으되, "인간이 칠십 년을 사는 것은 예로부터 드물다." 하였으니, 장씨는 일곱 미인과 더불어 다 구십 년의 장수를 누렸으니 가장 많은 수명이라 할 것이요, 옛

해설

- 여기부터 4의 뒷장까지는 이 소설의 서문에 해당한다. 이 소설을 쓰게 된 이유와 취지를 설명하고 있다.
- 끝에서 첫 번째와 두 번째 줄의 아래쪽에는 약간의 글자 여백이 있다. 이것을 '침자리'라고 한다. 이것은 독자들이 손가락에 침을 발라 책장을 넘길 때 글자의 먹이 손에 묻거나 지면에 번지는 것을 방지하기 위해 일부러 글자를 쓰지 않고 여백을 둔 것이다. 필사본 세책(貰册)소설에서 이러한 예는 자주 나타난다. 다음 면에 나타나는 것들도 마찬가지이다.

---

2 홍범(洪範) 중국 유교의 5대 경전 중 하나인 《서경(書經)》의 1편으로서 유가(儒家)의 세계관에 의거하여 정치철학을 말한 글. 홍범구주(洪範九疇)라고도 한다. 정치는 천(天)의 상도(常道)인 오행(五行)·오사(五事)·팔정(八政)·오기(五紀)·황극(皇極)·삼덕(三德)·계의(稽疑)·서징(庶徵)·오복(五福) 등 구주(九疇)에 의해 인식되고 실현된다는 것이 그 주요 내용이다.

3 오복(五福) 인생에서 바람직하다고 여겨지는 다섯 가지 복. 곧, 수(壽)·부(富)·강녕(康寧)·유호덕(攸好德)·고종명(考終命)이다. 수는 장수, 부는 물질적 풍요, 강녕은 몸이 건강하고 마음이 평안한 것, 유호덕은 덕을 지키기 좋아하는 것, 고종명은 제 명대로 살다가 죽는 것이다. 오복이란 말은 《상서(尚書)》〈홍범(洪範)〉에 먼저 나왔다. 그 뒤 다른 경전이나 문헌에도 인생에서 온갖 복을 갖추었다고 말할 때 이 오복이란 말을 사용하였다.

4 두쟈미(杜子美, 803-852) 중국 당나라의 시인. 본명은 목(牧), 자는 목지(牧之), 호는 번천(樊川)이며, 대학자 두우(杜佑)의 손자다. 이상은(李商隱)과 더불어 이두(李杜)로 불리는 중국 만당전기(晚唐前期)의 시인. 산문에도 뛰어났지만 시에 더 뛰어났으며, 근체시(近體詩) 특히 칠언절구(七言絕句)를 잘 했다. 만당시대의 시인에 어울리게 말의 수식에 능했으나, 내용을 보다 중시했다. 주요 작품에는 《아방궁의 부》, 《강남춘(江南春)》 등이 있다.

5 인싱칠십고리희(人生七十古來稀) 사람이 칠십 년을 사는 것은 예로부터 드물다.

2_뒤

글의 갈와씨되 "셩(性)을 온전이 ᄒᆞ여 부모를 공양(供養)ᄒᆞᄂᆞ 거시 지극한 영화(榮華)라" ᄒᆞ엿씨니 이 샤람은 고관딕쟉(高官大爵)을 하여 열 고을ᄉ 먹으니 가히 거부(巨富)라 일을지요, ᄯᅩ 능히 양친(兩親)을 효도로 셤기고 칠낭(七娘)을 화슌(和順)케 거ᄂᆞ리니 가히 강녕(康寧)ᄒᆞ다 일을지요, ᄯᅩ 인군(人君)을 위ᄒᆞ야 츙셩(忠誠)으로 셤기고 부친을 위ᄒᆞ야 구슈(仇讐)를 갑흐니 인신지절(人臣之節)과 인쟈(人子)의 도가 지극ᄒᆞᆫ지라, 임의 명셩

현대어로 옮겨 읽기

글에 말씀하였으되 성을 온전히 하여 부모를 공양하는 것이 지극한 영화라 하였으니, 이 사람은 고관대작(高官大爵)을 하여 열 고을의 (소출을) 먹으니 큰 부자라 이를 것이요, 또 능히 양친을 효도로 섬기고 일곱 낭자를 화순케 거느리니 강녕하다 이를 것이요, 또 임금을 위하여 충성으로 섬기고 부친을 위하여 원수를 갚으니 신하의 범절과 자식의 도가 지극한 지라, 이미 명성

해설

- 원문의 세 번째 줄 마지막에 있는 'ㅆ' 표시는 같은 글자를 반복할 때 표시하는 기호이다. 앞에 '을' 자가 있으므로 여기에서 그 '을' 자를 한 번 더 반복하여 읽으라는 기호이다.

6 고관딕작(高官大爵) 높은 벼슬과 큰 작위.

3_앞

덕닙(名成德立)[7]ᄒ엿ᄯ니 가히 유호덕(攸好德)이라 일을지오, 옛글의 ᄒ엿ᄯ되 "달도 챠면 이우고 희도 졍즁(正中)ᄒ면 기운다" ᄒ엿고, ᄯ 일너씨되 "식가 다ᄒᄆ 활이 감취고 쪽기가 죽으ᄆ 기가 삼는다"[8] ᄒ엿고, 한신(韓信)[9]과 핑월(彭越)[10]이 복질(覆跌)ᄒ엿고 진희(震豨)[11]와 경포(黥布)[12]도 효슈(梟首)ᄒ엿ᄯ니, 셩공쟈(成功者) 거(去)는 쟈고(自古) 샹샤(常事)라. 연(然)이ᄂ 쟝씨ᄂ 딕공(大功)을 임의 일우ᄆ 후샹(厚賞)을 만이 밧고 한가히 도라가 쵸당(草堂)의 누어 죠졍(朝廷)

현대어로 옮겨 읽기

덕립(名成德立)하였으니 유호덕(攸好德)이라 이를 것이오, 옛글에 말하였으되, "달도 차면 이울고 해도 가운데 이르면 기운다." 하였고, 또 일렀으되, "새가 다하면 활이 감춰지고, 토끼가 죽으면 개가 삶아진다." 하였고, 한신(韓信)과 팽월(彭越)이 망하여 넘어지고 진희(震豨)와 경포(黥布)도 목이 베어져 높이 달리었으니, 공을 이룬 자가 떠나는 것은 예로부터 늘상 있는 일이다. 그러나 장씨는 큰 공을 이미 이루어 두터운 상을 많이 받고 한가히 돌아가 초당에 누어 조정

해설

- 첫째줄 중간에서 약간 아랫부분에 점이 찍혀 있고 '이라'는 말이 옆에 적혀있는데, 이는 빠진 글을 삽입한 것이다. 필사본 소설에서는 이러한 사례들을 자주 발견할 수 있다.

7 명성덕닙(名成德立) 명예를 이루고 공덕을 세움.
8 시가 다흥미 활이 감취고 쏙기가 죽으미 기가 삼는다 『사기』 「회음후열전」에 나오는 말이다. 원래는 "빠른 토끼가 죽으면 좋은 사냥개가 삶겨지고, 높이 나는 새가 죽으면 좋은 활이 감춰지며, 적국이 망하면 도모하는 신하가 사라진다.(狡兎死 良狗烹, 高鳥盡 良弓藏, 敵國破 謀臣亡.)"이다.
9 한신(韓信, 미상-기원전 196) 유방을 도와 한나라를 건국하는데 큰 공을 세웠으나 그 후 점차 권력의 중심에서 밀려나 회음후로 밀려났다가 진희의 반란에 가담한 것이 탄로나 결국 여태후에게 죽임을 당했다.
10 핑월(彭越, 미상-기원전 196) 한나라 때의 장군. 한나라의 건국에 큰 공을 세웠으나, 나중에 유방의 의심을 사서 결국은 처형당했다.
11 진희(震豨) 한나라 때의 장군으로 반란을 일으켰다가 죽임을 당했다.
12 경포(黥布, 미상-기원전 195) '영포'로 불리기도 한다. 한나라 때의 장군으로 큰 공을 세웠으나 한신과 팽월이 죽임을 당하는 것을 보고 반기를 들었으나 진압되어 죽임을 당했다.

3_뒤

놀을 간예(干與)ᄒᆞ고 천명(天命)으로 집의셔 연관(捐館)[13]ᄒᆞ니 가히 고종명(考終命)이라 일을지로다. 연(然)이ᄂᆞ 이 오복 외에 쏘 ᄒᆞᆫ가지 큰 복과 ᄒᆞᆫ가지 큰 화긔(和氣)가 잇씨니 예젹의 화봉인(華封人)[14]이 디요(大堯)의 축샤(祝辭)의 일온 바 '슈부다남쟈(壽富多男子)'[15]라 ᄒᆞ엿씨니 다남쟈(多男子)도 쏘ᄒᆞᆫ 큰 복이라, 쟝씨는 아달[16]이 십일 향졔[17]를 두고 쟈손이 다 고관딘쟉(高官大爵)을 하여 츙셩을 다ᄒᆞ여 국가의 갑ᄒᆞ니 이 웃지 큰 복이 안

현대어로 옮겨 읽기

일을 간여하고 천명으로 집에서 죽으니 고종명(考終命)이라 이를 것이로다. 그러나 이 오복 외에 또 한 가지 큰 복과 한 가지 큰 화기(和氣)가 있으니, 옛적의 화봉인(華封人)이 요임금을 축사한 말에 이르기를 '수부다남자(壽富多男子)'라 하였으니, 자손이 많은 것 또한 큰 복이라, 장씨는 아들 십일 형제를 두고 자손이 다 고관대작을 하여 충성을 다하여 국가에 갚으니 어 어찌 큰 복이 아

해설

● 위의 본문에서 '아달', '향졔' 같은 말들은 '아들'과 '형제'를 말하는 것이다. 옛 한글 필사본 문헌들에는 이러한 성격의 오자들이 많이 나타난다. 고전소설이 필사되던 시기에는 표준적인 맞춤법과 표기법, 그리고 표준음이 정해져 있지 않았기 때문에 이러한 현상들이 자주 나타난다. 우리가 필사본 고전소설을 읽을 때는 이러한 점을 잘 감안하고 읽어야 한다.

13 연관(捐館) 집을 버림. 즉, 죽는다는 말이다.
14 화봉인(華封人) 『장자』 천지편에 나온 '화봉삼축(華封三祝)'고사에서 화봉인이 요(堯)임금에게 세 가지를 축원하였다. 이때 화봉인이 말하기를 "성인(요임금)에게 축원하오니 오래 사십시오." 하니 요임금은 "싫다."고 하였다. 이어 화봉인이 "부자가 되십시오." 하니 요임금은 다시 "싫다." 하였다. 이어 화봉인이 "자손을 많이 두십시오." 하니 요임금이 "싫다." 하였다. 그러자 화봉인이 "수(壽), 부(富), 다남자(多男子)는 모든 인간이 바라는 바인데, 혼자서 마다하는 연유가 무엇입니까?"라고 물었다. 이에 요임금은 "다남자는 걱정이 많고, 부는 일이 많으며, 수는 욕됨이 많다. 따라서 이 세 가지는 덕을 기르는 소이(所以)가 아니다"고 대답하였다. 이 고사에는 부나 수, 자손 등 평범한 세인이 바라는 차원을 한층 넘어서 세상의 그 무엇보다 덕을 기르는 것이 중요하다는 교훈이 담겨져 있다.
15 슈부다남쟈(壽富多男子) 오래 살고, 물질적으로 풍요롭고, 자손이 많은 것.
16 아달 아들.
17 향졔 형제.

4_앞

이며 부인(夫人) 칠인(七人)을 두며 왕후(王侯)의 딸노 필부(匹夫)의게 하가(下嫁)ᄒ되 투긔(妬忌)ᄒᄂᆫ 마음이 읍고 샤셔(士庶)의 녀ᄌᆞ로 공쥬를 딕졉ᄒ되 죠금도 투긔와 흔극(釁隙)이 읍시니 이 엇지 화긔(和氣)가 안이리요? 쇽샤(俗士)와 범인빅(凡人輩)ᄂᆞᆫ 다만 일쳐일쳡(一妻一妾)을 두되 서로 시긔(猜忌)ᄒ여 구슈(仇讎)간 갓치 지닉여 괴여히 가피국경(家敗國傾)ᄒᄂᆞᆫ 듸 이르니 그런 샤람들은 웃지 홀노 붓그럽지 안이 ᄒ리요? 쟝씨ᄂᆞᆫ 계가지

현대어로 옮겨 읽기

이며 부인 일곱 사람을 두며, 왕후의 딸로 필부에게 시집오되 투기하는 마음이 없고, 선비와 서민의 딸로 공주를 대접하되 조금도 투기와 틈이 없으니 이 어찌 화기(和氣)가 아니겠는가? 속된 선비와 평범한 사람들은 다만 한 처와 한 첩만을 두되 서로 시기하여 원수 사이같이 지내며, 기어이 집안이 망하고 나라가 기울어지는 데에 이르니 그런 사람들은 홀로 부끄럽지 아니 하겠는가? 장씨는 집안을 다스리는

18 긔여히 기어이.
19 가피국경(家敗國傾) 집안이 망하고 나라가 기울어짐.

4_뒤

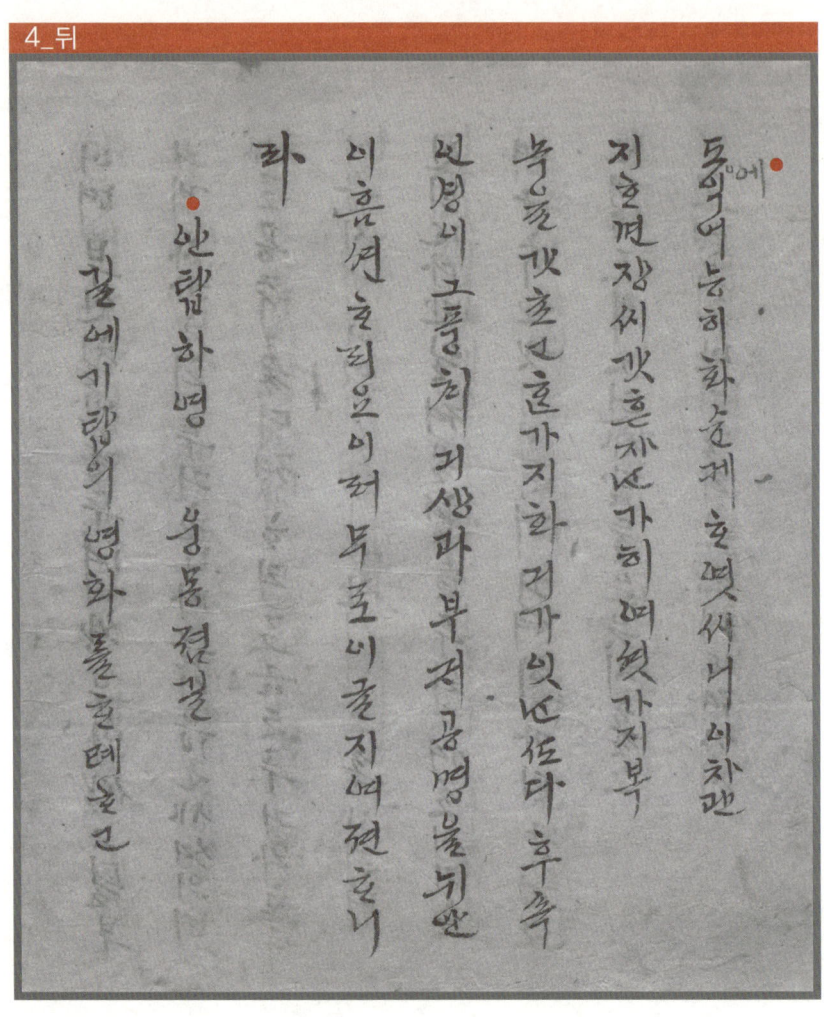

도(齊家之道)[20]에 익어 능히 화슌(和順)케 ᄒᆞ엿씨니 이차관지(以此觀之)[21] ᄒᆞ면 쟝씨 갓흔 쟈ᄂᆞᆫ 가히 여섯 가지 복녹(福祿)을 갓쵸고 흔가지 화긔(和氣)가 잇ᄂᆞᆫ또다. 후쇽(後續) 인ᄉᆡᆼ(人生)이 그 풍ᄎᆡ(風采) 긔샹(氣像)[22]과 부귀공명(富貴功名)을 뉘 안이 흠션(欽羨)[23]ᄒᆞ리요? 이러무로 글 지여 젼(傳)ᄒᆞ니라.

안탑하영(雁榻賀榮) 웅몽졈길(熊夢占吉)
길에기(雁) 탑의 영화를 ᄒᆞ례(賀禮)ᄒᆞ고

현대어로 옮겨 읽기

도에 익숙해 능히 화순케 하였으니 이로써 보건대, 장씨 같은 사람은 여섯 가지 복록을 갖추고 한 가지 화기(和氣)가 있도다. 후속 인생이 그 풍채와 기상과 부귀공명을 누가 아니 공경하고 부러워하겠는가? 이러므로 글을 지어 전하니라.

안탑하영(雁榻賀榮) 웅몽점길(熊夢占吉)
기러기 자리에 영화로움을 하례하고

해설
- 첫 째 줄에 첫 번째와 두 번째 글 사이에 있는 "°에"에서 '°'는 그 지점에 글자를 삽입한다는 기호이다. 즉 '°' 부분에 '에'라는 글자를 삽입하여 읽으라는 표시이다.
- "~글 지여 젼ᄒ니라."까지는 서문이다.
- "안탑하영 웅몽점길"은 장회(章回)의 제목이다. 이를 '장회명(章回名)'이라고도 한다. 여기에서 장의 제목은 한자의 음을 한글로 표기하고 그 다음 줄에서 이를 우리말로 풀이하고 있다. 장의 제목은 그 장에서 전개되는 이야기의 중심내용을 간략하게 줄여서 제시하는 것이 일반적이다.

20 제가지도(齊家之道) 집안을 다스리는 도.
21 이차관지(以此觀之) 이것으로 보건대.
22 긔상(氣像) 사람이 타고난 기개나 마음씨. 또는 그것이 겉으로 드러난 모양.
23 흠션(欽羨) 우러러 공경하고 부러워함.

5_앞

곰(熊)의 꿈(夢)이 길(吉)흐믈 점치도다.

각셜(却說)[24] 고려(高麗) 세상(世上)의 호남부(湖南府) 샴산(三山)[25]이라는 곳지 잇시되 숑도(松都)[26] 숑악산(松嶽山) 정긔(精氣)가 뭉쳐 산셰(山勢) 위이(委迤)[27] 굴곡(屈曲)ᄒᆞ여 호람부(湖南府)[28]로 도라들어 ᄒᆞᆫ 곳슨 호람 좌우도(左右道)가 열녀 잇고, 쏘 ᄒᆞᆫ 곳슨 식로히 긔봉(奇峰)되여 샴산(三山)의 써러져 슴산군이 되엿시니, 좌우 산셰(山勢)의 웅장ᄒᆞᆫ 닉믹(內幕)과 젼후(前後) 주룡(主龍)[29]의 화려ᄒᆞᆫ 긔샹(氣像)

현대어로 옮겨 읽기

곰의 꿈이 좋은 징조임을 점치다.

각설 고려 세상에 호남부 삼산이라는 곳이 있되, 송도 송악산 정기가 뭉쳐 산세가 구불구불 구부러져 호남 땅으로 돌아들어 한 끝은 호남 좌우도가 열려있고, 또 한 끝은 새로 기이한 봉우리가 되어 삼산에 떨어져 삼산군이 되었으니 좌우 산세의 웅장한 내막과 전후 산세의 화려한 기상

해설

- "곰(熊)의 꿈(夢)이 길(吉)ㅎ믈 졈치도다."는 앞면에 이어지는 장회명의 우리말 풀이이다.
- '각설'은 '차설(且說)', '화설(話說)'이라는 용어와 더불어 고전소설에서 장면이나 화제가 전환될 때 상투적으로 사용되는 용어이다.
- 이곳에서부터 소설의 실제적인 이야기가 전개되는데, 이러한 대목은 보통 시간적 배경과 공간적 배경을 설명하는 것으로 시작된다.

24 각설(却說) 말이나 글 따위에서, 이제까지 다루던 내용을 그만두고 화제를 다른 쪽으로 돌린다는 뜻.
25 삼산 지명. 충북 보은.
26 송도(松都) 고려 때 개성을 지칭하던 이름.
27 위이(委迤) 구불구불 구부러진 모양.
28 호람부(湖南府) 전라도 지역을 말함.
29 주롱(主龍) 산세의 흐름.

5_뒤

은 일필난긔(一筆難記)[30]요, 그 산세 써러져셔 송니샨(俗離山)[31]이 되엿시니 만학천봉(萬壑千峰)[32] 장흔 산세 곳々마다 화려ᄒ고, 청천샥츌금부용(靑天削出金芙蓉)[33]은 문필봉(文筆峰)[34]이 두렷ᄒ고, 칠십이봉(七十二峰) 도샵천(挑挿天)[35]은 노젹봉(露積峰)[36]이 분명ᄒ고, 일 귀봉(奇峰)은 좌우로 둘너 공명긔샹(功名氣像)을 응ᄒ여 잇고, 천화봉[37]은 젼후를 에워 복록긔쵸(福祿基礎)를 응ᄒ엿씨니 이러탓 문명(文明)흔 산하(山河)의 웃지 되인군자(大人君子)[38] 읍시리요? 송니샨 아리

현대어로 옮겨 읽기

은 붓 하나로 기술하기 어렵고, 그 산세가 떨어져서 속리산이 되었으니 만학천봉은 장한 산세 곳곳마다 화려하고, 푸른 하늘에 깎은 듯 솟은 금 연꽃봉우리는 문필봉이 뚜렷하고, 칠십이봉 하늘로 우뚝 솟은 것은 노적봉이 분명하고, 한 기이한 봉우리는 좌우로 둘러싸며 공명의 기상을 웅하여 있고, 천화봉은 앞뒤로 에워싸 복록의 기초를 웅하였으니, 이렇듯 문명한 산하에 어찌 대인군자가 없겠는가? 속리산 아래

해설

- 셋째 줄 끝에서 두 번째 글자는 정정표기된 것을 확인할 수 있다. '명'을 지우고 '문'으로 수정하였다.
- "이러탓 문명(文明)혼 샨하(山河)의 웃지 딕인군자(大人君子) 읍시리요?"라는 말 속에는 인간은 산천정기를 타고난다는 풍수(風水)의식이 반영돼 있다.

30 일필난긔(一筆難記) 붓 하나로 다 기술하기 어렵다.
31 숑니샨(俗離山) 충청북도 보은군과 경상북도 상주시에 걸쳐 있는 산.
32 만학천봉(萬壑千峰) 많은 골짜기와 산봉우리.
33 청천삭출금부용(靑天削出金芙蓉) 중국 당나라 때 시인 이백이 지은 시 구절로 여산의 절묘한 아름다움을 예찬한 시다. 푸른 하늘을 깎아지른 듯이 솟아올라 황금빛의 연꽃봉우리 같다는 뜻.
34 문필봉(文筆峰) 글 쓰는 붓 모양처럼 생긴 봉우리.
35 도샵천(挑揷天) 하늘로 솟아있는 모양.
36 노적봉(露積峰) 노적가리처럼 생긴 봉우리.
37 천화봉 속리산의 여러 봉우리 중 하나. 현재는 천왕봉으로 불린다.
38 딕인군자(大人君子) 말과 행실이 바르고 점잖으며 덕이 높은 사람.

에 문응동(文應洞)이라는 곳시 잇시니, 만쳡쳥산(萬疊靑山)[39]은 젼후(前後)를 둘너 잇고 일디(一帶) 쟝강(長江)은 좌우를 막어신이 경긔(景槪)도 거록ㅎ고 풍물(風物)도 쟝(壯)할시고! 이 마을의 흔 샤람이 잇씨니 승(姓)은 쟝(張)이요 명(名)은 노학(老學)이라. 샴흔공신(三韓功臣)[40]의 후예(後裔)로 일쟉 부모를 여희고 유리표박(流離漂泊)[41]ㅎ던이 강호(江湖)로 단이면셔 경긔 죠흔 곳즐 쳐겨 이 곳디 이르러 슈간(數間) 쵸당(草堂)을 이룩ㅎ고 학업을 일솜던이 항샹 일오디 "남쟈 셰샹

현대어로 옮겨 읽기

에 문응동이라는 곳이 있으니 만첩청산은 앞뒤로 둘러싸여 있고 한 줄기 긴 강은 좌우를 막았으니 경치도 거룩하고 풍물도 장하구나! 이 마을에 한 사람이 있으니 성은 장이요 이름은 노학(老學)이라. 삼한공신의 후예로 일찍 부모를 여의고 이리저리 떠돌더니 강호로 다니면서 경치 좋은 곳을 찾아 이곳에 이르러 여러 칸 초당을 이룩하고 학업을 일삼더니 항상 이르되, "남자 세상

해설

- 뒤에서 세 번째 줄 여섯째와 다섯째 글자 사이의 점 옆에 '죠흔'은 그 부분에 '죠흔'이라는 글자를 삽입하라는 기호이다.
- 마지막 줄의 여섯 번째 글자는 '외'를 지우고 '오'로 수정했음을 보여준다.
- 이 대목에서는 시간적인 배경과 공간적인 배경을 서술하고 나서 인물에 대한 설명이 이어지고 있다. 여기에서 설명되고 있는 장노학은 주인공인 장옥선의 아버지이다.

39 만첩청산(萬疊靑山) 겹겹이 둘러싸인 푸른 산.
40 삼흔공신(三韓功臣) 고려 태조 왕건이 후삼국 통일에 공을 세운 당대의 세력가들에게 내린 공신의 칭호.
41 유리표박(流離漂泊) 일정한 집과 직업이 없이 이곳저곳으로 떠돌아다님.

6_뒤

의 싱겨느셔 일흠을 셰샹의 낫타닉여 부귀공명(富貴功名)과 츙효졀기(忠孝節槩)를 일숨지 못ᄒ면 읏지 셰샹의 난 표젹(表迹)이 되며 또 읏지 부모죠션(父母祖先)의 계젹(繼蹟)을 ᄒ다 ᄒ올이요." ᄒ고 부인 한씨로 더부러 쟉별(作別)ᄒ고 십 년 공부를 경영ᄒ고 숑니산(俗離山)의 들어가 숑산도사를 차져 뵈옵고 예필(禮畢) 좌졍(坐定) 후의 엿자오ᄃᆡ "쇼싱(小生)이 본ᄃᆡ 경셩(京城) 쟝샹셔(張尙書)의 아달노셔 명되(命途) 긔구(崎嶇)ᄒ와 일

현대어로 옮겨 읽기

에 생겨나서 이름을 세상에 나타내어 부귀공명과 충효절개를 일삼지 못하면 어찌 세상에 난 표적이 되며 또 어찌 부모와 선조의 행적을 이었다고 하겠는가?" 하고 부인 한씨와 작별하고 십 년 공부를 경영하여 속리산에 들어가 송산도사를 찾아가 뵙고 인사의 예를 마친 후 자리를 정하여 앉은 후 여쭈되, "소생이 본디 경성 장상서의 아들로 운명이 기구하여 일

42 계적(繼蹟) 조상이나 부형의 훌륭한 업적이나 행적을 본받아 이음.
43 예필(禮畢) 좌정(坐定) 예를 마치고 자리에 앉음.
44 명되(命途) 긔구(崎嶇) 운명의 길이 매우 험함.

7_앞

쟉 부모를 여희고 거(居)홀 곳슬 몰로와 문응동의 와 거ᄒ오니 싱이(生涯) 쪽ᄉ(足足)ᄒ오나 싱각건ᄃᆡ 쳔(賤)ᄒ 몸이 명가(名家) 후예(後裔)로 ᄐᆡ여나셔 죠샹(祖上)의 게젹을 못 ᄒ오면 웃지 셰샹의 낫다 일으올잇가? 이런고로 가쇽(家屬)[45]을 쟉별ᄒ고 십 년 공부를 쟉졍(作定)ᄒᆞᆸ고 션싱을 뵈시고져[46] ᄒ여 감히 션경(仙境)[47]의 범(犯)ᄒ엿사오니 션싱은 용셔ᄒ오셔 불쌍히 엿이시면 쇼싱이 감히

현대어로 옮겨 읽기

찍 부모를 여의고 살 곳을 몰라 문웅동에 와서 사오니 생애가 풍족하오나, 생각건대, 천한 몸이 명가의 후예로 태어나서 조상의 업적을 잇지 못하면 어찌 세상에 났다 이르겠습니까? 이런 이유로 식솔들을 작별하고 십 년 공부를 작정하고 선생을 모시고자 하여 감히 신선이 사는 경계를 침범하였으니, 선생은 용서하셔서 불쌍히 여기시면 소생이 감히

45 가속(家屬) 식솔. 식구.
46 뵈시고져 '뫼시고져'의 오기인 듯하다.
47 션경(仙境) 신선들이 사는 경계.

7_뒤

> 공부를 착실히 ᄒ와 후일(後日)을 바랄가 ᄒᄂ이다." 숑샨도새 이 말을 듯고 층챤불이(稱讚不已)[48]ᄒ여 왈(日), "네 비록 쇼년(少年)이로딕 말이 긔희(奇異)ᄒ도다." 하고 쳐쇼(處所)를 졍ᄒ여 쥬거널, 노학이 일심(一心)으로 공부를 ᄒ더라. 셰월(歲月)이 여류(如流)[49]ᄒ여 십 년을 지ᄂᆞᆫ지라. 일々(一日)은 노학이 도샤게 고왈(告日), "소싱이 쳐음 경영이 십 년 쟉졍(作定)이라, 쳥컨딘[50] 집의 도라가 가속(家屬)을 위로ᄒ고 또ᄒ 몸

현대어로 옮겨 읽기

공부를 착실히 하여 훗날을 바랄까 합니다." 송산도사가 이 말을 듣고 칭찬하여 마지 않으며 말하기를, "네 비록 소년이지만 말이 기이하도다." 하고 처소를 정하여 주거늘, 노학이 한 마음으로 공부를 하였다. 세월이 흐르는 물 같아서 십 년이 지났다. 어느 날 노학이 도사께 고하여 말하기를, "소생의 처음 경영이 십 년을 작정하였으니, 청컨대 집에 돌아가 식솔을 위로하고 또한 몸

해설

● 두 번째 줄에서도 글자를 '이'로 정정한 것이 나타나 있다.

48 층찬불이(稱讚不已) 칭찬하기를 그치지 않음. 칭찬하여 마지 않음.
49 여류(如流) (세월이) 흐르는 물과 같다는 뜻으로, (세월이) 매우 빨리 흘러감을 이르는 말.
50 청컨된 청컨대. ㄴ은 필사 과정에서 잘못 들어간 것으로 여겨진다.

8_앞

이 셰샹의 나고져 ᄒᆞ나이다." 도새 층찬(稱讚) 왈, "네의 뜻시 쟝(壯)ᄒᆞ도다. 십 년 샤이에 임의 공부를 다 일우미 입신양명(立身揚名)[51]키를 생각ᄒᆞ니 그 뜻시 웃지 쟝치 안이리요."ᄒᆞ고 도라가기를 허락ᄒᆞ며 일오디 "네 이 길의 젼졍(前程)[52]이 크게 열녀 부귀공명(富貴功名)을 한(限)읍시 ᄒᆞ것씨느 이십 년 익(厄)[53]이 잇씨니 삼가 죠심(操心)ᄒᆞ고, 나를 다시 보고져 홀진디 오십 년 후에 다시 볼 날이 잇슬

현대어로 옮겨 읽기

이 세상에 나가고자 합니다." 도사가 칭찬하여 말하기를, "네 뜻이 장하도다. 십 년 사이에 이미 공부를 다 이루어 입신양명(立身揚名)하기를 생각하니 그 뜻이 어찌 장하지 않겠는가?" 하고 돌아가기를 허락하며 이르되, "네 이 길의 앞날이 크게 열려 부귀와 공명을 한없이 하겠지만 이십 년의 액운이 있으니 삼가 조심하고, 다시 나를 보고자 한다면 오십 년 후에 다시 볼 날이 있을

해설

- "몸이 셰샹의 나고져 ᄒ나이다"는 출세하여 벼슬하겠다는 뜻이다.
- 첫 번째 줄 아래서 일곱 번째 글자의 경우 '되'를 '도'로 수정한 흔적이 보인다.
- 뒤에서 세 번째 줄 아래서 네 번째와 다섯 번째 글자 사이에 '년'이라는 글자가 삽입되었다.

---

51 입신양명(立身揚名) 출세하여 이름을 세상에 떨침.
52 전정(前程) 앞길.
53 익(厄) 모질고 사나운 운수.

8_뒤

거시요, 그젼(前)의는 다시 보기 어려울 거시니 부딕 보즁(保重)ᄒᆞ라." ᄒᆞ거늘 노학이 다시 엿쟈오딕 "션싱의 은덕(恩德)이 ᄒᆞ희(河海)갓탄지라 쇼싱이 비록 용녈(庸劣)ᄒᆞ오나, 쟈죠[54] 뵈옵기 원ᄒᆞ거늘 션싱은 웃지 오십 년 후를 졍ᄒᆞ느잇가?" 도새 우어[55] 왈, "네 모로는도다! 느는 쇽인(俗人)이 아니라 본딕 틱을신션(太乙神仙)[56]으로셔 산중(山中)의 구경코쟈 ᄒᆞ야 이 산의 왓던이 너는 비록 십 년

현대어로 옮겨 읽기

것이요, 그 전에는 다시 보기 어려울 것이니 부디 중함을 보존하라." 하거늘 노학이 다시 여쭈되, "선생의 은덕이 강과 바다 같은 지라. 소생이 비록 용렬하오나 자주 뵈옵기를 원하거늘 선생은 어찌 오십 년 후를 정하십니까?" 도사 웃어 말하기를, "네가 모르는구나! 나는 속세 사람이 아니라 본디 태을신선으로서 산속에 구경코자 하여 이 산에 왔더니, 너는 비록 십 년

해설

- 태을신선은 이 소설 속에서 주인공이 위기에 처했을 때마다 나타나 도와주는 수호천사와도 같은 역할을 수행하면서 작품 전반에 걸쳐 이야기의 전개에 중요한 기능을 한다.

54 쟈죠 자주.
55 우어 웃으며.
56 틔을신션(太乙神仙) 태을선관(太乙仙官)이라고도 하며 신선의 직함 중 하나이다. 일설에는 여동빈이 태을선관이라고도 하고, 북방에 있는 별 태을성(太乙星)을 맡아보고 있는 신선이라고도 한다.

을 지닉시늣 날노 말ᄒ면 변시(便是)[57] 잠간 샤이라, 진셰(塵世)와 선궁(仙宮)이 통할 곳지 못 되거든 웃지 쟈로 보기를 바라리요?" 노학이 처음의는 도샨 줄만 알어더니 선관(仙官)이란 말을 듯고 셰상의 도라갈 생각이 돈연(頓然)이[58] 읍셔 다시 엿쟈오딕 "쇼싱이 직죄(才操)[59] 읍스오나 선싱의 실하(膝下)[60]의 모셔 셰월(歲月)을 보닉고져 ᄒ느이다." 도시 또 우어 왈, "너와 닉가 임의[61] 인연이 열은지라[62] 쟌

현대어로 옮겨 읽기

을 지내시나 나로 말하면 곧 잠간 사이라, 진세(塵世)와 선계(仙界)가 통할 곳이 못 되거든 어찌 자주 보기를 바라겠는가?" 노학이 처음에는 도사인 줄 만 알았더니 선관이란 말을 듣고 세상에 돌아갈 생각이 감감하게 없어져 다시 여쭈되 "소생이 재주 없으나 선생에 슬하에서 모셔 세월을 보내고자 합니다." 도사가 또 웃으며 말하기를 "너와 내가 이미 인연이 옅은지라 잔

해설

- 첫줄 아래서 세 번째와 네 번째 글자 사이에 '이'를 삽입하여 읽으라는 표시가 있다.
- 마지막 줄 세 번째와 네 번째 글자 사이에 '늬'를 삽입하여 읽으라는 표시가 있다.

57 변시(便是) 다른 것이 아니라 곧.
58 돈연(頓然)이 소식 따위가 끊어져 감감하게.
59 직죄(才操) 재주의 원말.
60 실하(膝下) 무릎아래. 슬하.
61 임의 이미.
62 옅은지라 옅은지라.

9_뒤

말 숯고 밧비 도라가 세간고락(世間苦樂)을 지니다가 오십 년 후의 다시 천샹(天上)으로 만느면 그 웃지 안이 죠흘이요?" 노학이 헐일읍셔 도샤를 흐직(下直)흐고 도라갈 시, 도샤 숀을 잡고 일너 왈, "십 년간 졍년(情緣)이 젹지 안인지라, 샨즁(山中)의 졍표(情表)홀 닐니 읍시니 챵연(愴然)흐도다!" 흐고 품으로셔 일기(一介) 옥져(玉笛)를 닉여 쥬면셔 일어 왈, "이 옥쇼(玉簫)는 느의 평싱(平生) 희롱(戱弄)흐는 비라. 이졔 너의게 붓

현대어로 옮겨 읽기

말 말고 바삐 돌아가 세간(世間)의 고락(苦樂)을 지내다가 오십 년 후에 다시 천상에서 만나면 그 어찌 아니 좋겠는가?" 노학이 하릴없어 도사를 하직하고 돌아가려 할 때, 도사가 손을 잡고 일러 말하기를, "십 년간 정의 인연이 적지 않은지라 산속에 정을 표할 물건이 없으니 슬프도다!" 하고 품에서 한 개 옥피리를 내어주면서 일러 말하기를 "이 옥피리는 내가 평생 희롱하는 바라 이제 너에게 부

63 세간고락(世間苦樂) 세상의 괴로움과 즐거움
64 정년(情緣) 정의 인연.

처 쥬노니 도라간 후 혹 월명지야(月明之夜)[65]와 풍청지신(風淸之晨)[66]을 만나거는[67] 흥(興)을 타 소적(消寂)을 하라." ᄒᆞ거널 녹학이 다시 엿쟈오딕 "쇽인(俗人)이 우미(愚迷)ᄒᆞ와 화복(禍福)을 몰으오니 닉두(來頭)[68]를 낫낫치 일너 쥬쇼셔." 도새 쏘 우어 왈, "닉 맛당히 굿쩍(時)를 당ᄒᆞ야 닉두(來頭)의 화복을 일을연이와 천정(天定)의 화익(禍厄)이야 웃지 면ᄒᆞ리요? 천긔(天機)[69]를 누셜(漏泄)치 못ᄒᆞᆯ지라, 미리 말할 수 읍노라." ᄒᆞ거

현대어로 옮겨 읽기

쳐 주노니 돌아간 후 혹 달 밝은 밤과 바람 맑은 아침을 만나거든 흥을 타 적적함을 달래라." 하거늘 노학이 다시 여쭈되 "속인이 어리석어 화와 복을 모르오니 앞으로 닥칠 일을 낱낱이 일러 주십시오." 도사 또 웃어 말하기를, "내가 마땅히 그때를 당하여 앞으로 닥칠 화와 복을 일러 주려니와 하늘이 정한 화와 액이야 어찌 면하겠는가? 천기를 누설하지 못 할지라 미리 말할 수 없노라." 하거

해설

- 세 번째 줄 첫 번째와 두 번째 글자 '녹학'은 '노학'을 잘못 표기한 것이다. 이러한 오기는 이후에도 여러 차례 나타난다.
- 마지막 줄 일곱 번째와 여덟 번째 글자 사이에 '할'을 첨가하여 읽으라는 표시가 있다.
- 옥피리는 후에 주인공이 일곱 여주인공들과 인연을 맺는데 중요한 기능을 한다.

65 월명지야(月明之夜) 달 밝은 밤.
66 풍쳥지신(風淸之晨) 바람 맑은 새벽.
67 만나거는 만나거든.
68 닉두(來頭) 앞으로 닥칠 일.
69 천긔(天機) 하늘의 조짐.

10_뒤

날 노학이 옥쇼(玉簫)를 바다보니 세간(世間)의 읍눈 긔보(奇寶)[70]라. 도러안져 곳 부러보니 쇼리 청아(淸雅)ᄒ고 곡죠(曲調) 졀노 일우면서 청학(靑鶴) 흔 쌍(雙)이 쇼리를 응(應)ᄒ여 춤을 편쳔히[71] 츄눈지라. 도새 보고 층찬불이(稱讚不已) 왈(曰), "이졔야 가히 니 졔쟈(弟子)라 일을지로다." ᄒ고 인(因)ᄒ여 노학 다려 일너 왈, "쩌가 당(當)하엿씨니 어여 밧비 도라가라." ᄒ거늘 노학이 두 번 졀하야 하직(下直)ᄒ고 도라

현대어로 옮겨 읽기

늘 노학이 옥피리를 받아보니 세상에 없는 기이한 보물이라. 돌아앉아 곧 불어보니 소리가 청아하고 곡조가 절로 이루어지면서 청학 한 쌍이 소리에 응하여 춤을 천천히 추는지라. 도사가 보고 칭찬해 마지않으며 말하기를 "이제야 내 제자라 이를 만하도다." 하고 인하여 노학을 불러 일러 말하기를, "때가 되었으니 얼른 바삐 돌아가라." 하거늘 노학이 두 번 절하여 하직하고 돌아

70 긔보(奇寶) 기이한 보물.
71 편쳔히 '천천히'의 오기인 듯하다.

와 슈보(數步)를 걸어느와 돌아보니 도샤는 간 곳 읍느지라. 옥쇼(玉簫)를 불며 학(鶴)을 다리고 집의 도라오니, 한(韓)부인이 임의 문외(門外)의 되연(大宴)을 베풀고 노학 도라오기를 기다리는지라. 쟝싱(張生)이 문(門)의 이르러 부인으로 더브러[72] 혼연(欣然)이 서로 마져 그간 막겨던 졍회(情懷)를 셜화(說話)ᄒ더라. 슈일(數日)을 지닌미 맛참 솜오야(三五夜)[73]를 당ᄒ지라. 쳥샹(廳上)의 비회(徘徊)ᄒ야 월식(月色)

현대어로 옮겨 읽기

와 몇 걸음을 걸어 나와 돌아보니 도사는 간 곳이 없는지라. 옥피리를 불며 학을 데리고 집에 돌아오니, 한씨부인이 이미 문밖에 큰 잔치를 베풀고 돌아오기를 기다리는지라. 장생이 문에 이르러 부인과 더불어 기뻐하며 서로 맞아 그 사이 막혔던 정회(情懷)를 이야기하더라. 며칠이 지나 마침 음력 보름을 당하였다. 마루 위에서 배회하며 달빛

72 더버러 더불어.
73 숨오야(三五夜) 음력 보름날 밤

11_뒤

을 구경타가 흥흥(洪興)을 이긔지 못ᄒ야 옥져(玉笛)를 닉여 분이 그 쇼리 샨곡(山谷)을 울니고 쳥학(靑鶴)이 곡죠를 응ᄒ여 츔을 츄ᄂᆞᆫ지라. 만당(滿堂) ᄒᆞᆫ 빈긱(賓客)들이 고이히 여겨 옥져를 비러 불냐 ᄒᆞ들 웃지 쇼리 나리요. 좌즁(座中)이 모다[74] 고이히 여겨 챠탄(嗟歎)치 안이 리 읍더라. 슈삭(數朔)[75]을 지닌 후의 경셩(京城)을 향ᄒ야 올나갈 시 잇쩍 츈삼월(春三月)[76] 호시졀(好時節)이라 봉ᄉᆞ이 죠흔 꼿슨

현대어로 옮겨 읽기

을 구경하다가 넓은 흥을 이기지 못하여 옥피리를 내어 부니 그 소리 산골짜기를 울리고 청학이 곡조에 응하여 춤을 추는지라. 집안에 가득한 빈객들이 괴이하게 여겨 옥피리를 빌려 불려 한들 어찌 소리가 나리오. 좌중이 모두 괴이하게 여겨 감탄치 않는 사람이 없더라. 몇 달을 지낸 후에 경성을 향하여 올라갈 때, 이때 춘삼월 좋은 시절이라 봉우리마다 좋은 꽃은

74 모다 모두.
75 슈삭(數朔) 몇 달.
76 츈삼월(春三月) 봄 석달. 음력으로 1, 2, 3월에 해당한다.

우로(雨露)를 머금엇고 쳐々[77]에 고혼 시는 츈풍(春風)[78]을 희롱(戱弄)ᄒᆞᄂᆞᆫ지라. 녹학이 챠탄(嗟歎)왈, "저 꼿과 져 시는 쩍를 만나 질기거니와 나는 어닉 쩍의 됴혼 쩍를 만나리요?" 이러구로[79] 챠탄(嗟歎)ᄒᆞ고 길을 쩌ᄂᆞ더라. 슈십일 만의 경셩(京城)의 다ᄉᆞ르니 쩍의 승평(升平)[80]하여 조정(朝廷)의 아모 일도 읍ᄂᆞᆫ지라. 고려왕이 죠신(朝臣)[81]으로 더부러 의논ᄒᆞ여 과거를 뵈여 인ᄌᆡ(人才)를 구(求)헐시 노흑이 이 말 듯고 딕희(大喜)

현대어로 옮겨 읽기

비와 이슬을 머금었고 곳곳에 고운 새는 봄바람을 희롱하는지라. 노학이 감탄하여 말하기를, "저 꽃과 저 새는 때를 만나 즐기거니와 나는 어느 때에 좋은 때를 만나리오!" 이럭저럭 감탄하고 길을 떠나는지라. 수십 일 만에 경성에 다다르니 시절이 태평하여 조정에 아무 일도 없는지라. 고려왕이 조정신하와 더불어 의논하여 과거를 보여 인재를 구하려 하니 노학이 이 말을 듣고 크게 기뻐

77 쳐ᄉ에 곳곳에.
78 츈풍(春風) 봄바람. 봄철에 불어오는 바람.
79 이러구로 이럭저럭.
80 승평(升平) 태평.
81 죠신(朝臣) 조정의 신하들.

12_뒤

ᄒᆞ여 손의 침 밧고[82] 과거(科擧) ᄒᆞ기를 기다리더니 밋 과령(科令)[83]이 나리미 쟝싱(張生)이 필묵(筆墨)[84]을 갓쵸와[85] 쟝즁(場中)[86]의 들어가니 글 졔(題) 놉피 걸녓ᄂᆞ지라. 쟝싱이 걸닌 글 졔(題)를 바라보고 일필휘지(一筆揮之)[87]ᄒᆞ야 일쳔(一天)[88]의 밧치니 여왕(麗王)[89]이 글 쟝(帳)[90]을 친히 감(鑑)ᄒᆞ시고 챠탄왈(嗟歎曰), "이 글은 신션(神仙)의 문법(文法)이요, 샤람의 글은 안이라!" ᄒᆞ시고 곳 쟝원급졔(壯元及第)[91]의 ᄒᆞ림학샤(翰林學士)[92]를 ᄒᆞ이시고 즉일(卽日)에 입시(入侍)[93]식여 보시니 풍

현대어로 옮겨 읽기

하여 손에 침을 뱉고 과거(科擧) 하기를 기다리더니 그리고 과거시험 보겠다는 명령이 내리니 장생이 필묵을 갖추어 과거시험장 안에 들어가니 글의 제목이 높이 걸렸는지라. 장생이 걸린 글 제목을 바라보고 글씨를 단숨에 내려 써서 첫 번째로 바치니 고려왕이 글장을 친히 보시고 찬탄하여 말하기를, "이 글은 신선의 글 솜씨요 사람의 글은 아니라!" 하시고 곧 장원급제에 한림학사를 하게 하시고 바로 그날에 입시하게 하여 보시니 풍

82 침 밧고 침 뱉고.
83 과령(科令) 과거 시험을 시행한다는 령.
84 팔묵(筆墨) 붓과 먹. '팔'은 '필'의 오기이다.
85 갓쵸와 갖추어.
86 쟝즁(場中) 시험장.
87 일필휘지(一筆揮之) 글씨를 단숨에 죽 내려씀.
88 일쳔(一天) 과거나 백일장 따위에서 또는 여럿이 모여 한시 따위를 지을 때 첫 번째로 글을 지어서 바치던 일. 또는 그 글.
89 여왕(麗王) 고려의 왕.
90 글 쟝(帳) 글이 적힌 종이.
91 쟝원급제(壯元及第) 과거에서, 갑과의 첫째로 뽑히던 일.
92 흔림학샤(翰林學士) 고려시대 국왕의 조서를 작성하던 한림원에 소속된 관직.
93 입시(入侍) 대궐에 들어가 임금을 뵈는 것.

13_앞

> 치 비범ᄒ여 가히 졔왕지좌가 될지라 샹이
> 샤랑ᄒ샤 자로 명쵸ᄒ샤 ᄃᆡ쇼사를 의논하시
> ᄃᆡ 셰월이 여류ᄒ여 슈삼년이 지닌지라 한
> 림이 직품을 도샤 병부시랑이 되엿난
> 지라 부귀극진ᄒ고 은총이 거륵하니 무ᄉᆞᆫ
> 한이 잇시리오 그러ᄉᆞ연광 사십의 일점 혈육
> 업셔 부인으로 더부러 주야에 근심ᄒ더
> 니 일ᄉᆞ은 부인이 고왈 칠거지악에 무

치 비범ᄒ여 가히 계왕지좌(帝王之佐)[94]가 될지라. 샹(上)[95]이 샤랑ᄒ샤 자로[96] 명쵸(命招)[97]ᄒ샤 ᄃᆡ쇼샤(大小事)를 의논하시ᄃᆡ. 셰월이 여류(如流)ᄒ여 슈삼년(數三年)이 지닌지라. 흐림(翰林)이 직품(職品)[98]을 도ᄉᆞ와[99] 병부시랑(兵部侍郎)[100]이 되엿ᄂᆞᆫ지라 부귀(富貴) 극진(極盡)ᄒ고 은총이 거륵하니 무슴 한이 잇씨리요? 그러ᄂᆞ 연광(年光)[101] ᄉᆞ십(四十)의 일점(一點) 혈육(血肉) 읍셔 부인으로 더부러[102] 주야(晝夜) 근심ᄒ더니 일ᄉᆞ(一日)은 부인이 고(告)왈, "칠거지악(七去之惡)[103]에 무

현대어로 옮겨 읽기

채(風采) 비범하여 제왕을 보좌할 사람이 될 것이라. 임금이 사랑하시어 자주 명하여 부르시고 크고 작은 일을 의논하셨다. 세월이 물처럼 흘러 수삼 년이 지났다. 한림은 직품이 돋우어 병부시랑이 되었는지라 부귀가 극진하고 은총이 거룩하니 무슨 한이 있겠는가? 그러나 나이 사십에 한 점 혈육이 없어 부인과 더불어 밤낮 근심하더니 하루는 부인이 고하여 말하기를 "칠거지악(七去之惡)에 무

94 제왕지좌(帝王之佐) 제왕을 보좌하는 사람.
95 샹(上) 임금.
96 자로 자주.
97 명쵸(命招) 명하여 부름.
98 직품(職品) 벼슬의 품계(品階).
99 도도와 돋우어.
100 병부시랑(兵部侍郎) 군사와 국방에 관련된 업무를 보던 관직. 조선시대 병조판서와 비슷한 성격의 벼슬이다.
101 연광(年光) 나이.
102 더부러 더불어.
103 칠거지악(七去之惡) 유교(儒敎) 도덕(道德)에서, 아내가 쫓겨날 수 있는 일곱 가지의 악행. 곧 시부모에게 순종하지 않음(不順舅姑), 자식이 없음(無子), 음행(淫行), 투기(妬忌), 나쁜 병(惡病), 말썽이 많음, 도둑질이 그 일곱 가지 악행이다.

13_뒤

쟈(無子)ᄒᆞ미 웃듬이라. 쳡(妾)¹⁰⁴이 명되(命途) 긔구(崎嶇)ᄒᆞ와 일쟈(一子)도 두지 못ᄒᆞ여 샹공(相公)의 우려(憂慮)를 씻치오니 죄샹(罪狀)이 만샤무셕(萬死無惜)¹⁰⁵ 이로소이다. 그러ᄂᆞ 쟈고(自古)¹⁰⁶로 무쟈(無子)ᄒᆞᆫ 샤람들이 샨쳔(山川)의 졍셩으로 긔도ᄒᆞ면 혹 싱남(生男)¹⁰⁷ᄒᆞᄂᆞ 슈가 잇샤오니 우리 ᄂᆡ외(內外)도 졍셩으로 빌어ᄂᆞ 보ᄉᆡ다." 시랑이 ᄃᆡ왈(對曰)¹⁰⁸, "부인 말숨이 올토다. 슉냥흘(叔梁紇)¹⁰⁹도 이구샨(尼丘山)의 기도ᄒᆞ여 공쟈(孔子) 갓흐신 셩인(聖人) 탄싱(誕生)ᄒᆞ엿샤오니 감히

현대어로 옮겨 읽기

자식 없음이 으뜸이라. 첩이 운명이 기구하여 한 아들도 두지 못하여 상공에게 걱정을 끼치니 죄상이 만 번 죽어도 아깝지 않을 정도입니다. 그러나 예로부터 아들 없는 사람들이 산천에 정성스레 기도하면 혹은 아들 낳는 수가 있으니 우리 내외도 정성으로 빌어나 봅시다." 시랑이 대답하여 말하기를 "부인의 말씀이 옳도다. 숙량흘도 이구산에 기도하여 공자 같으신 성인이 탄생하였으니 감히

해설

- 고전소설은 주로 주인공의 일대기(一代記) 형식으로 구성되어 있다. 그밖에 할아버지-아버지-아들에 걸친 삼대기(三代記) 형식 등 여러 대가 함께 등장하는 누대기(累代記) 형식이 있고, 사건 중심의 단편적 구성을 보여주는 경우도 있다. 일대기 형식인 경우에는 작품의 전반부에 주인공의 탄생에 얽힌 여러 이야기들이 배치되며, 이러한 경우 주인공의 부모는 늦도록 아들이 없어 산천에 기도하여 아들을 잉태하는 경우가 많다.

---

104 쳡(妾) 아내가 남편에게 자신을 낮추어 하는 말.
105 만샤무셕(萬死無惜) 만 번 죽어도 아깝지 않다.
106 쟈고(自古)로 예로부터.
107 싱남(生男) 득남. 아들을 낳다.
108 딕왈(對曰) 대답하여 말하다.
109 슉냥흘(叔梁紇) 공자의 아버지. 이구산에 기도하여 공자를 낳았다고 한다.

슉냥흘게는 비홀 슈 읍시ᄂ 정셩으로 긔도ᄒ면 혹 쳔힝(天幸)으로 싱남(生男)을 흘 터이니, 문응동 뒤 숑니샨(俗離山)의 빌면 숑샨도샤ᄂ 틱을션관(太乙仙官)이요, 곳 ᄂ의 션싱이라, 혹 불샹히 여기ᄉ 남쟈(男子)를 졈졔(點指)ᄒᆯ가 ᄒ노니 쳥컨듸 빌어ᄂ 보ᄉ이다.” ᄒ고 즉일(卽日)의 궐니(闕內)의 들어가 샹(上)게 엿쟈오듸 “신(臣)이 본듸 신병(身病)이 잇샤와 죠회(朝會)110)의 참녜(參詣)111)치 못홀지라. 승샹(聖上)은 슴년(三年) 수유(須臾)112를 쥬시면 도라가 병

현대어로 옮겨 읽기

숙량흘에게는 비할 수 없으나 정성스레 기도하면 혹 천행으로 아들을 나을 수 있을 것이니, 문응동 뒤의 속리산에 빌면, 송산도사는 태을선관이요, 곧 나의 선생이라, 혹 불쌍히 여기시어 아들을 점지할까 하니 청컨대 빌어나 봅시다." 하고 그날로 궐 안에 들어가 임금께 여쭈되 "신이 본디 몸에 병이 있어 조회에 참예하지 못할 것입니다. 성상은 삼 년 동안 짧은 시간을 주시면 돌아가 병

해설

● 산천에 기도하기 위해 임금에게 휴가를 청하는 대목이다. 다른 소설에도 이러한 사례는 적지 않게 나타난다.

110 죠회(朝會) 신하들이 임금을 뵙기 위해 조정에 모이는 일.
111 챰녜(參詣) 높은 분은 만나기 위해 나아감.
112 수유(須臾) 아주 짧은 시간. 찰라와 같은 의미.

14_뒤

을 됴리(調理)ᄒ고 다시 도라와 승은(聖恩)[113]을 갑ᄉ오리다." 샹이 왈, "됴졍의 경(卿)[114]이 일ᄉ(一日)도 읍시면 졍샤(政事)가 그릇 되오미 만으나 경의 병샹(病狀)이 글어ᄒ니 도라가 병을 착실이 됴례(調理)ᄒ고 속히 도라와 나의 권ᄉ(眷眷)[115]ᄒᄂᆞᆫ ᄯᅳᆺ을 져바리지 말느." ᄒ고 ᄯᅩ 갈아샤듸, "됴졍(朝廷)의 웃지 잠신(暫時)들 츙신(忠信)이 읍시리오? 경 듸신(代身)홀 샤람을 쳔거(薦擧)ᄒ라." 시랑이 황은을 샤례(謝禮)ᄒ고 예부낭즁(禮部郎中)[116] 졍심(丁深)을 쳔거ᄒ여 몸을

현대어로 옮겨 읽기
을 조리하고 다시 돌아와 성은을 갚겠습니다." 임금이 말하기를 "조정에 경이 하루도 없으면 정치하는 일이 그릇됨이 많으나 경의 병상이 그러하니 돌아가 착실히 조리하고 속히 돌아와 나의 아끼고 그리워하는 뜻을 져버리지 말라." 하고 또 말하시되, "조정에 어찌 잠시인들 충신이 없겠는가? 경을 대신할 사람을 천거하라." 시랑이 황제의 은혜에 감사하고 예부랑중 정심을 천거하여 몸을

해설
● 정심은 장노학의 친구이며 정채봉의 아버지로 나중에 장옥선이 과거에 급제한 후 장옥선을 자신의 사위로 맞아들인다.

113 승은(聖恩) 임금의 은혜.
114 경(卿) 임금이 신하를 높여서 부르는 말.
115 권々(眷眷) 늘 마음에 두고 아끼는 모양.
116 예부낭즁(禮部郎中) 예부에 딸린 정5품의 벼슬.

디신(代身)케 ᄒᆞ고 즉일(卽日)에 부인으로 더부러 슘샨으로 도라가니라. 잇써 시랑이 슘샨의 이르러 숑니산(俗離山) 하의 단(壇)을 모고 부인으로 더부러 목욕직계(沐浴齋戒)ᄒᆞ고 빅일긔도(百日祈禱)를 챡실이더라. 일ᄉᆞ(一日)은 슘샨현승(三山縣丞)[117]의 싱일 잔치 되여 시랑을 쳥(請)ᄒᆞ얏거늘 시랑이 연셕(宴席)[118]의 들어가 슈슘빈(數三盃) 먹은 후의 취흥(醉興)을 이긔 못ᄒᆞ야 안셕(案席)의 ᄉᆞ지ᄒᆞ여 잠간 죠흐던이[119] 홀연 황뇽(黃龍) ᄒᆞ나히 등쳔(騰天)ᄒᆞ면서

현대어로 옮겨 읽기

대신하게 하고 그날로 부인과 더불어 삼산으로 돌아가니라. 이때 시랑이 삼산에 이르러 속리산 아래에 단을 쌓고 부인과 더불어 목욕재계하고 백일기도를 착실히 하더라. 하루는 삼산현승의 생일잔치 되어 시랑을 청하였거늘, 시랑이 잔치자리에 들어가 서너 잔 먹은 후에 취흥을 이기지 못하여 자리에 의지하여 잠간 졸더니, 홀연 황룡 하나가 하늘로 오르면서

해설

- 장노학 부부가 속리산 신령에게 자식을 낳아달라고 기도하는 내용과 함께 태몽을 꾸는 장면이 나타난다. 태몽은 영웅적인 주인공의 탄생을 예고하는 사건으로 영웅소설에 흔히 나타난다. 장노학은 용을 꿈에 보는 것으로 나타난다.

---

117 숨산현승(三山縣丞) 삼산현을 다스리는 지방관리.
118 연석(宴席) 잔치의 자리.
119 죠흐던이 졸더니.

15_뒤

청농(青龍) 일곱이 쌀아 올나가거늘 마음의 희ᄉ120ᄒᆞ야 씨여 현승(縣丞)을 샤례(謝禮)ᄒᆞ고 집으로 도라오니라. 챠셜(且說)121 잇쩍 부인이 츈곤(春困)122을 이기지 못ᄒᆞ야 난간(欄干)의 ᄉ지ᄒᆞ야 잠간 죠흐더니 홀연(忽然) 쳥의동자(青衣童子)123 ᄒᆞᆫ 쌍(雙)이 옥젹(玉笛)을 불며 ᄂᆞ려오거늘 부인이 고히이124 역여 문의 나 보니 동ᄌᆡ ᄒᆞᆫ 노닌(老人)125을 인도ᄒᆞ야 오거늘 부인이 눈을 들어 보니 골격이 쳥수(清秀)ᄒᆞ고 형용(形容)이 비범(非凡)ᄒᆞ여 진간(塵間) 샤람은 갓

현대어로 옮겨 읽기

청룡 일곱이 따라 올라가거늘 마음에 기뻐하여 깨어 현승에게 감사하고 집으로 돌아오더라. 한편 이때 부인이 춘곤을 이기지 못하여 난간에 의지하여 잠깐 졸더니, 홀연 청의동자 한 쌍이 옥피리를 불며 내려오거늘 부인이 괴이하게 여겨 문에 나와 보니, 동자가 한 노인을 인도하여 오거늘, 부인이 눈을 들어 보니 골격이 청수하고 형용이 비범하여 티끌세상 사람은 같

해설

- 장노학이 태몽을 꾸는 대목이다. 장노학은 황룡 하나와 청룡 일곱의 꿈을 꾸는데 황룡은 주인공 장옥선이며, 청룡 일곱은 그의 배필이 될 칠미인을 상징한다.
- 6번째 줄 3~5번째 글자 '고히이'는 '고이히'로서 필사과정에서 글자 순서가 잘못되어 바뀐 것으로 여겨진다.

120 희々(喜喜) 기뻐하여.
121 챠셜(且說) 소설에서 화제를 돌리려 할 때 그 첫머리에서 하는 말.
122 츈곤(春困) 봄에 느끼는 피곤함.
123 청의동자(靑衣童子) 푸른 옷을 입은 어린아이.
124 고히이 이상하게.
125 노닌(老人) 노인

지 안이 흔지라. 부인이 놀나 급히 이러 운의(雲衣)[126]를 입고 예샹(霓裳)[127]을 잇글고 나가 노인을 마즈니 노인이 부인을 짜라 누샹(樓上)으로 올나오는지라. 상좌(上座)로 좌정(坐定) 후에 부인이 두 번 절ᄒᆞ고 엿쟈오디 "노인을 뉘신잇가?" 노인이 답왈, "나는 시랑의 션싱 틱을션관(太乙仙官)이라. 시랑과 부인이 심덕(心德)이 거룩ᄒᆞ되 일졈(一點) 쇼싱(所生)[128]이 읍셔 니 그윽히 불샹히 역이는 비라. 그런고로 니 왓노라." ᄒᆞ고 품 가온디

현대어로 옮겨 읽기

지 아니 한지라. 부인이 놀라 급히 일어나 운의를 입고 예상을 이끌고 나가 노인을 맞으니 노인이 부인을 따라 누각 위로 올라오는지라. 윗자리에 좌정한 후에 부인이 두 번 절하고 여쭈되, "노인은 뉘십니까?" 노인이 답하여 말하기를, "나는 사랑의 선생 태을선관이다. 사랑과 부인의 심덕이 거룩하되 한 점 소생이 없어 내 그윽이 불쌍히 여기는 바라. 그런고로 내가 왔노라." 하고 품 가운데

해설
● 장노학의 부인이 꾼 태몽이야기가 이어지고 있다.

126 운의(雲衣) 구름 같은 저고리.
127 예상(霓裳) 무지개 같은 치마.
128 쇼싱(所生) 낳은 바. 즉 아이.

16_뒤

로 누른 옥(玉) 한 기(個)를 닉여 부인 품의 너어쥬며 왈, "이는 쳔지간(天地間) 양기(陽氣)를 응(應)후여 된 거시라 부인의 아달이 될 거시라." 후고, 또 푸른 옥 일곱 기를 닉여 보이며 왈, "이 거슨 쳔지간 음기(陰氣)를 응후여 된지라 부인의 쟈뷔(子婦)[129] 되리라." 부인이 일희일경(一喜一驚)[130] 왈, "션관(仙官)의 어지신 덕틱으로 박복(薄福)훈 쳡(妾)이 남즉(男子)[131]를 웃스오니 덕틱이 하히(河海) 갓샤오나 일쳐일쳡(一妻一妾)[132]은 남즉의 샹식(常事)라 웃

현대어로 옮겨 읽기

로 누런 옥 한 개를 내어 부인 품에 넣어주며 말하기를, "이는 하늘과 땅 사이의 양기를 응하여 된 것이라 부인의 아들이 될 것이다." 하고, 또 푸른 옥 일곱 개를 내어 보이며 말하였다. "이것은 하늘과 땅 사이 음기를 응하여 된 것이라 부인의 며느리 될 것이다." 부인이 한편으로 기뻐하고 한편으로 놀라며 말하기를, "선관의 어지신 덕택으로 박복한 첩이 아들을 얻사오니 덕택이 강과 바다 같사오나, 한 명의 처와 한 명의 첩은 남자의 늘 그러한 일이라 어

해설

- 장노학이 꾼 황룡 하나와 청룡 일곱이 그의 부인이 꾼 누런 옥 하나와 푸른 옥 일곱 개가 서로 같은 것을 의미함을 알 수 있다. 여기서 황룡과 누런 옥은 앞으로 태어날 주인공 장옥선을 상징하고, 청룡 일곱과 푸른 옥 일곱은 장옥선의 배필이 될 일곱 여인들을 상징한다.

129 쟈뷔(子婦) 며느리.
130 일희일경(一喜一驚) 한편으로 기뻐하고 한편으로 놀라다.
131 남ᄌ(男子) 아들.
132 일쳐일첩(一妻一妾) 한명의 처와 한명의 아내.

17_앞

지 칠쳐(七妻)[133]를 취홀이잇고?" 노인이 우어 왈, "쳔정연분(天定緣分)[134]이야 웃지 어기리요? 찌를 일치 말고 남즈(男子)를 잘 길으라." 호고 인호여 간 곳 옵는지라. 부인이 깃부멀 이기지 못호야 씨여 보니 남가일몽(南柯一夢)[135]이라. 맛참 시랑이 도라오는지라 부인이 느와 마져 좌정(坐定)후 시랑이 부인 다려 몽사(夢事)를 설화(說話)호니, 부인이 깃거 쏘 자기의 몽사를 설화호고 인하여 왈, "옛말의 일너씨되 지셩(至誠)이면 감쳔(感天)이

현대어로 옮겨 읽기

찌 일곱 아내를 취하겠습니까?" 노인이 웃으며 말하기를, "하늘이 정한 연분이야 어찌 어기리오! 때를 잃지 말고 아들을 잘 길러라." 하고 인하여 간 곳이 없는지라. 부인이 기쁨을 이기지 못하여 깨어보니 남가일몽이었다. 마침 시랑이 돌아오는지라 부인이 나와 맞아 좌정한 후 시랑이 부인을 데리고 꿈속 일을 이야기하니, 부인이 기뻐 또 자기의 꿈 일을 이야기하고 인하여 말하기를, "옛말에 일렀으되 정성이 지극하면 하늘이 감동한다고

해설

- 위에서처럼, 고전소설에서 태몽은 부모가 함께 꾸는 경우가 많다. 태몽은 영웅적 인물의 정체성을 보여주거나 미래를 예언해 준다는 점에서도 중요한 의미를 지닌다.

---

133 칠쳐(七妻) 일곱 아내.
134 천정연분(天定緣分) 하늘이 정한 부부의 인연. 천생연분과 같은 말.
135 남가일몽(南柯一夢) 꿈같이 헛된 한 때의 부귀영화. 중국 당나라 때의 소설인 〈남가기(南柯記)〉에서 유래한 말. 당나라 덕종 때 광릉이란 곳에 순우분이라는 사람이 있었다. 그는 그의 집 홰나무 아래서 낮잠을 자다가 꿈에 대괴안국(大槐安國) 왕의 사위가 되어 20년 동안 지극한 부귀영화를 누렸는데, 꿈에서 깨어보니 거기는 원래 자기 집이었고, 그 나라는 개미의 나라였다는 내용이다. 남가일몽이라는 말은 소설에서 보통 꿈을 꾸고 난 이후에 상투적으로 사용된다.

17_뒤

라 ᄒᆞ더니 과연 허언(虛言)이 안이로다!" ᄒᆞ고 셔로 깃부믈 이긔지 못ᄒᆞ던이, 과연 그달붓터 ᄐᆡ긔(胎氣)[136]잇셔 샤오샥(四五朔)[137]을 지닉미, 시랑 부뷔(夫婦) 딕희(大喜)ᄒᆞ여 싱남(生男)ᄒᆞ기를 기다리더니 밋 십삭(十朔)이 챠미, 부인 괴미 불평(不平)ᄒᆞ면서 향취(香臭) 일실(一室)의 진동(振動)ᄒᆞ고, 오쉭(五色) 치운(彩雲)이 집안의 옹위(擁衛)ᄒᆞ더니, 부인이 일기(一個) 남자(男子)를 탄싱ᄒᆞ니, 용묘(容貌) 쥰수(俊秀)ᄒᆞ고 긔샹(氣象)이 헌앙(軒昂)ᄒᆞ여 풍골(風骨)[138]이 비범(非凡)ᄒᆞ지라. 시랑 부

현대어로 옮겨 읽기

라 하더니, 과연 헛말이 아니로다!" 하고 서로 기쁨을 이기지 못하더니 과연 그달부터 태기가 있어 너다섯 달을 지나며 시랑 부부가 크게 기뻐하여 아들 낳기를 기다리더니 열 달이 되며 부인의 기미가 편치 않더니 향기가 방안에 진동하고 오색 빛 구름이 집안을 둘러싸더니, 부인이 한 아들을 탄생하니 용모가 준수하고 기상이 당당하여 풍채와 골격이 비범하였다. 시랑 부

해설
- 고전소설에서 영웅적 인물은 비범한 탄생 과정을 보여준다. 이 소설에서도 그러한 경향이 나타나고 있다.

136 틱긔(胎氣) 아이를 잉태한 기미.
137 샤오삭(四五朔) 너다섯 달.
138 풍골(風骨) 풍채와 골격을 아울러 이르는 말.

18_앞

> 빅디희디열ᄒᆞ야 일홈은 옥션이라 ᄒᆞ니 션
> 관이 옥쥬멀 웅ᄒᆞ미요 ᄌᆞ난 승농이라 ᄒᆞ니 시
> 랑의 몽즁의 황농을 웅ᄒᆞ미라 옥션이
> 졈ᄌᆞ라 사오세에 이르미 쳔하의 문쟝지샤
> 를 갈희여 옥션을 갈으치더라
> 흥진이비릭 현샤이츅신
> 흥이 다 ᄒᆞ미 슐푸미 오고
> 어진 신희 구양 가난도다

뷔 딕희딕열(大喜大悅)ᄒᆞ야 일홈은 '옥션(玉仙)'이라 ᄒᆞ니, 션관(仙官)이 옥 쥬멀 웅ᄒᆞ미요, ᄌᆞ(字)[139]는 '승농(乘龍)'이라 ᄒᆞ니 시랑의 몽즁(夢中)의 황농(黃龍)을 웅ᄒᆞ미라. 옥션이 졈ᄌᆞ 쟈라 샤오세(四五歲)에 이르미 쳔하의 문쟝직샤(文章才士)[140]를 갈희여 옥션을 갈으치더라.

홍진이비릭(興盡而悲來) 현샤이츅신(賢士而逐臣)
홍이 다 ᄒᆞ미 슬푸미 오고, 어진 신희 구양 가는도다.

현대어로 옮겨 읽기

부가 크게 희열하여 이름은 '옥선'이라 하니, 선관이 옥을 준 것을 응함이요, 자는 '승룡'이라 하니 시랑의 꿈속에 황룡을 응함이다. 옥선이 점점 자라 너다섯 살에 이르자, 천하의 문장가와 재주 있는 선비를 가려서 옥선을 가르쳤다.

흥진이비래(興盡而悲來) 현사이축신(賢士而逐臣)
흥이 다하니 슬픔이 오고, 어진 신하가 귀양을 가는구나.

해설
● 여기에서 제1장의 내용이 끝나고 제2장의 내용이 시작되고 있다. "흥진이비릭(興盡而悲來) 현샤이츅신(賢士而逐臣)"은 제2장의 장회명이다. 장회명의 제시 방식은 1장과 동일하다.

---

139 즈(字) 본명 이외에 손윗사람이 아랫사람을 편하게 부르기 위해 짓는 이름.
140 문쟝지샤(文章才士) 문장가와 재주 있는 선비.

18_뒤

챠셜 잇쩌 샹(上)이 노학을 돌녀 보닉고 졍심(丁深)으로 병부시랑(兵部侍郎)을 ᄒ
이시고 딕쇼졍사(大小政事)를 위임(委任)ᄒ시되, 졍심의 인직(人才)가 쟝시랑(張
侍郎)의 밋지 못ᄒᆞᆯ지라. 샹이 항샹 시랑(侍郎)을 싱각ᄒ시더니 시랑이 흔(限)이 지
닉도록 도라오지 은이 ᄒ니 샹이 근심ᄒ샤 ᄉ신(使臣)을 보닉여 노학을 부루시니,
시랑이 명(命)을 응ᄒ여 죠졍(朝廷)의 이르니, 샹이 반가이 인견(引見)[141]ᄒ시고 연고
(緣故)를 무르신되 시랑이 엿ᄌ오되 "신이

현대어로 옮겨 읽기

한편, 이때 임금께서 노학을 돌려보내고 정심으로 병부시랑을 삼으시고 크고 작은 정치 일을 위임하시되, 정심의 인재가 장시랑에 미치지 못하였다. 임금이 항상 시랑을 생각하시더니, 시랑이 기한이 지나도록 돌아오지 아니하니 임금이 근심하셔서 사신을 보내어 노학을 부르시니, 시랑이 명을 응하여 조정에 이르니, 임금이 반가이 맞이하여 보시고 이유를 무르시니, 시랑이 여쭈되, "신이

---

141 인견(引見) 윗사람이 아랫사람을 불러서 만나봄. 임금이 의식을 갖추고 관리를 만나보던 일.

19_앞

> 사십지년의 일기 남자를 어더 의
> 못후고로 죄의 범호여사오니 샹은 용셔
> 시옵쇼셔 샹이 되희 왈 어
> 왈 모월모일의 낫스옵는이다 샹이 갈
> 거이혼 일이로다 나도 그날 녀자를 탄
> 시니 곳 형산공쥬라 동일동시의 나흐니 텬
> 지간 희귀혼 널로다 호시고 죠회를 파
> 호니라 잇썩 사방의 흉년이 들어 빅

샤십지년(四十之年)의 일기(一個) 남자(男子)를 어더 의의(依依)[142]혼 정(情)을 쎄지 못혼 고로 죄(罪)의 범(犯)호엿사오니 샹은 용셔호시옵소셔" 샹이 되희(大喜) 왈, "어드 써 나엿는뇨?" 되(對)왈, "모월모일(某月某日)의 낫스옵느이다." 샹이 갈 ᄋ스되 "긔이(奇異)혼 일이로다! 나도 그날 녀자(女子)를 탄강(誕降)[143]호엿시니, 곳 형산공쥬라. 동일동시(同日同時)의 나흐니 쳔지간(天地間) 희귀(稀貴)혼 닐로 다!" 호시고 죠회(朝會)를 파(罷)호니라. 잇써 사방(四方)의 흉년(凶年)이 들어 빅

현대어로 옮겨 읽기

사십 년에 한 아들을 얻어 헤어지기 서운한 정을 떼지 못한 이유로 죄를 범하였사오니 임금께서는 용서하시옵소서." 임금이 크게 기뻐하며 말하였다. "어느 때 나왔느뇨?" 대답하여 말했다. "모월 모일에 낳았습니다." 임금이 말씀하시기를, "기이한 일이로다! 나도 그날 딸을 탄강하였으니, 곧 형산공주(荊山公主)이다. 같은 날 같은 시간에 낳으니 하늘과 땅 사이에 희귀한 일이로다!" 하시고 조회를 마쳤다. 이때 사방에 흉년이 들어 백

해설

- 형산공주는 나중에 장옥선의 부인이 된다. 장옥선과 형산공주가 같은 해, 같은 달, 같은 날, 같은 시로 같은 사주를 가지고 태어난 것은 이들의 나중 인연을 예상케 한다.

142 의의(依依) 헤어지기 서운함.
143 탄강(誕降) 임금이나 성인이 태어남.

19_뒤

셩(百姓)이 도탄(塗炭)의 들어 관셔(關西) 셕쥬지의 쳘강(鐵强)이란 지 잇셔 십만 군병을 모화 셩읍(城邑)을 치미 쳔히(天下) 요란ᄒᆞ여 관셔(關西) 관동(關東)의 쥬린 빅셩이 벌쎼쳐럼 이러ᄂᆞᄂᆞᆫ지라. 샹이 근심ᄒᆞ샤 호부시랑 쥬육(朱六)을 명쵸(命招)ᄒᆞ샤 왈, "경이 호부(戶部)의 잇셔 읏지 빅셩을 도탄(塗炭)의 들게 ᄒᆞ야 샤방의 도젹이 이르ᄂᆞᄂᆞ요?" 쥬육 고(告)왈, "그게 신의 죄(罪) 안이라, 병부시랑 쟝노학이 병부(兵部)의 잇셔 민졍(民情)의 어드온지라

현대어로 옮겨 읽기

성이 도탄에 빠져 관서 석주지에 철강이라는 자가 있어 십만 군병을 모아 성읍을 치니 천하가 요란하여 관서 관동의 굶주린 백성이 벌떼처럼 일어나는지라. 임금이 근심하여 호부시랑 주육을 명하여 불러 말하였다. "경이 호부에 있으면서 어찌 백성을 도탄에 들게 하여 사방에 도적이 이르게 하는가?" 주육이 고하여 말하였다. "그게 신의 죄가 아니라 병부시랑 장노학이 병부에 있으면서 민정에 어두운지라

해설

- 이 작품에 등장하는 대표적인 악인은 주육과 철강이다. 이 두 인물이 처음으로 등장하면서 선인(善人)들과의 대결 구조를 형성하기 시작한다.

---

144 도탄(塗炭) 진구렁에 빠지고 숯불에 탄다는 뜻으로, 몹시 곤궁하여 고통스러운 지경을 이르는 말.
145 관셔(關西) 석쥬지 지명. 관서의 어느 곳인 듯하지만 어느 곳인지는 정확하지 않다.
146 명쵸(命招) 임금의 명으로 신하를 부름.

20_앞

그런고로 싱녕(生靈)의 도탄의 드느이다." 샹이 디로(大怒)ᄒ샤 시랑을 부르샤 디칙(大責) 왈, "네 병부의 잇셔 웃지 날니를 짓느요?" 시랑이 황공(惶恐) 샤례(謝禮) 왈, "신(臣)이 병부의 잇샤와 도젹이 ᄉ러느오니 신의 죄(罪)는 만ᄉ무셕(萬死無惜)[148]이로쇼이다." ᄒ고 곳 퇴죠(退朝)[149]ᄒ여 샤직쇼(辭職書)[150]를 올니니 샹이 시랑의 샹쇼를 보시고 불샹히 역이샤 쥬육을 부르샤 문(問) 왈, "샤방의 도젹이 이러나미 웃지 쟝녹학의 죄리요 아즉 용

현대어로 옮겨 읽기

그런 이유로 생령이 도탄에 드나이다." 임금이 크게 노하셔서 시랑을 불러 크게 꾸짖어 말하였다. "네 병부에 있어 어찌 난리를 짓는가?" 시랑이 황공하여 사례하여 말하기를, "신이 병부에 있어 도적이 일어나니 신의 죄는 만 번 죽어도 아깝지 않습니다." 하고 곧 조정을 물러나 사직하는 상소를 올리니 임금이 시랑의 상소를 보시고 불쌍히 여기셔서 주육을 불러 물어 말하기를, "사방에 도적이 일어남이 어찌 장노학의 죄이겠는가? 아직 용

147 싱녕(生靈) 살아 있는 영혼들. 생민(生民).
148 만ᄉ무셕(萬死無惜) 만 번 죽어도 아까울 것이 없음. 죄가 깊음.
149 퇴죠(退朝) 조정이나 조회에서 물러남.
150 샤직쇼(辭職書) 사직하겠다는 상소.

20_뒤

셔ᄒᆞ여 쓰미 올타." ᄒᆞ신디 쥬육은 본디 간신(奸臣)[151]이라 항샹 시랑을 미워ᄒᆞ던이 이쩌를 타 샹게 엿쟈오디 "녹학이 쟝샤(將士)[152]를 악독히 ᄒᆞ야 빅셩이 노학을 베히고 침식(寢息)[153]이 되겟다 ᄒᆞ온이 승샹(聖上)은 살피쇼셔." 샹이 디로 왈, "ᄂᆞ는 노학을 후디(厚待)ᄒᆞ엿던이 져는 빈은망덕(背恩忘德)[154]ᄒᆞ야 도젹으로 하야금 일게 ᄒᆞ니 맛당히 죽이리로다." ᄒᆞ시고 "노학을 졍위(廷尉)[155]의게 ᄂᆞ려 치죄(治罪)ᄒᆞ라." ᄒᆞ시니 예

현대어로 옮겨 읽기

서(恕)하여 씀이 옳다." 하시되, 주육은 본디 간신이라 항상 시랑을 미워하더니 이때를 타서 임금께 여쭈되, "노학이 장수와 병졸들을 악독하게 대하여 백성이 노학을 베면 먹고 자는 일이 되겠다하오니 성상은 살피소서." 임금이 크게 노하여 말하기를, "나는 노학을 후대하였더니 저는 배은망덕하여 도적으로 하여금 일어나게 하니 마땅히 죽이리로다." 하시고 "노학을 정위에게 내려 죄를 다스리라." 하시니 예

---

151 간신(奸臣) 간사한 신하. 충신의 반대가 되는 신하.
152 쟝사(將士) 장수와 병졸(將卒).
153 침식(寢息) 떠들썩하던 일이 가라앉아 그침.
154 빅은망덕(背恩忘德) 은혜와 덕을 저버리고 잊음.
155 정위(廷尉) 형벌과 옥사(獄事), 즉 법을 집행하는 사법직의 최고관리.

> 부시랑 정심이 샹소를 오녀 간혼디 샹이 듯지
> 안이 ᄒ시넌머욱 디로ᄒ신디 이부샹셔 이즁
> 은 츙신이라 샹소를 올녀 왈 쟝노학은 만
> 고 츙신이라 웃지 간신의 말을 드르시고 츙신
> 을 죽의 ᄒ려 ᄒ시ᄂ가 샹이 그 샹소를 보민
> 욱 디로ᄒ샤 쥬육을 보인디 쥬육이 엿자오디
> 노학과 이즁과 졍심은 다 혼 당뉴라
> 혼 식의 괴슈에는 다 혼 당뉴라 도리히 간시이

부시랑 정심(丁深)이 샹소를 오녀 간(諫)혼디 샹(上)이 듯지 안이 ᄒ시고 더욱 디로(大怒)ᄒ신디, 이부샹셔(吏部尙書) 이즁(李重)은 츙신(忠臣)이라 샹쇼를 올녀 왈, "쟝노학은 만고(萬古) 츙신(忠臣)이라. 웃지 간신(奸臣)의 말을 드르시고 츙신을 죽이려 ᄒ시ᄂ잇가?" 샹이 그 샹쇼를 보민 더욱 디로ᄒ샤 쥬육(朱六)을 보인디 쥬육이 엿쟈오디 "노학과 이즁과 정심은 다 훈 당뉴(黨類)[156]라 훈 식(食)[157]의 괴슈(魁首)[158] 여늘 신다려 도리히[159] 간시(奸臣)이

현대어로 옮겨 읽기

부시랑(禮部侍郎) 정심이 상소를 올려 간하되, 임금이 듣지 아니 하시고 더욱 크게 노하시되, 이부상서 이중은 충신이라 상소를 올려 말하였다. "장노학은 만고의 충신이라. 어찌 간신의 말을 들으시고 충신을 죽이려 하십니까?" 임금이 그 상소를 보니 더욱 크게 노하여 주육에게 보이니, 주육이 여쭈었다. "노학과 이중과 정심은 다 한 당류라 한 식구의 괴수이거늘 신에게 도리어 간신이

해설

- 충신인 장노학, 정심, 이중과 간신인 주육의 대결이 점차 심화되고 있음을 알 수 있다.

156 당뉴(黨類) 같은 무리나 편에 드는 사람들.
157 식(食) 식구(食口). 한 무리에 속하여 함께 일하는 사람을 비유적으로 이르는 말.
158 괴슈(魁首) 못된 짓 하는 무리의 우두머리.
159 도리히 도리어.

라 ᄒᆞ오니 웃지 슬지 은이ᄒᆞ리요!" 샹이 왈, "셰 놈의 죄ᄂᆞᆫ 죽여 맛당ᄒᆞᄂᆞ 임의 나의 각가히 부리던 신희(臣下)라 죽일 슈 읍시니 원방(遠方)으로 귀양 보ᄂᆡ여 져의 기과(改過)[160] ᄒᆞᆯ 썩를 기다리미 올타." ᄒᆞ시고 쟝시랑은 탐나(耽羅)[161]국으로 원찬(遠竄)[162]ᄒᆞ고 이샹셔ᄂᆞᆫ 월낭(越浪)[163]으로 안치(安置)[164]ᄒᆞ고 정심은 샥직(削職)[165]ᄒᆞ여 셔인(庶人)[166]을 샴으니 쥬육이 헐일읍셔 그ᄃᆡ로 파죠(罷朝)[167]ᄒᆞ니라. 잇쩍 시랑이 집으로 도라와

현대어로 옮겨 읽기

라 하오니 어찌 슬프지 아니 하리오!" 임금이 말하기를 "세 놈의 죄는 죽여 마땅하나 이미 나의 가까이 부리던 신하라 죽일 수 없으니 먼 곳으로 귀양 보내어 저의 허물 고칠 때를 기다리는 것이 옳다." 하시고 장시랑은 탐라국으로 이상서는 월남으로 안치하고 정심은 관직을 삭제하여 평민으로 삼으니 주육이 어쩔 수 없어 그대로 조회를 마치더라. 이때 시랑이 집으로 돌아와

160 기과(改過) 허물을 고침.
161 탐나(耽羅) 제주.
162 원찬(遠竄) 먼 곳으로 귀양보냄. 〈=원배(遠配)〉
163 월낭(越浪) 전라남도 진안의 옛 이름.
164 안치(安置) 조선시대에, 먼 곳에 보내 다른 곳으로 옮기지 못하게 주거를 제한하던 일. 또는 그런 형벌.
165 샥직(削職) 삭탈관직과 같은 말. 벼슬을 깎거나 빼앗는 일.
166 셔인(庶人) 평민.
167 파죠(罷朝) 신하가 조정에 나아가 임금을 뵙는 일, 즉 조회를 마침.

22_앞

옥션 모쟈(母子)를 불너 울며 왈, "노뷔(老父) 죄 즁(重) ᄒ야 만니(萬里) 타국(他國)의 귀양가니 샤라 도라올 길 읍ᄂ지라, 늣게 나흔 쟈식의 영화를 못 보니 웃지 슬푸지 안이리요? 원컨듸 부인은 쳔만보즁(千萬保重)[168] ᄒ여 옥션을 잘 길너 후일(後日)을 보소셔. 다만 나와 갓치 못 보니 웃지 흔이 되지 안이리요!" 부인이 이 말 듯고 방셩디곡(放聲大哭)[169] ᄒ야 정신을 못 챠리고 옥도 ᄯᅩ흔 두 발

현대어로 옮겨 읽기

옥선 모자를 불러 울며 말하였다. "노부가 죄가 중하여 만리타국에 귀양 가니 살아 돌아올 길이 없는지라, 늦게 낳은 자식의 영화를 못 보니 어찌 슬프지 아니 하리오? 원컨대 부인은 어떠한 경우에도 몸을 아껴 옥선을 잘 길러 훗날을 보소서. 다만 나와 같이 못 보니 어찌 한이 되지 아니 하리오?" 부인이 이 말 듣고 목을 놓아 크게 울어 정신을 못 차리고 옥선도 또한 두 발

해설
- 주인공의 부친이 귀양 가게 되면서 서서히 주인공에게도 위기가 닥쳐오게 될 것임을 감지할 수 있다.

168 보중(保重) 몸을 아끼어 건강을 유지함.
169 방성딕곡(放聲大哭) 목을 놓아 크게 우는 것.

을 구르며 울거늘 시랑이 옥선의 머리를 어로만지며 왈, "우지마라! 닉 오리지 안이 ㅎ야 도라올 거시니 네 부딕 울지 말고 잘 잇다가 죠샹(祖上)의 음덕(陰德)[170]으로 무고(無故)[171]이 쟈라 나셔 아바[172]의 원슈(怨讐)를 갑고 임군을 츙성으로 셤기라." ㅎ고 인ㅎ야 샤쟈(使者)를 ᄯᆞ라 가니, 옥선의 집이 난가(亂家)되야 초샹난 집 갓더라. 잇쩍 이샹셔(李尙書)는 무남독녀(無男獨女)[173]를 두엇ᄂᆞ지라, 월낭으로 길을

현대어로 옮겨 읽기

을 구르며 울거늘 시랑이 옥선의 머리를 어루만지며 말하기를, "우지마라! 내 오래지 아니하여 돌아올 것이니 네 부디 울지 말고 잘 있다가 조상의 음덕으로 탈 없이 자라나서 아버지의 원수를 갚고 임금을 충성으로 섬겨라." 하고 인하여 사자를 따라가니 옥선의 집이 어지러운 집안이 되어 초상난 집 같더라. 이때 이상서는 아들이 없이 딸 하나만 두었는지라, 월남으로 길을

170 음덕(陰德) 눈에 보이지 않는 조상의 덕.
171 무고(無故) 아무 탈이 없음.
172 아바 아버지.
173 무남독녀(無男獨女) 아들이 없고 달 하나만 있음.

써늘시 집의 도라가 부인과 녀주(女子)를 불너 일너 왈, "니 이제 튱신 쟝시랑을 구원타가 간신(奸臣)의 화를 입어 원지(遠地)의 가니 부인은 져 홍능(紅綾)을 잘 길너 후일(後日)을 보소서. 홍능의 직질(才質) 비범ᄒᆞ야 필경(畢竟) 귀인(貴人)의 빈필(配匹)이 될지라. 쟝샹셔의 아달과 동년동일(同年同日)의 탄ᄉᆡᆼ키로 그 일이 비범ᄒᆞ야 혼샤(婚事)를 의논ᄒᆞ고 밋쳐 졍(定)치는 못 ᄒᆞ얏ᄊᆞ니 나 간 후에라

현대어로 옮겨 읽기

떠날 때, 집에 돌아가 부인과 딸을 불러 일러 말하기를 "내 이제 충신 장시랑을 구원하다가 간신의 화를 입어 먼 곳에 가니 부인은 저 홍릉을 잘 길러서 훗날을 보소서. 홍릉의 재질이 비범하여 필경 귀인의 배필이 될 것이라. 장상서의 아들과 동년 동일에 탄생하였기로 그 일이 비범하여 혼사를 의논하고 미처 정하지는 못하였으니 나 간 후에라도

해설

- 여기에서는 이상서의 딸인 홍릉이 옥선과 사주가 같은 것으로 나타나고 이것 때문에 옥선과 홍릉이 혼인을 의논하게 되었음이 나타난다.
- 5번째 줄 마지막과 6번째 줄 첫 번째 두 번째에 '쟝샹서'는 바로 '장노학'을 말한다. 고전소설에서는 이렇게 관직명으로 이름을 호칭하는 경우가 많다.

23_뒤

도 그 집으로 혼인ᄒ야 훗길을 보쇼셔." ᄒ고 인ᄒ여 써나가니 홍능 모져(母女)[174] 디셩통곡(大聲痛哭)하여 이별ᄒ더라. 잇써 쥬육이 임의 츙신을 방츅(放逐)[175]ᄒ미 더옥 긔탄(忌憚)[176]이 읍셔 샤신(使臣)을 보ᄂᆡ여 철강과 교통(交通)ᄒ여 철강은 외원(外援)[177]이 되고 쥬육은 ᄂᆡ응(內應)[178]이 되어 국가를 도모(圖謀)코져 ᄒ더라. 쥬육이 쟝시랑의 아달이 영걸(英傑)[179]ᄒ단 말을 듯[180] 철강의게 글얼 보ᄂᆡ여 가만이 군샤를 보ᄂᆡ여

현대어로 옮겨 읽기

도 그 집으로 혼인하여 후의 길을 보소서." 하고 인하여 떠나가니 홍릉 모녀 대성통곡하여 이별하더라. 이때 주육이 이미 충신을 쫓아내니 더욱 꺼림이 없어 사신을 보내어 철강과 교통하여 철강은 밖에서 원조하여 주고 주육은 안에서 응하게 되어 국가를 도모하고자 하더라. 주육이 장시랑의 아들이 영걸하다는 말을 듣고 철강에게 글을 보내어 가만히 군사를 보내어

해설

- 충신이 나라에서 쫓겨나고 간신이 정권을 잡게 되면서 나라가 위태해지는 모습을 보여준다. 특히 국가의 위기는 안팎으로 닥치게 되어 내우외환이 겹치게 된다. 영웅이 등장하는 고전소설에서 국가의 위기는 크면 클수록 좋다. 그래야만 이를 극복하는 영웅의 활약상이 화려하게 펼쳐질 수 있기 때문이다.

174 모져(母女) 문맥으로 보아 모져는 '모녀'의 오기인 것으로 보임.
175 방축(放逐) 자리에서 쫓아냄.
176 긔탄(忌憚) 어렵게 여겨 꺼림.
177 외원(外援) 외부로부터 받는 도움.
178 닉응(內應) 내부에서 몰래 적과 통함.
179 영걸(英傑) 영특하고 용기와 기상이 뛰어남.
180 듯 '듯'은 '듣고'로 보는 것이 정확하다.

24_앞

> 죽이여 후환을 업시 ᄒᆞ니 쳘강이 글을 보고 디희 ᄒᆞ야 곳 군새를 밤을 도와 좃더라 챠셜 잇ᄯᅥ 한부인이 시랑을 이별 ᄒᆞ고 쥬야 눈물노 셰월을 보ᄂᆡ더니 일일은 부인이 눈물을 닥고 난간을 베고 인ᄒᆞ야 죠흐더니 ᄐᆡ을션관이 ᄯᅩ 하강 ᄒᆞ야 급 머리를 흔들어 씨여 왈 화식이 박두 ᄒᆞ거늘 부인은 웃지 이딕지 쟈ᄂᆞ뇨 이길노 밧비 동방오빅

죽이여 후환(後患)을 읍시 ᄒᆞ라 ᄒᆞ니, 철강이 글을 보고 디희(大喜)ᄒᆞ야 곳 군샤(軍士)를 밤을 도와 좃더라. 챠셜(且說) 잇ᄯᅥ 한부인(韓夫人)이 시랑을 이별ᄒᆞ고 쥬야(晝夜) 눈물노 셰월을 보ᄂᆡ더이 일ᄼᆞ(一日)은 부인이 눈물을 닥고 난간(欄干)을 베고 인ᄒᆞ야 죠흐더니 ᄐᆡ을선관(太乙仙官)이 ᄯᅩ 하강ᄒᆞ야 급(急)[181] 머리를 흔들어 씨여 왈, "화식(禍色)[182]이 박두(迫頭)[183]ᄒᆞ거늘 부인은 웃지 이디지 쟈ᄂᆞ뇨? 이길노 밧비 동방오빅

현대어로 옮겨 읽기

죽이어 후환을 없게 하라 하니, 철강이 글을 보고 크게 기뻐하여 곧 군사를 보내 밤을 도와 쫓더라. 한편 이때 한부인이 시랑을 이별하고 밤낮 눈물로 세월을 보내더니, 하루는 부인이 눈물을 닦고 난간을 베고 인하여 졸더니 태을선관이 또 하강하여 급히 머리를 흔들어 깨워 말하기를 "재앙의 기색이 닥쳐오거늘 부인은 어찌 이다지 자는가? 이 길로 바삐 동방오백

해설
- 태을선관이 꿈에 나타나 주인공이 위기를 벗어날 수 있도록 돕는 대목이다.
- 3번째 줄에 '챠셜'은 '차설(且說)'로서 주로 장면이 바뀔 때 '화설', '각설'이라는 말과 함께 고전소설에서 상투적으로 쓰이는 말이다.

181 급(急) 급하게.
182 화식(禍色) 재앙의 기색.
183 박두(迫頭) 기일이나 시기가 가까이 닥쳐옴.

24_뒤

니 박글 나가 화(禍)를 피호면 쟈연 구혈 샤람이 잇씨리니 급히 일너나라."는 쇼릭에 놀는 씨니 일기(一個) 츈몽(春夢)[184]이라. 부인이 모골(毛骨)[185]이 송연(竦然)[186]호야 급히 옥션을 불너 몽샤(夢事)를 의논호니 옥션이 엿쟈오딕 "쇼쟈(小子)의 몽샤(夢事)도 쏘흔 그러호오니 반다시 쫏는 직 잇는도다!" 호고 급히 피신(避身)홀 방쵝(方策)[187]을 성각 홀시 부인이 옥션을 다라고[188] 힝쟝(行裝)[189]을 슈습(收拾) 호야 정쳐(定處) 읍시 느가던이 잇쩌 쳘강의 군

현대어로 옮겨 읽기

니(東方五百里) 밖을 나가 화를 피하면 자연히 구할 사람이 있으리니 급히 일어나라."는 소리에 놀라 깨니 하나의 봄꿈이라. 부인이 모골이 송연하여 급히 옥선을 불러 꿈일을 의논하니 옥선이 여쭈되, "소자의 꿈도 또한 그러하니 반드시 쫓는 자 있도다!" 하고 급히 몸을 피할 계책을 생각하여 부인이 옥선을 데리고 행장을 수습하여 정한 곳 없이 나가더니 이때 철강의 군

184 츈몽(春夢) '일장춘몽(一場春夢)', 즉 '한바탕 봄꿈'의 준말이다.
185 모골(毛骨) 털과 뼈.
186 송연(竦然) 소름이 끼칠 정도로 오싹한 모습.
187 방칙(方策) 방법과 계책.
188 다라고 데리고.
189 힝장(行裝) 먼 길을 떠날 때 가지고 가는 여행을 위한 짐.

25_앞

시 와 보니 일실(一室)이 비혀눈지라. 흘일읍셔 뒤를 쫏던이 슈슘빅니(數三百里)를 달녀가니 부인과 옥션이 십니(十里) 안의 가눈지라. 그놈더리 훔셩(喊聲) 왈, "너의 하날노 날 것눈냐, 싸흐로 드러가것눈야, 어딕로 가리요?" 부인과 옥션이 도라보니 도젹들이 뒤에 잇눈지라, 딕경실싴(大驚失色)ᄒ야 죽기를 기 씨고 다라ᄂ니 딕강(大江)이 압혜 당(當)흔지라. 부인과 옥션이 쌍을 두다리며 울어 왈, "유ᄉ챵

현대어로 옮겨 읽기

사(軍士)가 와 보니 집안이 비었는지라. 하릴없이 뒤를 쫓더니 수삼백 리를 달려가니 부인과 옥선이 십 리 안에 가는지라. 그놈들이 고함질러 말하였다. "너희 하늘로 날 것이냐, 땅으로 들어갈 것이냐, 어디로 가겠느냐?" 부인과 옥선이 돌아보니 도적들이 뒤에 있는지라, 크게 놀라 낯빛이 변하여 죽기를 기 쓰고 달아나니 큰 강이 앞에 당한지라. 부인과 옥선이 땅을 두드리며 울어 말하기를 "한 없이 푸른

해설
● 어린 주인공이 겪는 첫 번째 위기가 실감나게 펼쳐지고 있다.

25_뒤

천(悠悠蒼天)[190]아! 웃지 이럿탓 궁(窮)ㅎ게 ㅎ느뇨?" ㅎ고 방셩통곡(放聲痛哭)ㅎ더니 흔 곳을 바라보니 일엽편쥬(一葉片舟)[191]의 쳥의동자(靑衣童子) 둘이 안졋는지라. 옥션 모자(母子) 급히 쑈쳐가 비에 올너 써나기를 지쵹ㅎ니 동자(童子) 노를 져허 가미 일순간(一瞬間)의 즁뉴(中流)의 든지라. 도젹들이 쏫쳐와 보니 빅가 임의 범々즁뉴(泛泛中流)[192]ㅎ엿거날 함셩(喊聲) 왈, "요마흔[193] 아희들은 망명(亡命)[194] 죄인을 실고 가니 너의 죽을 줄을 모로느냐?

현대어로 옮겨 읽기

하늘아! 어찌 이렇듯 궁하게 하느뇨?" 하고 목 놓아 통곡하니 한 곳을 바라보니 한 조각 작은 배에 청의동자 둘이 앉았는지라. 옥선 모자가 급히 쫓아가 배에 올라 떠나기를 재촉하니 동자 노를 저어 가니 한순간에 중류에 든지라. 도적들이 쫓아와 보니 배가 이미 강의 중간에 둥둥 떠 있거늘 고함쳐 말하기를 "요망한 아이들은 망명하는 죄인을 싣고 가니 너희 죽을 줄을 모르느냐?

190 유々창쳔(悠悠蒼天) 한 없이 푸른 하늘.
191 일엽편쥬(一葉片舟) 한 척의 조각배.
192 범々즁뉴(泛泛中流) 강물의 중간정도에 둥둥 떠있음.
193 요마흔 요망한.
194 망명(亡命) 목숨을 지키기 위해 달아남.

26_앞

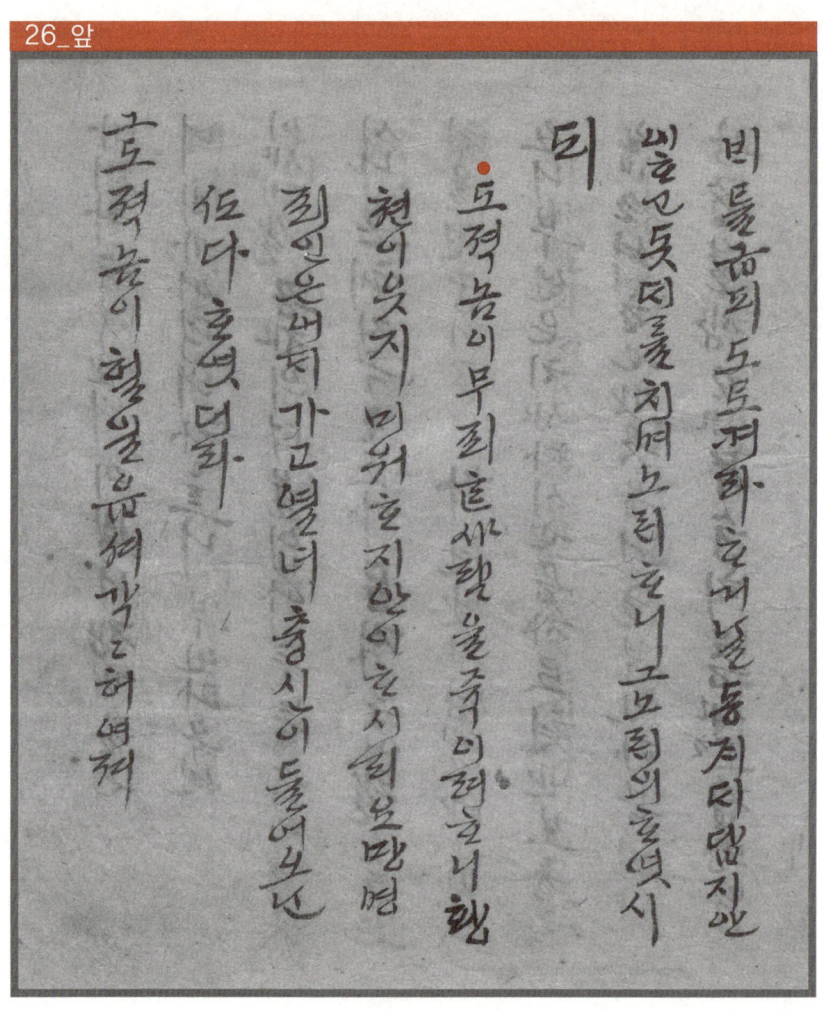

빅를 급피 도로겨라." ᄒ거늘 동지 디답지 안이 ᄒ고 둣뒤[195]를 치며 노릭ᄒ니 그 노릭의 ᄒ엿시되,

"도젹 놈이 무죄(無罪)ᄒ 샤람을 죽이려 ᄒ니 황쳔(皇天)[196]이 웃지 미워ᄒ지 안이 ᄒ시리요? 망명(亡命) 죄인은 어듸 가고 열녀츙신(烈女忠臣)이 들어오는 쏘다."

ᄒ엿더라. 그 도젹 놈이 헐일읍서 각ᄭ 허여져[197]

현대어로 옮겨 읽기

배를 급히 돌이켜라." 하거늘 동자가 대답하지 아니 하고 돛대를 치며 조래하니 그 노래에 하였으되,

"도적놈이 죄 없는 사람을 죽이려 하니 넓고 넓은 큰 하늘이 어찌 미워하지 아니 하시리요? 망명 죄인은 어디 가고 열녀충신 들어오도다!"

하였더라. 그 도적놈이 하릴없이 각각 헤어져

해설

- 4번째 줄부터는 동자의 노래 가사이다. 돛대를 두드리며 노래하는 것으로 보아, 청의동자의 노래는 뱃노래 형식에 가깝다고 할 수 있다.

195 돗딘 돛을 달기 위하여 배 바닥에 세운 기둥.
196 황천(皇天) 넓고 넓은 큰 하늘.
197 허여져 헤어져.

26_뒤

가더라. 슈유간(須臾間)의 이빅니(二百里) 쟝강(長江)을 근너 빈가 어덕의 다ᄋᆞ르니 부인과 옥선이 샤례(謝禮) 왈, "공쟈(公子)의 덕을 입어 두 목숨이 살엇시니 은혜 지극ᄒᆞ도다." 동직 우어 왈, "쇼동(小童)은 틱을션궁(太乙仙宮)의 시동(侍童)이라. 션관(仙官)의 명(命)을 밧고 왓ᄉᆞ오니 부인은 치샤(致謝) 마시고 공쟈(公子)로 천만 보즁(保重)ᄒᆞ옵쇼셔." ᄒᆞ고 갓 곳 읍거늘 부인과 옥선이 공즁(空中)을 향ᄒᆞ야 무슈히 층샤(稱謝)ᄒᆞ고 집팡 막

현대어로 옮겨 읽기

가더라. 잠깐 사이에 이백 리 긴 강을 건너 배가 언덕에 다다르니 부인과 옥선이 감사하여 말하였다. "공자의 덕을 입어 두 목숨이 살았으니 은혜 지극하도다." 동자가 웃어 말하기를 "소동은 태을선궁의 시중드는 아이라. 선관의 명을 받고 왔사오니 부인은 감사하지 마시고 공자와 어떤 경우에도 몸을 아끼어 보존하십시오." 하고 간 곳이 없거늘, 부인과 옥선이 공중을 향하여 무수하게 감사함을 칭하고 지팡이 막

해설

● 마지막 줄 아래서 네 번째와 다섯 번째 글자 사이에 'ㅎ'를 삽입한 것이 보인다.

198 슈유간(須臾間) 아주 짧은 시간에.
199 어덕 언덕.
200 갓 간.
201 집팡 지팡이.

27_앞

딕²⁰²을 잇글고 샨곡(山谷)을 너머가니 심곡(深谷)의 실피운는 원셩이²⁰³ 쇼리와 고목(古木)의 울고 가는 시 쇼리 샤람의 회포(懷抱)를 돕는 듯ᄒᆞᆫ지라. 부인과 옥션이 비회(悲懷)를 졍(定)치 못ᄒᆞ야 일쟝(一場) 통곡(痛哭)ᄒᆞᆫ 후 모ᄌᆡ(母子) 서로 위로(慰勞)ᄒᆞ야 잇글고 촌ᄉᆞ(村村)히²⁰⁴ 젼진(前進)ᄒᆞ고 가가(家家)이²⁰⁵ 걸식(乞食)ᄒᆞ야 이러구로 슈십일(數十日) 만의 ᄒᆞᆫ 곳듸 다ᄃᆞ르니 샨쳔이 슈려ᄒᆞ고 쵸목이 총농(葱龍)²⁰⁶ᄒᆞᆫ듸 샨셰(山勢)는 싹근 듯ᄒᆞ야 숨면(三面)

현대어로 옮겨 읽기

대기를 이끌고 산골짜기를 넘어가니 깊은 골의 슬피 우는 원숭이 소리와 고목에 울고 가는 새 소리 사람의 회포를 돕는 듯 한 지라. 부인과 옥선이 슬픔을 진정치 못하여 한바탕 통곡한 후 어머니와 아들이 서로 위로하여 이끌고 마을 마을마다 전진하고 집집마다 걸식하여 이럭저럭 수십일 만에 한 곳에 다다르니 산천이 수려하고 초목이 푸르게 우거졌는데, 산세는 깎은 듯하여 삼면

202 막듸 막대기.
203 원셩이 원숭이.
204 촌々(村村)히 마을 마을마다.
205 가々(家家)이 집집마다.
206 총농(葱蘢) 푸르게 우거진 모양.

27_뒤

으로 둘너잇고 쟝강(長江)은 압흘 막어 잇시미 비길만 읏으미[207] 샤람이 통홀 길이 읍는고로 가히 피란(避亂)홀지라. 옥션 모쟈(母子) 그 마을을 쳐져[208] 들어가니 그 마을 일홈은 빅뇍촌(百樂村)[209]이라. 빅쥬부(白主簿)란 샤람이 고딕광실(高臺廣室)[210]을 이룩ᄒᆞ고 죠히 견듸는지라. 옥션 모쟈 그 집의 들어가 아참을 으더 먹고 후원(後園) 소나무 아릭의 가 죠흐니라. 옥션 모쟈의 승명(生命)[211]이 맛참 웃

현대어로 옮겨 읽기

으로 둘러져 있고 긴 강은 앞을 막아 있으며 뱃길만 끊으면 사람이 통할 길이 없기 때문에 피난할 만하였다. 옥선 모자가 그 마을을 찾아들어가니 그 마을 이름은 백락촌이라. 백주부라는 사람이 매우 크고 좋은 집을 짓고 잘 건디는지라. 옥선 모자가 그 집에 들어가 아침을 얻어먹고 후원 소나무 아래에 가 졸더라. 옥선 모자의 생명이 마침 어

해설
- 백락촌은 옥선 모자가 피신하여 당분간 거처하게 되는 공간이며 여기에서 백화의 딸 백취란과 부부의 인연을 맺는다.

207 쏫으미 끊으면.
208 쳐져 찾아.
209 븩낙촌(百樂村) 백가지 즐거움이 있는 마을.
210 고딕광실(高臺廣室) 매우 크고 좋은 집.
211 승명(生命) 생명.

28_앞

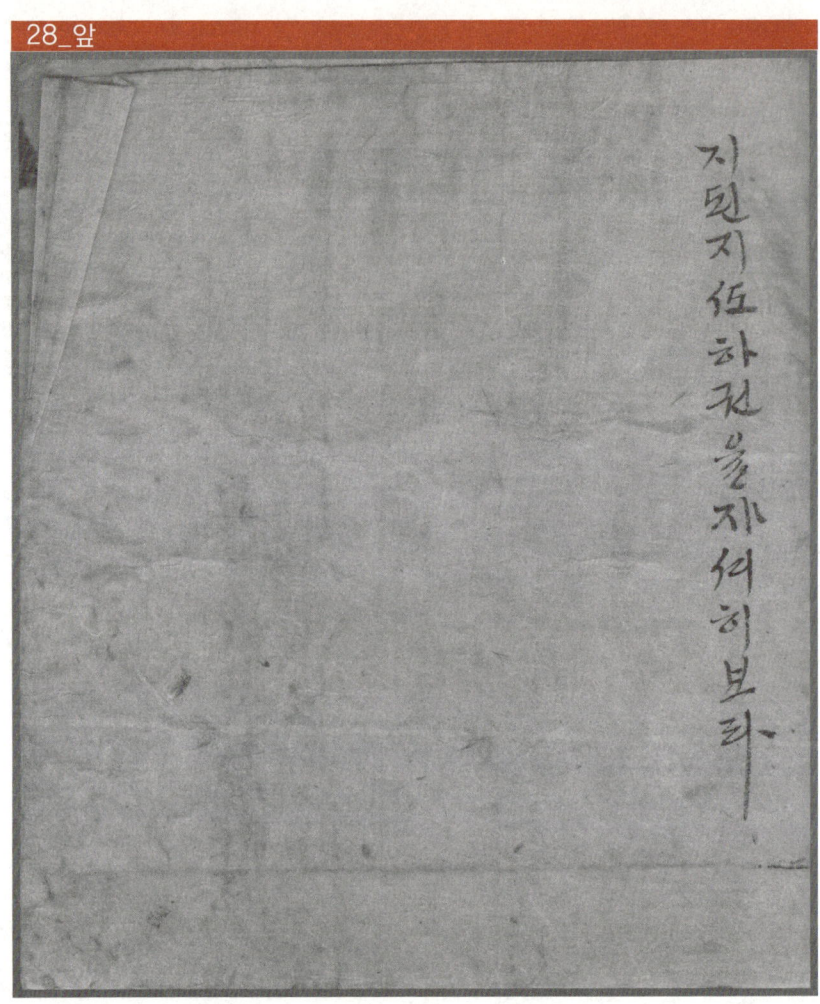

지 된 지 쏘 하권(下卷)을 쟈셔히 보라.

현대어로 옮겨 읽기
찌 되는지 또 하권을 자세히 보라.

해설
- 여기가 권지일의 마지막 장이다. 그러나 제2장은 권지이에서도 계속 이어진다.

칠미인연유기
권지이

표지

칠미인연유긔 권지이 　　 공숨

현대어로 옮겨 읽기
칠미인연유기 권지이 　　 공삼

해설
● 권지이(卷之二)의 표지이다. 표지의 형식은 권지일과 동일하다.

1_앞

칠미인연유긔 권지이
챠셜(且說) 빅쥬부(白主簿)의 일홈은 화(華)요, 쟈는 군봉(群鳳)이니 늣도록 싱산(生産)¹를 못ᄒ다가 샤십여셰(四十餘歲) 틱을션관(太乙仙官)의 몽샤(夢事)²를 웃어 일기(一個) 여자를 탄싱하니 형용이 졀묘ᄒ고 골격이 화려흔지라, 쥬부의 부뷔(夫婦) 샤랑ᄒ야 일홈을 취란(翠鸞)이라 ᄒ더라. 취란이 졈졈 쟈라미 직죄(才操)³ 비범ᄒ고 셩품이 총명ᄒ야 비파(琵琶)⁴를 잘 쳐 우의에샹

현대어로 옮겨 읽기

칠미인연유기 권지이

한편, 백주부의 이름은 화요, 자는 군봉이니, 늦도록 아이를 생산하지 못하다가 사십여 세에 태을선관의 꿈을 얻어 딸 하나를 탄생하니 형용이 절묘하고 골격이 화려한지라, 주부의 부부가 사랑하여 이름을 취란(翠鸞)이라 하더라. 취란이 점점 자라며 재주가 비범하고 성품이 총명하여 비파(琵琶)를 잘 쳐서 우의예상

해설

- 주인공 장옥선의 배필이 될 백취란에 대한 인물소개가 나타나고 있다. 취란의 비파는 후에 옥선의 옥피리와 조화를 이룬다.

---

1 싱산(生産) 아이나 새끼를 낳는 일을 예스럽게 이르는 말.
2 몽샤(夢事) 꿈에 나타난 일.
3 직죄(才操) 타고난 능력과 슬기가. 재주가.
4 비파(琵琶) 동양 현악기의 하나. 몸체는 길이 60~90cm의 둥글고 긴 타원형이며, 자루는 곧고 짧다. 인도·중국을 거쳐 우리나라에 들어왔는데, 네 줄의 당비파와 다섯 줄의 향비파가 있다.

1_뒤

곡(羽衣霓裳曲)[5]과 고산뉴슈곡(高山流水曲)[6]을 잘 두다리니 쥬뷔(主簿) 샤랑ᄒ야 어진 빅필(配匹) 웃기를 싱각ᄒ더라. 잇쩌 쥬뷔 쵸당(草堂)의 안져 잠간 조흐던이 비몽샤몽(非夢似夢) 간의 쳥농황농(靑龍黃龍)이 후원(後園) 쇼나무 아릭에 올너 가거늘, 마음의 괴이히 역엿던이, 틱을션관(太乙仙官)이 하강(下降)ᄒ야 일너 왈, "이제 귀인(貴人)이 가닉(家內)의 잇시니 급히 ᄂᆞ가 구ᄒ라." ᄒ거늘 쥬뷔 기여보니[7] 남가일몽(南柯一夢)이라. 닉당(內堂)의 들어가 부인다려 몽샤(夢事)

현대어로 옮겨 읽기

곡과 고산유수곡을 잘 두드리니 주부가 사랑하여 어진 배필 얻기를 생각하더라. 이때 주부가 초당에 앉아 잠간 졸더니 비몽사몽간에 청룡과 황룡이 후원 소나무 아래서 올라가거늘, 마음에 괴이하게 여겼더니, 태을선관이 하강하여 일러 말하기를, "이제 귀인이 집안에 있으니 급히 나가 구하라." 하거늘 주부가 깨어보니 남가일몽이라. 내당에 들어가 부인을 불러 꿈속 일

해설
● 태을선관이 백화 부부의 꿈에 나타나 장옥선의 정체를 알리는 내용이다.

5 우의예상곡(羽衣霓裳曲) 흔히 예상우의곡이라고 한다. 신선들의 세계인 월궁(月宮)의 음악을 모방하여 만든 곡조라고 한다.
6 고산뉴수곡(高山流水曲) 백아가 종자기에게 들려주었다고 하는 곡조. 백아가 마음으로 높은 산을 생각하며 연주하자 종자기가 알아보고 그 느낌이 태산 같이 웅장하다고 하며 감탄했고, 또 큰 강을 생각하며 연주했더니 황하와 같이 도도함을 찬탄했다는 고사에서 비롯된 곡조, 풍류의 곡조를 잘 아는 사람이 아니면 알지 못할 미묘한 거문고의 소리를 비유적으로 이르는 말. 여기서는 고유명사로 하나의 '곡'으로 봄.
7 기여보니 깨어보니.

2_앞

를 설화(說話)흐니 부인 왈, "나도 또흔 몽샤(夢事) 그러흐지라, 취란(翠鸞)을 탄싱(誕生)키는 틱을션관(太乙仙官)의 덕이라, 이제 션관이 또 현몽(現夢)흐니 심히 고이 흐도다!" 흐고 곳 후원(後園)의 들어가 보니 웬 녀인(女人)과 동지(童子) 쇼나무 아릭에서 쟈는지라. 쥬비 급히 옥션을 씌워 무른딕, 수(對) 왈, "날니를 만나 피란흐여 이곳의 왓느이다." 쥬비 동쟈의 힝식을 본이 용뫼(容貌) 츌즁(出衆)흔지

현대어로 옮겨 읽기

를 이야기하니, 부인이 말하기를, "나도 또한 꿈에 일이 그러한지라, 취란을 탄생하기는 태을선관의 덕이라, 이제 선관이 또 꿈에 나타나니 매우 괴이하도다!" 하고 곧 후원에 들어가 보니 웬 여인과 동자가 소나무 아래에서 자고 있었다. 주부가 급히 옥선을 깨워 물으니 대답하여 말했다. "난리를 만나 피난하여 이곳에 왔습니다." 주부가 동자의 행색을 보니 용모가 출중한지

8 현몽(現夢) 꿈에 나타남.
9 후원(後園) 집 뒤에 있는 정원이나 작은 동산.

2_뒤

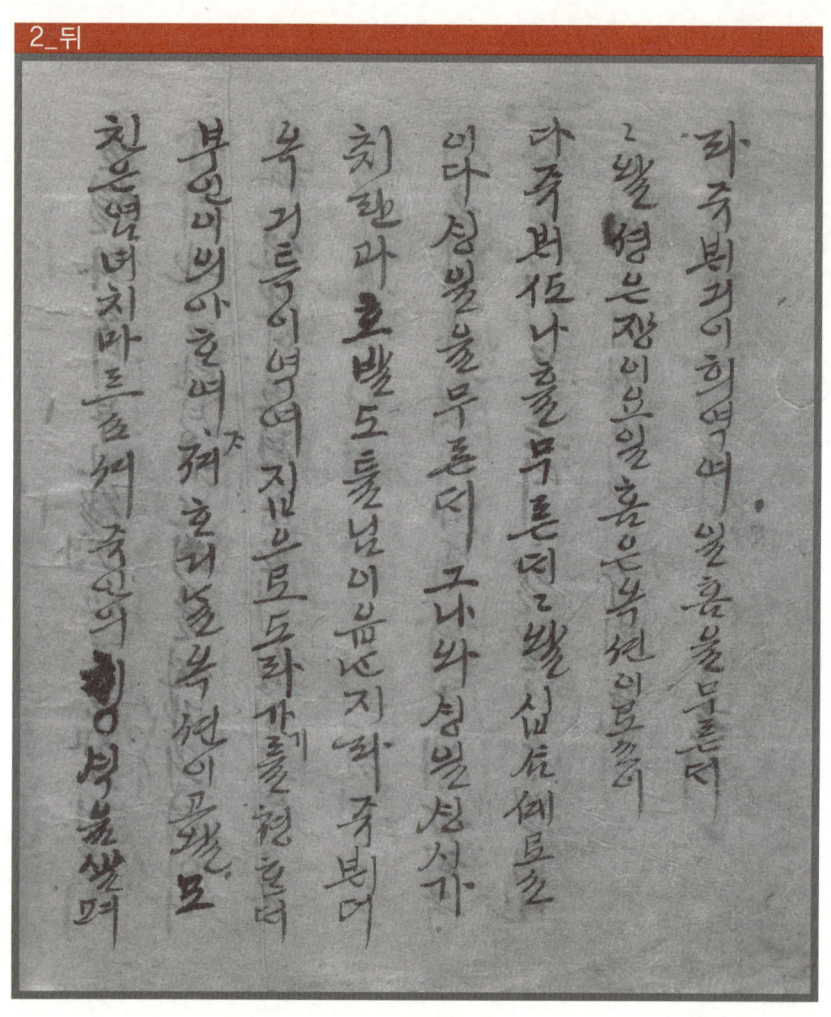

라. 쥬비 긔이(奇異)희 역여 일홈을 무른딕 딕왈, "셩(姓)은 쟝(張)이요 일홈은 옥션(玉仙)이로쇼이다." 쥬비 쏘 나흘[10] 무른딕 ᄾ왈(對曰), "십삼셰(十三歲)로쇼이다." 싱일(生日)을 무른딕 그 나와[11] 싱일싱시(生日生時)[12]가 취란과 호발(毫髮)[13]도 틀님이 읍ᄂᆞᆫ지라. 쥬비 더옥 긔특이 역여 집으로 도라가기를[14] 쳥흔딕 부인이 의아(疑訝)[15]ᄒᆞ여 자져(趑趄)[16]ᄒᆞ거ᄂᆞᆯ 옥션이 고(告)왈, "모친(母親)은 염녀치 마르쇼셔. 쥬인의 힝식(行色)을 살펴

현대어로 옮겨 읽기

라. 주부가 기이하게 여겨 이름을 물으니 대답하여 말하였다. "성은 장이요, 이름은 옥선입니다." 주부 또 나이를 물으니 대답해 말하기를, "십삼 세입니다." 생일을 물으니, 그 아이와 생일과 생시가 취란과 터럭만큼도 다름이 없는지라. 주부가 더욱 기특하게 여겨 집으로 돌아가기를 청하니 부인이 의아하여 주저하거늘 옥선이 고하여 말했다. "모친은 염려치 마소서. 주인의 행색을 살펴

해설

● 형산공주와 이홍룽의 경우처럼, 취란도 옥선과 사주가 같은 것으로 나타난다. 이러한 사실은 이들이 부부의 인연을 맺게 되리라는 것을 예감하게 한다.

---

10 나흘 나이를.
11 나와 나이와.
12 싱일싱시(生日生時) 태어난 날과 태어난 시간.
13 호발(毫髮) 터럭.
14 집으로 도라가기 여기서의 집은 백주부의 집이다.
15 의아(疑訝) 믿지 못하고 놀라는 모습.
16 자져(赵趄) 머뭇거리면서 결단을 내리지 못하고 있는 모습.

3_앞

> 보니 관후쟝쟈(寬厚長者)[17]라 필경 히(害)할 니 만무(萬無)[18]호고 쏘 틱을선관의 동방(東方) 오빅니(五百里) 박기 곳 여긴 듯 호오니 의심치 말고 가샤이가[19]." 쥬뷔 틱을선관의 몽샤(夢事)란 말을 듯고 더욱 고히 역여 부인과 옥션을 인도호여 집의 도라가 부인은 닉실(內室) 별당(別堂)의 모시고 옥션은 외당(外堂)의 두고 힝동을 살펴보니 긔샹(氣像)의 비범(非凡)혼지라. 쥬뷔 샹량(商量)[20]호야 별당의 들어가 취란과 갓치

현대어로 옮겨 읽기

보니 관후한 장자라 필경 해할 리가 만무하고 또 태을선관이 말한 동방 오백 리 밖이 곧 여기인 듯 하오니 의심치 말고 가사이다." 주부가 태을선관의 꿈속 일이라는 말을 듣고 더욱 괴이하게 여겨 부인과 옥선을 인도하여 집에 돌아가 부인은 내실 별당에 모시고 옥선은 외당에 두고 행동을 살펴보니 기상이 비범하였다. 주부가 생각하여 별당에 들어가 취란과 같이

17 관후장자(寬厚長者) 너그럽고 후하며 점잖은 부자.
18 만무(萬無) 절대로 없음.
19 가샤이가 '가샤이다'의 오기.
20 샹량(商量) 생각하다. '사랑하다'의 어원으로 보는 사람들도 있음.

3_뒤

공부ᄒᆞ더라. 일ᄉᆞ(一日)은 옥션이 힝즁(行中)[21]으로 옥져(玉笛)를 ᄂᆡ여 별당 안의셔 분이, 소리 쳥아(淸雅)ᄒᆞ여 취란(翠鸞)의 비파(琵琶)와 곡죄(曲調) 셔로 맛져 일쌍쳥학(一雙靑鶴)[22]을 츔취는지라. 쥬뷔 옥져 쇼리를 들으미 몽즁(夢中)의 틱을션관의 옥져 들음 갓흔지라. 디경(大驚)ᄒᆞ야 별당의 들어가니 옥션은 비파를 웅ᄒᆞ야 옥져를 불고 취란은 옥져를 짤어[23] 비파를 두다리

현대어로 옮겨 읽기

공부하더라. 하루는 옥선이 행장 안에서 옥피리를 꺼내어 별당 안에서 부니, 소리가 청아하여 취란의 비파와 곡조가 서로 맞아 한 쌍 청학을 춤추게 하는지라. 주부가 옥피리 소리를 들으니 꿈속에 태을선관의 옥피리 소리를 들음 같은지라. 크게 놀라 별당에 들어가니 옥선은 비파에 응하여 옥피리를 물고 취란은 옥피리에 따라 비파를 두드리

21 횡즁(行中) 행장(行裝) 안에.
22 일쌍청학(一雙青鶴) 한 쌍의 푸른 학.
23 딸어 따라.

4_앞

니 두 쇼릭 셔로 화(和)[24]ᄒ야 샤람의 졍신을 황홀케 ᄒ는지라. 쥬뷔 딕희(大喜) 왈, "우리 여아(女兒)[25]의 비파 곡죄(曲調) 놉허 화답(和答)ᄒ는 이 읍던이 셰계 너 능히 맛죠니[26] 그 옥쇼를 어니 곳으로 좃쳐 어더는뇨?" 옥션이 ᄉ러[27] 졀ᄒ고 ᄉᆯ어안져 옥져 으든 곡졀(曲折)[28]을 낫ᄎ치 고ᄒᆞᆫ디 쥬뷔 챠탄불이(嗟歎不已)[29] ᄒ고 곳 닉당의 들어가 부인다려 일너 왈, "이제 여아의 빅필을 졍ᄒ엿도다! 옥션의

현대어로 옮겨 읽기

니 두 소리가 서로 화하여 사람의 정신을 황홀케 하는지라. 주부가 크게 기뻐 말하였다. "우리 딸의 비파 곡조가 높아 화답하는 사람이 없더니 이제 네가 능히 맞추니 그 옥피리를 어느 곳으로부터 얻었는가?" 옥선이 일어나 절하고 꿇어앉아 옥피리 얻은 곡절을 낱낱이 고하니, 주부가 감탄하기를 마지아니하고 곧 내당에 들어가 부인을 불러 일러 말하였다. "이제 딸의 배필을 정하였도다! 옥선의

24 화(和) 조화를 이루다.
25 여아(女兒) 딸.
26 맛쵸니 맞추니.
27 이러 일어나서.
28 곡절(曲折) 사연.
29 챠탄불이(嗟歎不已) 감탄함을 그치지 않음.

4_뒤

용뫼(容貌) 츌즁(出衆)ᄒᆞ니 타일(他日)[30]의 부귀(富貴)할 긔샹이요, 그 옥져 쇼릭는 틱을션궁(太乙仙宮)으로 좃챠 온 쇼릭라. 아마 싱각건딕 틱을(太乙)[31]이 옥션을 인도하야 우리 여ᄋᆞ(女兒)의 빅필(配匹)을 졍케 ᄒᆞ시미라. 쳔시(天時)[32]를 일으면 반다시 앙해(殃禍)[33] 밋칠이로다." 부인이 이 말 듯고 이로딕 "져의 둘이 싱일싱시(生日生時) 갓흐니 또흔 고이흔 일이라. 천졍연분(天定緣分)[34]을 어긔지 마사이다." ᄒᆞ고 곳 닉실(內室)의 들어가 한부인 다려

현대어로 옮겨 읽기

용모가 출중하니 훗날 부귀할 기상이요, 그 옥피리 소리는 태을선궁으로부터 온 소리라. 아마 생각건대 태을신선이 옥선을 인도하여 우리 딸의 배필을 정하게 하심이라. 하늘이 준 때를 잃으면 반드시 재앙이 미칠 것이로다." 부인이 이 말을 듣고 이르되, "저들 둘이 생일과 생시가 같으니 또한 괴이한 일이라. 하늘이 정한 연분을 어기지 맙시다." 하고 곧 내실로 들어가 한씨부인에게

해설
● 장옥선의 옥피리와 백취란의 비파가 협화(協和)하는 것을 보고 백취란의 부모가 이들이 천정배필임을 짐작하고 혼인을 주선하는 내용을 담고 있다.

30 타일(他日) 다른 날. 훗날.
31 티을(太乙) 태을신선.
32 천시(天時) 하늘이 정해준 때.
33 앙홰(殃禍) 어떤 일로 인하여 생기는 재난이.
34 천정연분(天定緣分) 하늘이 정한 연분.

5_앞

혼샤(婚事)를 말흔딕, 부인이 울며 딕왈(對曰), "쥬인의 은덕이 하히(河海)갓샤와 갑흘 길이 읍는 즁의 혼샤를 말숨ᄒ시니 도망ᄒ는 샤람을 이딕지 후딕(厚待)ᄒ시니 감샤무지(感謝無地)[35]라, 웃지 허락지 안으리요만난[36] 다만 원방(遠方)의 가 잇난 가군(家君)[37]이 보지 못할 일을 싱각ᄒ니 가샴[38]이 무여지는도다[39]." ᄒ고 곳 허락 ᄒ거놀 부인이 반겨 ᄂ와 쥬부다려 그 말을 젼ᄒ고 곳 길일(吉日)[40]을 갈희나라. 옥션이 이 말 듯고 닉실의 들어

현대어로 옮겨 읽기

혼사를 말하니, 부인이 울며 대답해 말하기를, "주인의 은덕이 하해와 같이 넓어 갚을 길이 없는 가운데 혼사를 말씀하시고 도망하는 사람을 이처럼 후대하시니 감사하기 이를 데 없으니, 어찌 허락하지 않겠습니까마는 다만 먼 곳에 가 있는 남편이 보지 못할 일을 생각하니 가슴이 무너지도다!" 하고 곧 허락하거늘 부인이 반겨 나와 주부에게 그 말을 전하고 곧 좋은 날을 가리더라. 옥선이 이 말을 듣고 내실에 들어

35 감샤무지(感謝無地) 고마운 마음을 이루 다 표현할 길이 없음.
36 안으리오만난 않으리오마는.
37 가군(家君) 남편.
38 가샴 가슴.
39 무여지ᄂ도다 무너지는도다.
40 길일(吉日) 좋은 날.

5_뒤

가 흔부인게 고왈(告曰), "쇼지 일쟉[41] 듯샤온즉 부친과 이샹셔(李尙書)가 혼샤(婚事)를 말솜ㅎ셧다 ㅎ오니 혼체(婚處) 임의[42] 졍ㅎ지라 웃지 경션(輕先)이[43] 허락ㅎ시잇고?" 부인이 울며 왈, "네 말도 올타마는 이샹셔 집 혼셜(婚說)[44]은 말만하고 졍턴 안이 ㅎ엿고[45] 쏘 우리 모지(母子) 쥬인의 후은(厚恩)의 입엇씨니 웃지 허락지 안이리요? 셩인(聖人)도 권도(權道)[46]를 씨느니 무숨 닐을 웃지 고집ㅎ리요?" ㅎ더라. 잇찍 쥬뷔 죠혼 날을 갈이여 젼안(奠雁)[47]

현대어로 옮겨 읽기

가 한씨부인에게 고하여 말하였다. "소자가 일찍 듣기로는 부친과 이상서가 혼사를 말씀하셨다 하오니 혼처가 이미 정해졌는지라 어찌 가벼이 먼저 허락하셨습니까?" 부인이 울며 말하기를, "네 말도 옳다마는 이상서 집 혼담은 말만하고 정하지는 아니 하였고 또 우리 모자가 주인의 두터운 은혜를 입었으니 어찌 허락지 아니하리오? 성인도 권도를 쓰나니 무슨 일을 어찌 고집하리오?" 하더라. 이때 주부가 좋은 날을 가려서 전안

41 일쟉 일찍.
42 임의 이미.
43 경선(輕先)이 가볍게 먼저.
44 혼셜(婚說) 혼담.
45 정턴 안이 흐엿고 정하지는 아니 하였고.
46 권도(權道) 목적 달성을 위하여 그때그때의 형편에 따라 임기응변으로 일을 처리하는 방도. 정도(正道)에 대비되는 말.
47 전안(奠雁) 혼례 때, 신랑이 기러기를 가지고 신부 집에 가서 상 위에 놓고 절함. 또는 그런 예(禮). 산 기러기를 쓰기도 하나, 대개 나무로 만든 것을 쓴다.

성녜(成禮)⁴⁸ 홀시 실낭신부(新郞新婦)의 성(盛)호 녜모(禮貌)와 빗는 풍치(風采)는 쳔고(千古)의 읍는 비요, 신방(新房)을 챠린 후의 실낭신뷔 마죠 안져 옥져(玉笛)와 비파(琵琶)로 셔로 젼일(前日)의 미흡(未洽)훈 졍연(情緣)을 다시 이으니 그 안이 죠흘이요? 취란이 글을 지여 옥션을 쥬니 그 글의 호엿시되

금셕(今夕)이 뭇되 무슴 져녁인고? 비파(琵琶) 쇼릭로 현군(賢君)을 마졋도다. 이 쟈리 웃지 우연호리요! 졍의(情誼)가 졍히 은근호도다. 현랑(賢郞)갓흔 쳥표(淸標)⁴⁹는 야학(野鶴)이 돍의 무

현대어로 옮겨 읽기

예를 이룰 때, 신랑신부의 성한 예모와 빛난 풍채는 천고의 없는 바요, 신방을 차린 후에 신랑신부가 마주 앉아 옥피리와 비파로 서로 전날의 미흡한 정의 인연을 이으니 그 아니 좋겠는가? 취란이 글을 지어 옥선에게 주니 그 글에 하였으되

오늘 저녁이 묻되 무슨 저녁인가? 비파 소리로 어진 군자를 맞았도다. 이 자리 어찌 우연하리오! 정의가 참으로 은근하도다. 어진 낭군 같이 맑고 깨끗함은 야학이 닭의 무

해설
● 뒤에서 세 번째 줄부터 한 칸씩 들여 쓴 것은 취란이 쓴 글의 내용은 보다 분명하게 명시하여 인용하기 위한 것이다.

48 성녜(成禮) 혼례를 이루는 것.
49 청표(淸標)하다 깨끗하고 기품이 있다.

6_뒤

리의 슴 갓도다. 날갓틋 쳔(賤)ᄒ 쟈질(資質)은 본ᄃᆡ 우운(雨雲)[50]을 화(和)ᄒᆞ미 안이로다. 군자(君子)ᄂᆞ 일노 좃쳐 비로쇼 ᄒᆞ야(何耶)오. 즉 원컨ᄃᆡ 용의(用意)[51]를 부즐언이ᄒᆞ라[52] ᄒᆞ엿더라.

잇쩍 양인(兩人)이 셔로 글을 지여 질기더라. 이러구로[53] 슈년(數年)이 지ᄂᆞᆫ지라. 옥션이 미인(美人)을 으드미 질거오미 긔약지 못ᄒᆞᆯ 것시ᄂᆞ 부친이 원방(遠方)의 잇시믈 싱강ᄒᆞ미[54] 쥬야(晝夜) 근심ᄒᆞ야 죠졍(朝廷)의 들어가 임군을 셤겨 부친의 원슈

현대어로 옮겨 읽기

무리에 있음 같도다. 나 같은 천한 자질은 본디 비와 구름을 조화함이 아니로다. 군자는 이로부터 비로소 어떠하오? 곧 원컨대 용의를 부지런히 하라 하였더라.

이때 두 사람이 서로 글을 지어 즐기더라. 이럭저럭 수년이 지난지라. 옥선이 미인을 얻으매 그 즐거움이 기약하지 못할 것이나 부친이 먼 곳에 있음을 생각하매 밤낮 근심하여 조정에 들어가 임금을 섬겨 부친의 원수

해설
- 1번째 줄 2번째와 3번째 글자 사이에 '잇'이 탈락된 것으로 보인다.

50 우운(雨雲) 비와 구름.
51 용의(用意) 어떤 일을 하려고 마음을 먹음, 또는 그 마음. 미리 마음을 가다듬음.
52 부즐언이ᄒ라 부지런히 해라.
53 이러구로 이럭저럭.
54 싱강ᄒ매 생각하매.

7_앞

를 갑고져 ᄒᆞ되 편(便)⁵⁵을 웃지 못ᄒᆞ야 항상 울ᄉᆞ흔⁵⁶ 마음을 이긔지 못ᄒᆞ더라.

호방(戶房)⁵⁷의 고괘명(高掛名) 여피(儷皮)⁵⁸로 우결연(又結緣)
호방의 놉히 일홈을 걸고⁵⁹ 여피로 ᄯᅩ 인연을 믹난 ᄯᅩ다.

각셜 잇셔 쥬육(朱六)이 조정(朝廷)을 탁난(濁亂)⁶⁰ᄒᆞ야 철강(鐵強)이 군병(軍兵)을 거느리고 경성(京城)으로 들어와 왕을 겁박(劫迫)⁶¹ᄒᆞ니 쥬육이 왕을 달닉여 항복(降伏)ᄒᆞ라 ᄒᆞ되 왕

현대어로 옮겨 읽기

를 갚고자 하되 방편을 얻지 못하여 항상 울적한 마음을 이기지 못하더라.

호방(戶房)의 고괘명(高掛名) 여피(儷皮)로 우결연(又結緣)

호방에 높이 이름을 걸고, 여피로 또 인연을 만나도다.

한편, 이때 주육이 조정을 어지럽혀 철강이 군병을 거느리고 경성으로 들어와 왕을 겁박하니 주육이 왕을 달래여 항복하라 하되 왕

해설

- 여기에서 제2장이 끝나고 제3장이 시작되고 있다. 1, 2장과는 달리 장회명이 한문 문장이 아닌 한글 문장 형식으로 이루어져 있다.

55 편(便) 방편. 방법.
56 울々(鬱鬱)흔 마음이 상쾌하지 않고 매우 답답한.
57 호방(戶房) 가옥과 전지에 관한 일을 맡아보던 관청.
58 여피(儷皮) 남녀 한 쌍의 사슴가죽. 혼례의 폐물로 쓰임.
59 호방의 놉히 일홈을 걸고 과거에 합격하여 이름이 높이 걸리게 됨.
60 탁난(濁亂) 사회나 정치, 분위기 등이 흐리고 어지러움.
61 겁박(劫迫) 위력으로 협박함.

7_뒤

이 헐일읍서 항복고져 ᄒ더니, 공부시랑(工部侍郞)[62] 샤션은 츙신이라, 엿ᄌ오ᄃᆡ "이제 불힝이 쳔히(天下) 날니(亂離) 즁의 들어 난신젹쟈(亂臣賊子)[63]가 경셩(京城)의 범(犯)ᄒᆞ믐 신자(臣子)의 분울(憤鬱)ᄒᆞ난 빈라, 웃지 도젹의게 항복ᄒᆞ야 삼ᄇᆡᆨ년(三百年) 종사(宗社)[64]를 위틱게 ᄒᆞ리잇고?" 왕이 샤션으로 의논을 졍ᄒᆞ야 강화부(江華府)[65]의 파쳔(播遷)[66]ᄒᆞ야 도읍(都邑)을 졍(定)ᄒᆞ고 군사를 길너 도젹을 치되 인지(人才)을 구ᄒᆞ야 승평(昇平)[67] 후일(後日)을 보샤이다 ᄒᆞ고 그날노 곳 강화부로 파쳔ᄒᆞ야 도읍을 졍ᄒᆞ니라. 잇ᄯᅥ 왕이

현대어로 옮겨 읽기

이 어쩔 수 없이 항복하고자 하더니, 공부시랑 사선은 충신이기에 여쭈었다. "이제 불행이 천하가 난리 속에 들어 난신적자가 경성에 침범함은 신하들이 분한 마음에 답답한 바라 어찌 도적에게 항복하여 삼백 년 종사를 위태롭게 하겠습니까?" 왕이 사선과 의논을 정하여 강화부로 파천하여 도읍을 정하고 군사를 길러 도적을 치되 인재를 구하여 태평한 후일을 보십시다 하고 그날로 곧 강화부로 파천하여 도읍을 정하였다. 이때 왕이

---

62 공부시랑(工部侍郞) 고려 시대 공부의 관직으로 정4품에 해당함.
63 난신적자(亂臣賊子) 나라를 어지럽히는 신하와 어버이를 해치는 자식을 일컫는 말.
64 종사(宗社) 종묘와 사직. 국가를 상징하는 말.
65 강화부(江華府) 조선 시대에 강화군에 두었던 도호부.
66 파천(播遷) 임금이 도성을 떠나 다른 곳으로 피란하던 일.
67 승평(昇平) 나라가 태평함.

쥬육이게 속으시믈 분히 역이고 춤신을 방축(放逐)[68]ᄒᆞᆯ 민망히 역이샤 쥬육(朱六) 베힐 게교(計巧)를 군신(群臣)다려 무른신듸 사션이 다시 엿자오듸 "쥬육이 쳘강으로 교통(交通)ᄒᆞ엿씨니 속히 도모키 어려울지라. 원컨듸 왕은 찬신(竄臣)[69] 쟝노학(張老學)과 니즁(李重)을 부르사 조졍의 두고 젼(前) 시랑 졍심(丁深)을 씨사 인ᄌᆡ(人才)를 구ᄒᆞ소셔." 상이 올히 역이사 쟝시랑 이상셔를 명쵸(命招)[70]ᄒᆞ랴 ᄒᆞᆫ들 만리(萬里) 박게 잇ᄂᆞᆫ 지라, 웃지 올 슈 잇씨리오. 허희탄식(歔欷歎息)[71]ᄒᆞ시고 ᄯᅩ 졍심을 부

현대어로 옮겨 읽기

주육에게 속으심을 분하게 여기시고 충신을 자리에서 쫓아냄을 민망히 여기셔서 주육의 목을 벨 계교를 여러 신하에게 물으시니, 사선이 다시 여쭈었다. "주육이 철강으로 교통하였으니 속히 도모하기 어려울 것입니다. 원컨대 왕께서는 유배 간 신하 장노학과 이중을 부르셔서 조정에 두고 전 시랑 정심을 쓰셔서 인재를 구하소서." 임금이 옳게 여기셔서 장시랑 이 상서를 명하여 부르려 한들 만리 밖에 있는지라, 어찌 올 수 있겠는가? 한숨지으며 탄식하시고 또 정심을 부

해설

● 원문 뒤에서 세 번째 줄 아래서 네 번째 글자는 '유'를 '이'로 수정하여 표기하였다.

---

68 방축(放逐) 자리에서 쫓아 냄.
69 챤신(竄臣) 귀양 간 신하.
70 명쵸(命招) 명하여 부름.
71 허희탄식(歔欷歎息) 한숨을 지으며 탄식함.

8_뒤

르샤 보시고 일너 왈, "짐(朕)[72]이 경을 보미 실노 참괴(慙愧)[73]ᄒ도다." ᄒ시고 곳 이부상셔(吏部尙書)[74]ᄒ이시고 "인ᄌᆡ를 구ᄒ라." ᄒ시니, 졍샹셰 황은(皇恩)을 감슈히 축슈(祝手)ᄒ고 다시금 엿ᄌᆞ오ᄃᆡ "방금 쳔히샴분지이(天下三分之二)ᄂᆞᆫ 쥬육의게 붓친지라. 인ᄌᆡ를 구코쟈 할진ᄃᆡᆫ 과거(科擧)를 다시 뵈여 츙신열샤(忠臣烈士)[75]를 구ᄒ미 가ᄒ니이다." 샹이 올히 역이시더라. 잇ᄶᅥ 옥션이 왕이 강화부의 파쳔(播遷)[76]ᄒ샤 츙신 방츅(放逐)ᄒᄆᆞᆯ 후회ᄒ신단 말슴을 듯고 한부인긔 고

현대어로 옮겨 읽기

르셔서 보시고 일러 말하기를 "짐이 경을 보니 참으로 부끄럽도다." 하시고 곧 이부상서를 하게 하시고, "인재를 구하라." 하시니, 정상서가 황은을 감사히 축수하고 다시금 여쭈었다. "방금 천하의 삼분의 이가 주육에게 붙어있습니다. 인재를 구하고자 할진대 과거시험을 다시 보아 충신열사를 구함이 옳습니다." 임금이 옳게 여기시더라. 이때 옥선이 왕이 강화부에 파천하시어 충신 쫓아내심을 후회하신단 말을 듣고 한부인에게 말

72 짐(朕) 황제가 자기 자신을 지칭하는 말. 한국에서는 고려 태조 때부터 임금이 스스로를 '짐'이라 하였으나 중국 원(元)나라의 간섭을 받기 시작한 충렬왕 때부터 '고(孤)'로 고쳐서 사용하였다. 조선시대의 역대 왕들은 주로 '과인'이라 하다가 1897년(광무 1) 고종이 국호를 대한제국으로 고쳐 중국과 종속관계를 끊고 황제에 오르면서 '짐'이라는 칭호를 사용하였다.
73 참괴(慙愧) 몹시 부끄러워 함.
74 이부상셔(吏部尙書) 이부의 으뜸 벼슬. 품계는 정삼품으로, 뒤에 판서로 고쳐짐.
75 충신열사(忠臣烈士) 충성을 다하는 신하와 절개와 신의를 지키는 사람을 아울러 이르는 말.
76 파쳔(播遷) 임금이 도성을 떠나 다른 곳으로 피란하던 일.

9_앞

왈, "부친(父親)은 원방(遠方)[77]의셔 도라오시지 못ᄒ고 역적(逆賊)은 죠졍(朝廷)을 웅거(雄據)[78]ᄒ야 쳔ᄌᆞ(天子)를 겁박(劫迫)[79]ᄒᆫ다 ᄒ니 쇼ᄌᆞ(小子)의 흔거름을 빌니시면 능히 임군을 위ᄒ야 츙셩으로 셤기고 부친(父親)을 위ᄒ야 원슈(怨讐)를 갑흘이ᄉᆞ다." 부인이 우러 왈, "네 말이 실노 쟝부(丈夫)의 말이라. 그러나 방금 도젹이 편만(遍滿)[80]ᄒ니 읏지 고히 가기를 바라리오?" 옥션이 구지 쳥ᄒ여 왈, "인ᄉᆡᆼ(人生)이 ᄉᆡᆼ겨난 바는 부모를 인(因)ᄒ미라. 이제 말니(萬里) 박게 잇는 부친(父親)을 구(救)치 못ᄒ면 읏지 ᄒ

현대어로 옮겨 읽기

하였다. "부친은 먼 곳에서 돌아오시지 못하고 역적은 조정을 웅거하여 천자를 겁박한다 하니 소자의 한 걸음을 빌리시면 능히 임금을 위하여 충성으로 섬기고 부친을 위하여 원수를 갚겠습니다." 부인이 울며 말하였다. "네 말이 실로 장부의 말이다. 그러나 지금 도적이 널리 퍼져 있으니 어찌 고이 가기를 바라겠는가?" 옥선이 굳이 청하여 말하였다. "인생이 생겨난 바는 부모를 인함이라. 이제 만 리 밖에 있는 부친을 구하지 못하면 어찌 하

77 원방(遠方) 먼 지방, 먼 곳.
78 웅거(雄據) 일정한 지역을 차지하고 굳게 막아 지킴.
79 겁박(劫迫) 위력으로 협박함.
80 편만(遍滿) 꽉 참.

9_뒤

론[81]들 편이 잇슬이잇고? 쳥컨딕 혼번 가 보리이다." 부인이 마지못ᄒ야 허락ᄒ니 옥션이 빅쥬부(白主簿)게 이 말을 고ᄒ고 부인과 쥬부의게 빅별(拜別)[82]ᄒ고 빅부인으로 쟉별(作別)ᄒ고 인ᄒ여 길을 써날 시 밍셰 왈, "니 능히 도젹(盜賊)을 소멸(掃滅)ᄒ야 죠졍을 말키지 못ᄒ면 다시는 이 곳디 이르지 못ᄒ리라." ᄒ고 인ᄒ야 승명(姓名)[83]을 변(變)ᄒ고 은신(隱身)ᄒ야 힝홀시 슈십일(數十日)만의 강화부(江華府)의 이르니 잇서 죠졍이 쵸쵸(悄悄)ᄒ고[84] 경시(京師) 챵이(蒼靄)ᄒ야[85] 왕도(王都)의 모

현대어로 옮겨 읽기

룬들 편히 있겠습니까? 청컨대 한번 가 보겠습니다." 부인이 마지못하여 허락하니 옥선이 백주부에게 이 말을 고하고 부인과 주부에게 절하여 작별하고 백부인과 작별하고 인하여 길을 떠날 때 맹세하여 말하기를, "내 능히 도적을 소멸하여 조정을 맑게 하지 못하면 다시는 이곳에 이르지 못하리라." 하고 인하여 성명을 바꾸고 은신하여 행하니 수십 일 만에 강화부에 이르니, 이때 조정이 시름하고 서울이 푸른 아지랑이 피어나 왕도의 모

81 하론 하루인.
82 빈별(拜別) 절하고 작별한다는 뜻으로, 존경하는 사람과의 작별을 높여 이르는 말.
83 승명(承命) 임금이나 어버이의 명령을 받듦.
84 초々(悄悄)ᄒ고 근심과 걱정으로 시름이 있음.
85 챵이(蒼靄)ᄒ야 푸른 아지랑이가 피어 올라.

10_앞

양이 죠금도 읍ᄂ지라. 옥션이 허희탄식(歔欷歎息)ᄒ고 여관(旅館)을 졍ᄒ고 두류(駐留)ᄒ더라. 잇썩 샹이 졍심으로 샹시(尚書)[86]를 ᄒ이시고 쳔하인ᄌ(天下人才)를 구ᄒ려 홀식, 관령(官令)[87]을 ᄂ리려 쳔하ᄌ사(天下才士)[88]를 모흐더라. 옥션이 여관(旅館)의 유(留)ᄒᆫ 지 슈일(數日)의 홀연(忽然) 솜오야(三五夜)[89]를 당한지라. 월식(月色)은 교결(皎潔)[90]ᄒ고 시 소리 요란(搖亂)ᄒ야 시인(詩人)의 흥(興)을 돕ᄂ 듯ᄒᆫ지라 졍샹(庭上)[91]의 빈회(徘徊)타가 젼ᄍ(輾轉)ᄒ야 ᄒᆫ 곳딩 일으니 슈목(樹木)이 솜쳔(森天)[92]ᄒᆫ 가온딩 고루거각(高樓巨閣)[93]이 즐비(櫛比)[94]ᄒ고 또 ᄒᆫ

현대어로 옮겨 읽기

양이 조금도 없는지라. 옥선이 흐느껴 탄식하고 여관을 정하고 머물더라. 이때 왕이 정심(丁深)으로 상서를 하게하시고 천하의 인재를 구하려 할 때, 관청의 명령을 내려 천하의 재주 있는 선비를 모으더라. 옥선이 여관에 머문 지 여러 날에 홀연 보름을 당하였다. 달빛은 맑고 깨끗하며 새소리 요란하여 시인의 흥을 돕는 듯 한지라, 뜰을 배회하다가 이리저리 옮겨 다니다가 한 곳에 이르니 수목이 빽빽하게 하늘을 가린 가운데 높고 큰 누각이 즐비하고 또 한

86 상시(尙書) 상서.
87 관령(官令) 관청의 명령.
88 천하직사(天下才士) 온 세상의 재주가 뛰어난 사람.
89 삼오야(三五夜) 음력 보름날 밤. 특히 음력 8월의 보름을 이름.
90 교결(皎潔) 달빛이 맑고 깨끗함.
91 정상(庭上) 뜰에서.
92 삼천(森天) 나무가 빽빽하게 하늘을 가리고 있음.
93 고루거각(高樓巨閣) 높고 크게 지은 집.
94 즐비(櫛比) 빗살처럼 줄지어 빽빽하게 늘어서 있음.

10_뒤

> 곳의 다ᄉ르니 도화(桃花)ᄂᆞᆫ 난발(爛發)[95]ᄒᆞ고 버들가지 느러진 가온되 거문고 쇼리 쳥아(淸雅)히 나며 글 읍ᄂᆞᆫ 쇼리 거문고 곡죠(曲調)를 응(應)ᄒᆞ야 나ᄂᆞᆫ지라. 옥션이 황홀ᄒᆞ야 월하(月下)로 바라보니 양기(兩個) 여ᄌᆞ(女子) 은연(隱然)[96]이 안져 셔로 희롱(戱弄)ᄒᆞᄂᆞᆫ지라. 옥션이 귀를 기울여 들으니 거문고 곡죠의 ᄒᆞ엿시되

> 쳥산(靑山)은 챠아(嵯峨)ᄒᆞ고[97] 녹슈(綠水)ᄂᆞᆫ 잔은(潺殷)[98]이라. 부혜싱아(父兮生我)[99] ᄒᆞ오시니 호쳔지덕(昊天之德)[100] 갓흔 지라. 날 갓탄 쵸로(草露)

현대어로 옮겨 읽기

곳의 다다르니 복숭아꽃은 난발하고 버들가지 늘어진 가운데 거문고 소리 청아하게 나며 글 읊는 소리 거문고 곡조를 응하여 나는지라. 옥선이 황홀하여 달 아래를 바라보니 두 여자가 은연히 앉아 서로 희롱하는지라. 옥선이 귀를 기울여 들으니 거문고 곡조에 하였으되

청산은 높고 험하며 녹수는 잔잔하고 은은하여라. 아버지 날 낳으시니 하늘같은 덕이로다. 나 같은 풀잎 이슬

해설

● 뒤에서 두 번째 줄로부터 들여쓴 글은 거문고 곡조의 노래가사이다.

---

95 난발(爛發) 꽃이 흐드러지게 한창 핌.
96 은연(隱然) 아득하고 포근함.
97 챠아(嵯峨)ᄒ다 산이 높고 험함.
98 잔은(潺殷) 잔잔하고 은은함.
99 부헤싱아(父兮生我) 『시경』「소아」〈육아(蓼莪)〉편에 나타남. '父兮生我, 母兮鞠我.'로 나타나는데, 그 뜻은 '아버님 날 낳으시고 어머님 날 기르셨으니'이다.
100 호천지덕(昊天之德) 하늘과 같은 덕.

인성 여자로 싱겨느셔 부모(父母) 은혜(恩惠) 모로오니 샤람 일홈 어듸잇노! 츄풍 무산(秋風巫山)¹⁰¹ 십이봉(十二峰)과 츈우동졍(春雨洞庭)¹⁰² 칠빅니(七百里)의 우리 부친(父親) 여관한등(旅館寒燈)¹⁰³ 고국(故國) 회포(懷抱) 금(禁)할소냐? 말니(萬里) 관산(關山)¹⁰⁴ 흠(險)혼 슈토(水土) 긔톄후(氣體候)¹⁰⁵ 느 만강(萬康)인지 이 닉 회푀(懷抱) 연々(戀戀)¹⁰⁶ 호야 쥬야장쳔(晝夜長川)¹⁰⁷ 슬푸도다 호얏더라.

곡죠(曲調)를 일우미 글 을푸던 여자(女子) 츄연(惆然)¹⁰⁸이 일어 왈, "오날 밤 달발기로 우리 양인(兩人)이 월식(月色)

현대어로 옮겨 읽기

인생 여자로 생겨나서 부모 은혜 모르니 사람이라 이름이 어디 있겠는가! 가을 바람 부는 무산 열두 봉과 봄비 내리는 동정호 칠백 리에 우리 부친 여관의 찬 등불에 고국을 그리는 마음 금할소냐? 만리 밖 변경의 산, 험한 풍토, 기체후나 만강하신지 이내 회포 연연하여 밤낮으로 슬프도다 하였더라.

곡조를 이루자 글을 읊던 여자가 처량한 모습으로 일어나서 말하였다. "오늘 밤 달 밝기로 우리 두 사람이 달빛

---

101 츄풍무산(秋風巫山) 가을 바람 부는 무산. 무산은 중국 사천성 무산현 동쪽에 있는 산이다.
102 츈우동정(春雨洞庭) 봄비 내리는 동정호. 동정호는 중국 호남성 북동쪽에 있는 호수이다.
103 여관한등(旅館寒燈) 여관에 차갑고 쓸쓸히 비치는 등불.
104 관산(關山) 국경이나 그 주변에 있는 산.
105 긔톄후(氣體候) 어른의 기력과 체력.
106 연々(戀戀) 그리워하는 모양.
107 쥬야장천(晝夜長川) 밤낮으로 쉬지 않고 연달아.
108 츄연(惆然) 처량하고 슬픔.

11_뒤

> 물구경코자 후원의 비회ᄒᆞ야 거문고를희
> 롱ᄒᆞ며 학의 춤을 구경코자 ᄒᆞ얏거날이낭은
> 웃지 슬픈곡죠를 ᄒᆞ난요 그낭자우어왈졍낭은젼일근
> 심을씨슨다시 쇼멸ᄒᆞ얏거니와 나난어지다시일월
> 을보리요ᄒᆞ고 인ᄒᆞ야 우난소리 벽옥을쳘퇴로
> 부수난듯한지라 옥션이먼져구경타가이윽
> 히혜오디 져여자필경부모의근심이잇도다ᄒᆞ
> 고 인ᄒᆞ야 옥져를시여 그거문고곡죠를응하야부

을 구경코자 후원의 비회(徘徊)ᄒᆞ야 거문고를 희롱(戱弄)ᄒᆞ야 학(鶴)의 춤을 구경코자 ᄒᆞ얏거날 이낭(李娘)은 웃지 슬픈 곡죠(曲調)를 ᄒᆞ는요?" 그 낭시(娘子)[109] 우어 왈, "정낭(丁娘)은 전일(前日) 근심을 씨슨다시 쇼멸(消滅) ᄒᆞ얏거니와 나는 어니씨 다시 일월(日月)을 보리요." ᄒᆞ고 인ᄒᆞ야 우는 소리 벽옥(碧玉)[110]을 철퇴(鐵槌)로 부슈는 듯 한 지라. 옥션이 멀니 안져 구경타가 이윽히[111] 혜오디[112] "져 여자(女子) 필경(畢竟) 부모의 근심이 잇는도다." ᄒᆞ고 인ᄒᆞ야 옥져(玉笛)를 니여 그 거문고 곡조(曲調)를 응하여 부

현대어로 옮겨 읽기

을 구경하고자 후원에 배회하여 거문고를 희롱하여 학의 춤을 구경코자 하였거늘 이낭자는 어찌 슬픈 곡조를 연주하는가?" 그 낭자가 웃으며 말하기를 "정낭자는 전날 근심을 씻은 듯이 소멸하였거니와 나는 어느 때 다시 해와 달을 보겠는가?" 하고 인하여 우는 소리가 벽옥을 철퇴로 부수는 듯하였다. 옥선이 멀리 앉아 구경하다가 옥피리를 내어 그 거문고 곡조에 응하여 부

109 낭쇼(娘子) '낭조'의 오기.
110 벽옥(碧玉) 산화철로 된 불순물을 함유한 불투명한 석영. 도장 재료나 가락지 같은 장신구를 만드는 데 씀.
111 이윽히 한참 동안.
112 헤오되 생각하되.

12_앞

니 그 곡죠의 ᄒᆞ얏씨되

명월(明月)은 빅쥬(白晝) 갓고 청풍(淸風)은 고인(古人) 갓도다. 어와 인싱 일 셰간(世間)[113]의 근심할 닐 허다컨만 부모의 근심됨은 인쟈(人子)의 당연(當然)이라. 남녀(男女) 분별(分別) 잇씨리요? 어와 세상 벗님네야! 이닉 말을 들어보쇼. 남의 문즁(門中) 만득자(晩得子)[114]로 부모(父母) 영화(榮華) 다 못 보고 말니 담[115] 나가 오시니 쇼식죠챠 망연(茫然)ᄒ다.[116] 인싱세간(人生世間) 싱겨ᄂᆞ셔 부모 원슈(怨讐) 못 갑흐면 인쟈(人子) 도리 되올손가? 탄금(彈琴) 청

현대어로 옮겨 읽기
니 그 곡조에 하였으되,

명월은 대낮 같고 청풍은 고인 같도다. 아아! 인생 일 세간에 근심할 일 허다하건만 부모를 근심함은 자식의 당연함이라. 남녀 분별이 있으리오? 어와 세상 벗님네야! 이내 말을 들어보소. 남의 문중 늦게 얻은 아들로 부모 영화 다 못 보고 만리 밖 나가시니 소식조차 아득하다. 인생세간에 생겨나서 부모 원수 못 갚으면 자식도리 되겠는가? 탄금 맑은

해설
● 두 번째 줄부터 옥피리 곡조의 가사이다.

113 세간(世間) 사람이 세상을 살아가는 일.
114 만득자(晚得子) 늙어서 낳은 자식.
115 담 '밖'의 오기인 듯함.
116 망연(茫然)하다. 매우 넓고 멀어서 아득함.

12_뒤

죠(淸調) 들어보니 이닉 셔름 흔 가지라. 남녀(男女)는 달으건만 셔름은 갓흔지라. 어느 날 동밍(同盟)호야 부모 원슈(怨讐) 갑흘숀냐 하엿더라.

옥져(玉笛) 쇼릭 이럿탓 쳥아(淸雅)히 나니 두 여지(女子) 이윽히 듯다가 고히 역여 왈, "져 샤람이 필경(畢竟) 회푀(懷抱)잇눈 사람이로다." 이낭(李娘)이 인호여 딕셩통곡(大聲痛哭)호니 졍낭(丁娘)이 곡졀(曲折)을 무른 딕, 니낭이 우름을 머금고 딕왈, "우리 부친이 죠졍(朝廷)의 게실 쩍의 쟝샹셔(張尙書)와 졍의(情誼) 돗타와 쟝샹셔의 아달

현대어로 옮겨 읽기

    곡조 들어보니 이내 설움 한가지라. 남녀는 다르건만 설움은 같은지라. 어느 날 동맹하여 부모 원수를 갚을 것이냐! 하였더라.

    옥피리 소리 이렇듯 청아하게 나니 두 여자가 오랫동안 듣다가 이상히 여겨 말했다. "저 사람이 필경 회포 있는 사람이로다." 이 낭자가 인하여 큰소리로 통곡하니 정낭자가 곡절을 물었는데, 이낭자가 울음을 머금고 대답하여 말하되, "우리 부친이 조정에 계실 때에 장 상서와 정의가 두터워 장 상서의 아들

해설
- 앞에서 셋째 줄까지는 장옥선의 노래곡조를 인용한 대목이다.
- 여기에 나타나는 두 낭자는 한 사람은 정심의 딸인 정채봉이며, 또 한 사람은 이중의 딸인 이홍룡이다.

13_앞

과 의혼(議婚)[117]하였던이 셕졔 부친(父親)과 쟝씨 흔가[118] 졍비(定配)[119]하엿씨니 그 후는 막연(漠然)히 쇼식 읍는지라. 닉 몸을 임의 쟝문(張門)[120]의 허락하엿씨니 다른 뜻슨 읍는지라. 이졔 옥져(玉笛) 곡조를 들으미 졔 필연(必然) 쟝시랑(張侍郞)의 아달이로다." 하며 인하야 통곡(痛哭) 왈, "쟝공쟈(張公子)는 남쟈의 몸이 되야 부친의 원슈(怨讐)를 갑흐련만 날갓튼 쳔(賤)흔 여자야 웃지 복슈(復讐)흘 길 잇씨리요!" 하고 셜허하거늘 졍낭이 붓드러 말녀 왈, "쳥쳔(靑天)이 무심(無心)치 안이시니

현대어로 옮겨 읽기

과 혼인을 의논하였더니 이제 부친과 장씨 한가지로 귀양 가셨으니 그 후는 막연히 소식이 없는지라. 내 몸을 이미 장씨 가문에 허락하였으니 다른 뜻은 없는지라. 이제 옥피리 곡조를 들으니 제 필연 장시랑의 아들이로다." 하며 인하여 통곡하여 말하기를 "장공자는 남자의 몸이 되어 부친의 원수를 갚으련만 나 같은 천한 여자야 어찌 복수할 길 있으리오!" 하고 서러워하거늘 정 낭자가 붙들어 말려 말하기를 "푸른 하늘이 무심치 않으시니

---

117 의혼(議婚) 혼사를 의논함.
118 흔가 한가지로. 함께.
119 정비(定配) 죄인이 지방이나 섬으로 보내져 정해진 기간 동안 그 지역 내에서 감시를 받으며 생활하게 되다.
120 장문(張門) 장씨 가문.

13_뒤

필경(畢竟)[121] 쩍를 보와 부친(父親)을 뵈옵고 군쟈(君子)를 만날 쩍 잇시리니 너머 셜어 말느." ᄒ고 붓들고 방으로 들어가거날 옥션이 담을 너머들어가 쵸당(草堂)[122]의 들어가니 두 낭지(娘子) 외면(外面) 왈, "그대는 남쟈의 몸이라. 웃지 들어오는뇨?" 옥션이 우어 왈, "나는 곳 향긔를 도적ᄒ는 나뷔요, 물을 찻는 길어귀[123]라. 웃지 헤아릴 비 잇시리요. 이졔 내 빅년 졍연졍회(情緣情懷)[124]를 셜화(說話)코자 왓씨니 낭쟈는 고히 역이지 말나."

현대어로 옮겨 읽기

필경 때를 보아 부친을 뵙고 군자를 만날 때 있으리니 너무 서러워 말라." 하고 붙들고 방으로 들어가거늘 옥선이 담을 넘어 들어가 초당에 들어가니 두 낭자 외면하고 말하였다. "그대는 남자의 몸인데, 어찌 들어오는가?" 옥선이 웃으며 말하였다. "나는 곧 향기를 도적하는 나비요, 물을 찾는 기러기라. 어찌 헤아릴 바 있으리오? 이제 내 백 년 정의 인연과 회포를 이야기하고자 왔으니 낭자는 이상히 여기지 말라.

121 필경(畢竟) 끝장에 가서는.
122 쵸당(草堂) 집의 원채에서 따로 떨어진 곳에 억새나 짚 따위로 지붕을 인 조그마한 집채.
123 길어귀 기러기.
124 정연정회(情緣情懷) 남녀 간의 인연과 정과 회포.

14_앞

나의 성은 쟝이요, 명은 옥션이니 젼(前) 병부시랑(兵部侍郎)[125]의 아달이라. 그 디는 니상셔(李尙書)의 녀직(女子) 안인야?" 그졔야 니낭(李娘)이 울며 돌아안져 왈, "닉의 부친(父親)과 쟝시랑은 관포지교(管鮑之交)[126]라도 밋지 못 홀지라. 이졔 우리 슬지 안이리요? 쳡에 명되(命途) 긔구(崎嶇)ᄒ야 부친(父親)을 말니(萬里) 박긔 보닉고 모친(母親)을 모시고 잇슬 곳을 몰나 이 집이 우거(寓居)ᄒ니 이 집은 곳 졍샹셔(丁尙書)의 집이요, 졍샹셔는 우리 모친의 외죵(外從)[127]이라. 졍샹셰 우리 모져(母女)[128]의

현대어로 옮겨 읽기

나의 성은 장이요, 이름은 옥선이니 전 병부시랑의 아들이라. 그대는 이 상서의 딸이 아니냐?" 그제야 이 낭자가 울며 돌아앉아 말하기를 "나의 부친과 장시랑은 관포지교라도 미치지 못할 것이니 이제 우리 슬프지 아니하리오? 첩의 운명이 기구하여 부친을 만 리 밖에 보내고 모친을 모시고 있을 곳을 몰라 이 집에 우거하니 이 집은 곧 정상서의 집이요, 정상서는 우리 모친의 외종이라. 정상서가 우리 모녀의

125 병부시랑(兵部侍郞) 고려 시대 무반 인사나 군사 업무 등을 담당한 병부(兵部)의 정4품 벼슬.
126 관포지교(管鮑之交) 옛날 중국의 관중(管仲)과 포숙(鮑叔)의 사귐. 관중은 자신의 일생을 돌이켜보면서 자기를 낳아준 사람은 부모이고 자기를 알아준 사람은 포숙이라고 하였다.
127 외죵(外從) 외삼촌의 아들이나 딸.
128 모져(母女) 문맥상 '모녀'의 오기로 보인다.

14_뒤

실쇼(失所)[129] ᄒᆞᆯ 불샹히 역이샤 이딕지 관딕(款待)[130] ᄒᆞ시기로 쳡(妾)[131]이 졍샹셔의 여자 치봉(彩鳳)으로 졍의(情誼) 돗타와 향졔(兄弟)쳐럼 지닉던이 오늘 밤의 졍쇼졔(丁小姐)의 잇글멀[132] 입어 후원(後園)의 비회(徘徊)타가 비회(悲懷)[133]를 금치 못하야 우연이 슬푼 곡조(曲調)를 이루엇던이 웃지 공자의게 들님이 될 줄을 ᄯᅳᆺᄒᆞ엿씨리요?" ᄒᆞ고 인ᄒᆞ야 부친 복슈ᄒᆞᆯ 설화(說話)를 낫ᄉᆞ치 ᄒᆞ더라. 잇석 졍쇼졔ᄂᆞᆫ 문박그로 ᄂᆞ가고쟈 ᄒᆞ거ᄂᆞᆯ 니쇼져 붓

현대어로 옮겨 읽기

살 곳을 잃음을 불쌍히 여기셔서 이다지 정성스럽게 대접하시기로 첩이 정상서의 딸 채봉과 정의가 두터워 형제처럼 지내더니 오늘밤에 정소저의 이끔을 입어 후원에서 배회하다가 슬픈 마음을 금치 못하여 우연히 슬픈 곡조를 이루었더니 어찌 공자에게 들림이 될 줄 뜻하였으리오?" 하고 인하여 부친 복수할 이야기를 낱낱이 하더라. 이때 정소저는 문밖으로 나가고자 하거늘 이소저를 붙

129 실쇼(失所) 거처할 바를 잃음.
130 관딕(款待) 정성스럽게 대접함.
131 첩(妾) 본처 외에 데리고 사는 여자. 흔히 여자가 자기를 낮추어 일컫는 말.
132 잇글멀 이끔을.
133 비회(悲懷) 마음속에 서린 슬픈 시름이나 회포.

드러 좌졍(坐定) 왈, "나와 낭쟈는 살아도 맛당히 훈가지 살 거시오. 죽어도 쏘훈 ㅅ가지 죽을지라. 이졔 웃지 이 쟈리를 피ㅎ는뇨?" 졍낭(丁娘)이 발연(勃然)[134] 왈, "낭자(娘子)는 빅년 쇼회(所懷)[135] ㅎ던 군쟈를 만나 부친 복슈키를 원커니와 나는 웃지 이 쟈리에 참에(參預)[136] ㅎ리요?" 니쇼졔(李小姐)[137] 우에 왈, "낭쟈는 예젼 샤긔(史記)[138] 를 보지 못ㅎ엿ㄴ잇가? 요(堯)[139] 임군의 이녀(二女) 아황여영(娥皇女英)[140]이 훈가지 슌(舜) 임군의게 갓씨니 쟈고(自古)로 이런 법이 웃지 읍시리요? 낭지 이졔

현대어로 옮겨 읽기

들어 좌정하며 말하였다. "나와 낭자는 살아도 마땅히 한가지로 살 것이오. 죽어도 또한 한가지로 죽을 지라. 이제 어찌 이 자리를 피하느뇨?" 정 낭자가 화를 내며 말하였다. "낭자는 백 년 그리워하던 군자를 만나 부친 복수하기를 원하거니와 나는 어찌 이 자리에 참여하리오?" 이소저 웃으며 말하였다. "낭자는 예전 사기(史記)를 보지 못하였습니까? 요임금의 두 딸 아황과 여영이 한가지로 순임금에게 시집갔으니 예로부터 이런 법이 어찌 없겠는가? 낭자가 이제

해설

● 여섯째 줄 아래서 일곱 번째 글자는 '순'을 지우고 '요'로 정정한 흔적이다.

134 발연(勃然) 왈칵 성을 내는 태도가 세차고 갑작스러움.
135 쇼회(所懷) 마음에 품고 있는 회포. 그리워하던 바.
136 참에(參預) 참여.
137 우에 우어. 웃어.
138 샤긔(史記) 사기. 한나라 때 사마천이 지은 역사서.
139 요(堯) 요를 이은 순(舜)과 아울러 '요순의 다스림'이라 하여, 예로부터 중국에서는 가장 이상적인 군주로 알려져 왔다. 요의 사적(事績)은 『상서(尙書)』의 「요전(堯典)」이나 『사기(史記)』의 「오제본기(五帝本紀)」에 기록되어 있는데, 후세의 유가사상(儒家思想)에 의하여 과도하게 수식 미화되어 있어서 실재성은 빈약하다. 『사기』 등에 의하면 요는 성을 도당(陶唐), 이름을 방훈(放勳)이라고 한다. 오제(五帝)의 하나인 제곡(帝嚳)의 손자로 태어나면서부터 총명하여 제위에 오르자 희화(羲和) 등에게 명하여 역법(曆法)을 정하고, 효행으로 이름이 높았던 순을 등용하여 자신의 두 딸을 아내로 삼게 하고 천하의 정치를 섭정(攝政)하게 하였다. 요가 죽은 뒤, 순은 요의 아들 단주(丹朱)에게 제위를 잇게 하려 하였으나, 제후들이 순을 추대하므로 순이 천자에 올랐다고 한다.
140 아황여영(娥皇女英) 요임금의 두 딸로 모두 순임금에게 시집을 갔다. 순이 천자가 되자 아황은 후가 되고 여영은 비가 되었다. 그 후 순이 죽자 강에 빠져죽어 상군(湘君)이 되었다.

15_뒤

빅년가약(百年佳約)[141]을 미지면 쳡(妾)은 잉쳡(媵妾)[142]이 되기를 원ᄒᆞ노이다." 뎡쇼졔(丁小姐) 그졔야 돌어안져 샴인이 샹딕(相對)ᄒᆞ야 뎡샹셔와 니샹셔와 쟝시랑의 죠혼 의를 셔로 셜화ᄒᆞ더라. 이젹의 이쇼졔 쟝공쟈다려 일너 왈, "담을 넘어 샹죵(相從)ᄒᆞᆫ 셩현(聖賢)의 크게 조(嘲)[143]로 역이시는 빅라. 우리 웃지 녹々(碌碌)[144] ᄒᆞᆫ 소인(小人)의 힝샤(行事)를 본바들이요? 이번의 뎡샹셔가 샹시(上試)[145]가 되시니 뎡쇼졔의 글을 어더보면 필경 등과(登科)ᄒᆞᆯ 거시요. 이번 등과

현대어로 옮겨 읽기

백년가약을 맺으면 첩은 잉첩이 되기를 원합니다." 정소저가 그제야 돌아앉아 세 사람이 상대하여 정상서와 이 상서와 장시랑의 좋은 의를 서로 이야기하더라. 이때에 이소저가 장공자에게 일러 말하기를, "담을 넘어 상종하는 것은 성현이 크게 조롱거리로 여기시는 바이다. 우리 어찌 보잘것없는 소인의 행사를 본받겠는가? 이번에 정상서가 과거시험관의 우두머리가 되었으니 정소저의 글을 얻어 보면 필경 등과할 것이요. 이번 등과

141 빅년가약(百年佳約) 젊은 남녀가 결혼하여 한평생을 함께 지내자는 아름다운 언약.
142 잉첩(媵妾) 귀인(貴人)에게 시집가는 여인이 데리고 가던 시첩(侍妾). 신부의 질녀와 여동생으로 충당했다.
143 조(嘲)로 조롱거리로.
144 녹々(碌碌)흔 평범하고 보잘 것 없는.
145 샹시(上試) 과거 시험의 시관(試官) 가운데 우두머리를 이르던 말.

16_앞

ᄒᆞ는 샤람은 분명 정샹셔(丁尙書)의 셔랑(壻郞)[146]이 될 거시니 공ᄌᆞ(公子) 친히 졍쇼계(丁小姐)를 맛고 쳡(妾)을 잉쳡(媵妾)으로 버리지 안이ᄒᆞ실진닌[147] 쳡이 죽어도 은혜를 잇지 안이 ᄒᆞ오리이다." 이적의 졍쇼계 ᄎᆡᆨ샹(冊床) 안으로 글 ᄒᆞᆫ 편을 닉여 쥬며 왈, "이 글 가지고 등과(登科)[148] ᄒᆞ야 다시 후일을 보쇼셔." ᄒᆞ거날 옥션이 디희(大喜) ᄒᆞ야 글을 바다 늣코[149] 후일(後日) 긔약(期約)을 단ᄉᆞ 밋고 나오니 월식(月色)이 임의 읍고 일광(日光)의 동방(東方)의 발거오는지라. 급히 여관의 도

현대어로 옮겨 읽기

하는 사람은 분명 정상서의 사위가 될 것이니, 공자가 친히 정소저를 맞이하고 첩을 잉첩으로 버리지 아니하신다면 첩이 죽어도 은혜를 잊지 아니하오리다." 이때에 정소저 책상 안에서 글 한편을 내어주며 말하기를 "이 글을 가지고 등과하여 다시 후일에 보소서." 하거늘 옥선이 크게 기뻐하여 글을 받아놓고 훗날의 기약을 단단히 맺고 나오니 달빛이 이미 없고 햇빛이 동방에 밝아오는지라. 급히 여관에 돌

해설

● 영웅이 주인공으로 등장하는 고전소설에서는 주인공이 여러 부인을 얻어서 부귀영화를 누리는 설정들이 많이 나타난다. 여기에서도 홍릉은 채봉을 따라 옥선의 잉첩이 되기를 자처한다. 잉첩은 보통 본처보다 신분이 낮은 경우가 많지만 본처와 함께 한 남자를 남편으로 맞을 수 있다.

---

146 서랑(壻郞) 사위.
147 안이흥실진댄 아니 하실진댄. 아니 하신다면.
148 등과(登科) 과거에 급제함.
149 늣코 넣고.

16_뒤

라와 관령(官令)[150]나기를 기다리던이 히빗치 노다[151]오미 관령(官令)이 급혼지라. 옥선이 지필묵(紙筆墨)[152]을 갓쵸와 쟝즁(場中)의 들어가니 과연 글 졔(題) 걸년는지라. 즁 황모무심필(黃毛無心筆)[153] 즁허리 넌짓 풀어 왕일쇼(王逸少)[154]의 필법으로 이리져리 써서 일쳔(一天)[155]의 밧치니 졍샹셰, 글쟝을 바다보니 츙효겸젼(忠孝兼全)[156]혼 문쟝지시(文章才士)[157]라. 곳 샹지샹(上之上)[158]의 쟝원급졔(壯元及第)을 식이고 봉닉(封內)[159]를 널고 보니 젼 시랑 쟝노학의 아달 쟝옥션이라. 그 연유(緣由)를 샹게 고혼

현대어로 옮겨 읽기

아와 관령이 나기를 기다리더니 햇빛이 돋아오매 관령이 급한지라. 옥선이 지필묵을 갖추어 시험장 안에 들어가니 과연 글의 제목이 걸렸는지라. 황모무심필의 중간을 넌지시 풀어 왕희지의 필법으로 이리저리 써서 제일 먼저 바치니, 장 상서가 글 쓴 종이를 받아보니 충효겸전한 문장재사라. 곧 상지상에 장원급제를 시키고 봉내를 열고 보니 전 시랑 장노학의 아들 장옥선이라. 그 연유를 임금께 고하

---

150 관령(官令) 관청의 명령.
151 노다 돋아.
152 지필묵(紙筆墨) 종이와 붓과 먹.
153 황모무심필(黃毛無心筆) 족제비의 꼬리털로 만든 심이 없는 붓. 앞의 '즁'은 잘못 들어간 글자로 여겨진다.
154 왕일소(王逸少) 왕희지(王羲之)의 별칭. 중국 동진(東晉)의 서예가. 중국 고금(古今)의 첫째가는 서성(書聖)으로 존경받고 있음.
155 일천(一天) 과거 시험을 보거나 여럿이 모여 한시를 지을 때, 맨 먼저 글을 지어 바치는 일.
156 츙효겸젼(忠孝兼全) 충성과 효도를 겸하여 갖추고 있음.
157 문장직시(文章才士) 문장에 재주가 있는 선비.
158 상지상(上之上) 시문(詩文)을 평가하는 등급 가운데 첫째 등(等)의 첫째 급(級).
159 봉닉(封內) 과거를 볼 때에 답안지 오른편 끝에 응시자의 성명, 생년월일, 주소, 사조(四祖) 따위를 쓰고 봉하던 일. 시험의 공정을 기하기 위하여 고려 문종 11년(1062)에 처음으로 실시함.

17_앞

딕 샹이 보시고 일희일비(一喜一悲)[160] ᄒ여 왈, "쟝노학을 방튝(放逐)ᄒᆞᆷ 닉의 심히 흔(恨)ᄒᄂ 비라. 이제 그 아달이 ᄉ럿탓 영형(寧馨)[161] ᄒ니 가히 이 교가(喬家)[162] 아달이 잇다 일을지라. 닉 쟝노학의 아달 나으믈 들엇던이 그간 셰월 쳔이(遷移)[163] ᄒ야 발셔 이럿탓 쟝셩(長成)ᄒ니 웃지 긔특지 안이리요." ᄒ고 곳 할님학ᄉᆞ(翰林學士)[164]를 하이시고 입시(入侍)[165]를 하라 ᄒ니 옥션이 들어와 샹게 뵈인딕, 샹이 할님의 숀을 잡으시고 울며 왈, "닉 너를 보미 심히 참괴(慙愧)ᄒ도다[166]. 닉 용녈(庸劣)[167] ᄒ야 츙신(忠臣)

현대어로 옮겨 읽기

니, 임금이 보시고 한편으로 기뻐하고 한편으로 슬퍼하며 말하기를, "장노학을 쫓아냄은 내가 매우 한스러워하는 바이다. 이제 그 아들이 이렇듯 잘났으니 이는 크고 높은 가문에 아들이 있다고 이를만하다. 내 장노학이 아들 낳았음을 들었더니 그간 세월이 흘러 벌써 이렇듯 장성하니 어찌 기특치 않으리오?" 하고 곧 한림학사를 제수하시고 입시하라 하니 옥선이 들어와 임금을 뵈었는데, 임금이 한림의 손을 잡으시고 울며 말하였다. "내 너를 보매 매우 부끄럽도다. 내가 용렬하여 충신

---

160 일희일비(一喜一悲) : 한편으로는 기뻐하고 한편으로는 슬퍼함.
161 영형(寧馨) 몹시 잘났음을 지칭하는 말. 진나라 때 왕연이라는 사람을 보고 산도가 감탄하여 '영형아(寧馨兒)'라고 지칭한 것에서 유래한 말이다. 원래 '영형아'는 '이와 같은 아이'라는 뜻이다.
162 교가(喬家) 높고 큰 가문.
163 천이(遷移) 흘러감.
164 할님학사(翰林學士) 고려 시대에, 학사원·한림원에 속한 정사품 벼슬. 임금의 조서를 짓는 일을 맡아보았음.
165 입시(入侍) 대궐에 들어가서 임금을 뵙던 일.
166 참괴(慙愧) 매우 부끄러워함.
167 용녈(庸劣) 못생기고 재주가 남만 못하고 어리석음, 변변하지 못함.

17_뒤

을 방츅(放逐)ㅎ얏기로 죵샤(宗社)의 위틱홈이 ᄎ 지경의 이르러시니 엇지 붓그럽지 안이ㅎ리요." 할님이 고두샤왈(叩頭謝曰), "신(臣)이 미거(未擧)ㅎ와[168] 국가 날니의 쥭기를 싱각지 못ㅎ엿ᄉ오니 죄숑ㅎ와이다." ㅎ더라. 뎡샹셰 샹게 쥬달(奏達)[169]ㅎ되 "신(臣)과 쟝노학이 도타온 졍의(情誼)가 잇ᄉ와 샤싱(死生)을 동밍(同盟)[170]ㅎ엿습던이 ᄎ졔 노학의 아달을 보니 심히 긔특혼지라. 신이 일기(一個) 여ᄌ(女子) 잇샤오니 옥션의 쳐를 솜고자 ᄒᆞᄂᆞ이다." 샹이 즉시 흔연히 허락ㅎ시니 졍

현대어로 옮겨 읽기

을 쫓아내었기에 종묘사직의 위태함이 이 지경에 이르렀으니 어찌 부끄럽지 아니하리오?" 한림이 머리를 조아리며 감사하여 말하기를, "신이 못나 나라의 난리에 죽기를 생각지 못하였으니 죄송하옵니다." 하였다. 정상서가 임금께 아뢰되, "신과 장노학이 두터운 정의가 있어 목숨을 함께 하기로 함께 맹세하였더니 이제 노학의 아들을 보니 매우 기특한지라. 신이 딸 하나가 있으니 옥선의 아내를 삼고자 합니다." 임금이 즉시 기뻐하며 허락하시니 정

168 미거(未擧) 철이 없고 사리에 어두움.
169 쥬달(奏達) 임금님께 아뢰던 일.
170 동밍(同盟) 함께 맹세함.

18_앞

샹셰 할님을 다리고 집으로 도라와 그간 졍회(情懷)를 낫々치 셜화(說話)ᄒ고 곳 인마(人馬)[171]를 노와 할님을 모시고 빅낙촌(百樂村)의 나려가 부인을 모셔 올나올식 할님의 도문(到門) 쟌치[172] 인근(隣近) 읍(邑)이 울니는지라. 샨동(山東)의 다々르니 샨동 현승(縣丞)[173]이 지경(地境)[174]의 나와 할님을 마져 고을의 들어가 슈일(數日) 두류(駐留)할식, 현승이 할님을 위ᄒ야 ᄃᆡ연(大宴)을 빅셜(排設)[175]ᄒ고 일등 기녀(妓女)를 불너 질길식, 산동현의 ᄒᆞᆫ 기녜 잇씨니 셩은 최(崔)요 일홈은

현대어로 옮겨 읽기

상서가 한림을 데리고 집으로 돌아와 그 간의 정회를 낱낱이 이야기하고 곧 사람과 말을 준비하여 한림을 모시고 백락촌에 내려가 부인을 모셔 올라오려 하니 한림의 도문잔치에 인근 고을이 울리는지라. 산동에 다다르니 산동현승이 다스리는 땅의 경계까지 나와 한림을 맞아 고을에 들어가 여러 날 머무르려 하므로, 현승이 한림을 위하여 큰 잔치를 베풀고 최고의 기녀를 불러 즐길 때, 산동현에 한 기녀가 있으니, 성은 최요 이름은

171 인마(人馬) 사람과 말.
172 도문(到門) 잔치 과거에 급제한 사람이 고향에 돌아와서 하는 잔치.
173 현승(縣丞) 현을 다스리는 관리.
174 지경(地境) 다스리는 땅의 경계.
175 비설 연회나 의식(儀式)에 쓰는 물건을 차려 놓음.

18_뒤

무연(舞鳶)이니 젼 학샤(學士) 최평(崔平)의 여자라. 최학셰 득죄(得罪)ᄒ야 죽으미 무연을 거두어 챵기(娼妓)를 삼어 산동현의 두니 무연이 명가후예(名家後裔)로 용뫼(容貌)[176] 졀등(絶等)[177]하고 품행이 특이하야 산동현의 일은 슈령(守令)[179]마다 그 자식(姿色)을 사모(思慕)ᄒ야 쳡(妾)을 삼고자 하나 일ᄉ히 물닛쳐 듯지 안이ᄒ고 경도(京都)와 각 읍(邑)의 할냥(閑良)[180]과 협긱(俠客)[181]이 쏘한 만나기를 원코자 ᄒ나 무연이 듯지 안이ᄒ고 놉흔 졀기(節槪)[182]를 직히고 되인군

현대어로 옮겨 읽기

무연이니 전 학사 최평의 딸이다. 최학사가 죄를 얻어 죽으매 무연을 거두어 창기로 삼아 산동현에 두니 무연이 명가의 후예로 용모가 빼어나고 품행이 특이하여 산동현의 이름난 수령마다 그 자색을 사모하여 첩을 삼고자 하나 일일이 물리쳐 듣지 아니하고 서울과 각 읍의 한량과 협객이 또한 만나기를 원하고자 하나 무연이 듣지 아니하고 높은 절개를 지키고 대인군

해설

● 나중에 옥선의 배필이 되는 무연에 대한 설명이다. 무연은 기녀인데, 영웅을 주인공으로하는 고전소설에서는 주인공의 배필로 여러 유형의 여성들이 등장한다. 그리고 그들 중 기녀가 포함되는 경우가 많다. 〈구운몽〉에서는 양소유의 여인으로 계섬월과 적경홍이 등장하고 〈옥루몽〉에서는 양창곡의 여인으로 강남홍과 벽성선이 등장한다.

---

176 옹뫼(容貌) '옹뫼'는 '용뫼'를 잘못 표기한 것이다. 용모에 주격조사 ㅣ가 붙은 것이다.
177 절등(絶等) 비교할 만한 상대가 없을 정도로 용모가 매우 뛰어남.
178 일은눈 이름난.
179 슈령(守令) 고려・조선 시대에 주・부・군・현(州府郡縣)에 파견된 지방관.
180 할냥(閑良) 직첩(職牒)・직함(職銜)은 있으나 일이 없는 무직사관(無職事官)과 직(職)・역(役)이 없는 사족(士族)의 자제 등을 가리키는 말이다. 한량은 한량인(閑良人)・한량지도(閑良之徒)・한량 품관(品官)・한량 유사(儒士)・한량 유신(儒臣)・한량 기로(耆老)・한산자제(閑散子弟)・무역인(無役人)・전함(前銜) 등 여러 가지 이름이 있었다. 또한, 조선 후기에는 무과 및 잡과 응시자를 가리키거나, 무반(武班) 출신으로 아직 과거에 급제하지 못한 사람의 뜻으로 사용하게 되었고, 또한 궁술의 무예가 뛰어난 사람을 가리키는 말이 되기도 하였다.
181 협긱(俠客) 호방하고 의협심이 있는 사람. 유협, 협사라고도 한다.
182 절기(節槪) 지조와 정조를 깨끗하게 지키는 여자의 품성.

19_앞

> 쟈 만나기를 원ᄒᆞ던이 잇쩍 현승(縣丞)이 쟌치를 비셜ᄒᆞ미 본군(本郡)과 각읍(各邑)의 가무(歌舞)ᄒᆞᄂᆞᆫ 기녀를 부르니 일등기녀 슈빅명이 명을 응ᄒᆞ야 구름쳐럼 오ᄂᆞᆫ지라. 현승과 할님이 연셕(宴席)의 ᄂᆞ 쥬효(酒肴)[183]를 먹던이 ᄉᆞ옥고 ᄒᆞᆫ 기녜 들어오거늘 할님이 눈을 들어보니 얼골[184]이 츌즁(出衆)ᄒᆞ여 ᄉᆞ러 기싱 샤이에 혼합(混合)지 안이 ᄒᆞᄂᆞᆫ지라. 할님이 마음으로 층찬불이(稱讚不已)[185]ᄒᆞ얏던이 슐이 임의 샤오비(四五盃) 지ᄂᆞ

현대어로 옮겨 읽기

자 만나기를 원하더니 이때 현승이 잔치를 배설하매 본군과 각 읍의 노래하고 춤추는 기녀를 부르니 일등기녀 수백 명이 명에 따라 구름처럼 오는지라. 현승과 한림이 잔치 자리에 나가 술과 안주를 먹더니 이윽고 한 기녀가 들어오거늘 한림이 눈을 들어 보니 얼굴이 출중하여 여러 기생 사이에 섞이지 아니 하는지라. 한림이 마음으로 칭찬해 마지아니하였더니 술이 이미 너덧 잔 지나

183 쥬효(酒肴) 술과 안주.
184 얼골 얼굴.
185 층찬불이(稱讚不已) 칭찬해 마지않음.

19_뒤

미 할님이 취흥(醉興)을 이기지 못호야 그 기녀를 불너 압희 안치고 셤々옥슈(纖纖玉手)[186]를 잇그러 문(問)왈, "네 일홈이 무엇신요?" 기녀 딕(對)왈, "쳔쳡(賤妾)의 일홈은 무연(舞鷰)이로쇼다." 할님이 손을 들어 무연의 이마를 어로만져 왈, "너 왕고닉금(往古來今)[187]의 미인이란 말만 듯고 보던 못ᄒ였던이 오날 너를 보니 황연(晃然)[188]이 범녀(范蠡)[189]가 셔시(西施)[190]를 비의 실고 강호(江湖)로 두로 궁경[191] ᄒ는 질김이 ᄉ에 지내지 못ᄒ리로다." 무연이

현대어로 옮겨 읽기

매 한림이 취한 흥을 이기지 못하여 그 기녀를 불러 앞에 앉히고 가늘고 고운 손을 이끌어 물어 말하였다. "네 이름이 무엇인가?" 기녀가 대답해 말했다. "천첩의 이름은 무연이로소이다." 한림이 손을 들어 무연의 이마를 어루만져 말하였다. "내가 예로부터 지금까지 미인이란 말만 듣고 보지는 못하였더니, 오늘 너를 보니 분명히 범려가 서시를 배에 싣고 강호로 두루 구경하는 즐김이 이에 지나지 못하리로다." 무연이

186 섬섬옥슈(纖纖玉手) 가냘프고 고운 여자의 손을 이르는 말.
187 왕고닉금(往古來今) 왕래고금(往來古今)과 같은 말. 예로부터 지금에 이르기까지.
188 황연(晃然)이 소설에 많이 등장하는 의태어. 환히 깨닫는 모양.
189 범녀(范蠡) 중국 춘추시대 말기의 정치가. 월나라 왕 구천을 섬겼으며 오나라를 멸망시킨 공신이었다. 이후 서시와 함께 오나라를 떠났다고 하며, 제나라로 가 재상에 올랐다. 그 후에는 도 땅에서 장사를 하여 거부가 되고, 스스로 도주공이라 칭하였다고도 한다.
190 셔시(西施) 중국 월나라의 미녀. 중국의 4대 미녀로 알려져 있으며, 오나라 왕 부차에게 보내져서 오나라가 망하는데 결정적인 원인이 되었다고 한다. 오나라가 멸망하고 부차에 대한 죄책감으로 강에 빠져 자살했다고도 하며 범려와 함께 제나라로 가 그곳에서 장사를 통해 큰 재물을 모았다고도 전해진다.
191 궁경 구경.

슬픈 빗슬 머금고 딕왈(對曰), "쳔쳡이 명되(命途) 긔구(崎嶇)ㅎ오나, 일쟉 비옴이 잇ᄂ고로 범연(泛然)흔[192] 챵기(娼妓)의 오날은 쟝낭(張郞)의 쳐(妻) 도고[193] ᄂ일은 니낭(李郞)의 며ᄂ리 되옴은 본밧지 안이 ᄒ옵ᄂ이다." 할님이 긔특히 역여 딕소(大笑)ᄒ니, 현승이 ᄯ오 우어 왈, "무연의 직질(才質)이 비범(非凡)ᄒ야 츔곡죠 심히 놉허 예젼 한(漢)나라 죠비연(趙飛燕)[194]의 쟝샹무(掌上舞)[195]에서 지ᄂ니 그 곡죠(曲調)를 알 샤람이 읍ᄂ지라, 그런고로 평싱(平生) 딕인(大人)을 만나

현대어로 옮겨 읽기

슬픈 빛을 머금고 대답해 말하였다. "천한 첩이 운명이 기구하오나, 일찍 배움이 있기 때문에 범연한 창기와 같이 오늘은 장씨의 처가 되고, 내일은 이씨의 며느리가 되는 것은 본받지 아니 하옵나이다." 한림이 기특하게 여겨 크게 웃으니, 현승이 또 웃으며 말하였다. "무연의 재질이 비범하여 춤곡조가 매우 높아 예전 한나라 조비연의 장상무보다 나으니 그 곡조를 알 사람이 없는지라, 그런 이유로 평생에 대인을 만나

192 범연(泛然)흔 차근차근한 맛이 없이 데면데면하게.
193 도고 되고.
194 조비연(趙飛燕) 한(漢)나라 성제(成帝)의 부인으로 뒤에 효성황후(孝成皇后)가 되었다. 본명은 조의주(趙宜主)였으나 '날으는 제비'라는 뜻의 별명 조비연(趙飛燕)으로 불리었다. 가냘픈 몸매와 뛰어난 가무(歌舞)는 당대 최고의 찬사를 받았다고 전해진다. 일화에 의하면 황제가 호수에서 베푼 선상연(船上宴)에서 춤을 추던 도중 강풍이 불어 가냘픈 몸이 바람에 날리자, 황제가 그녀의 발목을 잡아 물에 빠지는 것을 막았다. 그러나 비연은 그 상황에서도 춤추기를 멈추지 않았고 임금의 손바닥위에서 춤을 추었다하여 '물 찬 제비 또는 나는 제비'라는 별명을 얻게 되었다. 이때 임금이 조비연이 물에 빠지는 것을 막기 위해 그녀의 발목을 급히 붙잡다가 치마폭의 한쪽이 길게 찢어지게 되었는데 이렇게 찢어진 치마는 오늘날 중국 여인들의 전통 의상인 유선군(留仙裙)의 유래가 되었다고도 전해진다. 이후 비연은 황제가 살아있는 10년간은 호화로운 생활을 영위하다가, 황제가 죽자 탄핵되어 평민으로 전락하였고 이후 걸식으로 연명하다가 자살하였다.
195 쟝샹무(掌上舞) 손바닥 춤. 장중무(掌中舞)라고도 한다. 조비연이 잘 추었던 춤으로 알려져 있다.

20_뒤

면 빅아(伯牙)와 죵쟈긔(鍾子期)[196]에 낙(樂)을 일우고져 ᄒᆞ고, ᄯᅩ 그 품ᄒᆡᆼ(品行)이 절등(絶等)ᄒᆞ야 범인(凡人)의 여웃볼 빅[197] 안이로쇼이다." 할님이 그 말을 들으믜 졍신이 황홀ᄒᆞ야 쟌치를 파(罷)ᄒᆞ더라. 셕반(夕飯)[198]을 나슈믜[199] 할님이 셕반을 지닌 후 월식(月色)을 구경코져 쳥산(靑山)의 비회(徘徊)터니 홀연 무연의 화용(花容)[200]을 싱각ᄒᆞ야 샤람을 보닉여 부르니, 무연이 명을 응ᄒᆞ야 들어오거날 할님이 무연을 무릅 우의 안치고 옥슈(玉手)를 어로만지며

현대어로 옮겨 읽기

면 백아와 종자기의 즐거움을 이루고자 하고, 또 그 품행이 비교할 사람이 없을 정도로 평범한 사람이 엿볼 바가 아니로소이다." 한림이 그 말을 들으매 정신이 황홀하여 잔치를 마치더라. 저녁밥을 내오매 저녁밥을 먹은 후 달빛을 구경코자 청산에 배회하더니 홀연 무연의 꽃다운 얼굴을 생각하여 사람을 보내 부르니, 무연이 명에 응하여 들어오거늘 한림이 무연을 무릎 위에 앉히고 옥 같은 손을 어루만지며

196 백아와 종자기 음악으로 서로 사귄 벗. 거문고 연주만 듣고도 서로의 마음을 앎. 지음(知音)이라는 말이 이들의 이야기에서 비롯되었다.
197 여읏볼 빅 엿볼 바.
198 석반(夕飯) 저녁에 끼니로 먹는 밥.
199 나슈미 가지고 옴에
200 화용(花容) 꽃 같은 얼굴.

나흘 무른듸 ᄉ왈, "십뉵세(十六歲)읍고 싱일(生日)은 모월모일(某月某日)이로쇼이다." 할님이 경탄왈(驚歎曰), "읏지 연셰(年歲)와 싱월싱일(生月生日)이 ᄉ렷탓 갓흐리요? 네 츔곡죄 심히 놉허 능히 알 지 읍다 하니 네 능히 나의 옥져를 응하야 츔을 일우것느야?" 하며 할님이 옥져(玉笛)를 늬여 한(漢)느라 ᄉ마샹여(司馬相如)[201]의 봉구황곡(鳳求凰曲)[202]으로 부니 무연 흔년(欣然)[203]이 이러느 두 팔을 놉히 들어 츄니 곡죠과 츔법이 죠곰도 틀닐 게 읍는지라 츔을 파(罷)흔 후 할님이 문왈, "네

현대어로 옮겨 읽기

나이를 물으니 대답하여 말했다. "십육 세이고 생일은 모월모일이로소이다." 한림이 경탄하며 말하기를, "어찌 나이와 생월생일이 이렇듯 같으리오! 네 춤곡조가 매우 높아 능히 알 사람이 없다하니 네가 능히 나의 옥피리를 응하여 춤을 이루겠느냐?" 하며 한림이 옥피리를 내어 한나라 사마상여의 봉구황곡을 부니 무연이 기쁘게 일어나 두 팔을 높이 들어 춤을 추니 곡조와 춤법이 조금도 틀린 것이 없는지라 춤을 마친 후 한림이 물어 말하였다. "네

해설

- 사마상여가 봉구황(鳳求凰)이라는 곡으로 탁문군을 유혹한 이야기는 우리 고전소설에서 자주 차용된다. 봉황은 전설상의 새로 알려져 있는데, 수컷을 봉, 암컷을 황이라고 한다. 제목에서 보이는 것처럼 수컷인 봉새가 암컷인 황새를 구한다는 것으로 남녀의 애정을 노래한 것이다. 고전소설 속에서 남자주인공이 여자주인공에게 자신의 마음을 음악을 통해 전할 때 자주 사용되는 곡이다.

201 사마상여(司馬相如) 중국 전한(前漢)의 문인. 탁문군과의 로맨스로 잘 알려져 있다.
202 봉구황곡(鳳求凰曲) 중국의 사마상여가 지은 곡. 남녀의 애정을 노래함.
203 흔년(欣然)이 기뻐하거나 반가워하는 모양.

> 옥져(玉笛) 곡죠를 아는다?" 무연이 우어 왈, "첩이 웃지 모를이요? 그 곡죠 일홈은 봉구황곡(鳳求凰曲)이라 예전 샤마샹여(司馬相如)가 탁문군(卓文君)[204]을 보려고 그 곡죠로 요리[205] ᄒ엿씨니 이제 샹공(相公)의 마음을 가히 알지라. 그러ᄂ 첩이 본디 최학샤의 여쟈로 명되(命途) 긔박(奇薄)[206]ᄒ야 이곳의 이르러거니와 웃지 본뜻시야 일으리잇가? 다만 디인군쟈(大人君子)의 권고(眷顧)[207]하시믈 입으시면 빅년을 긔약고쟈 ᄒ미요, 어제 만ᄂ고 오날 이별ᄒ는 창기(娼妓)는 본밧지 안이홀 터이요, 또 이제 샹

현대어로 옮겨 읽기

옥피리 곡조를 아는가?" 무연이 웃으며 말하기를, "첩이 어찌 모르리요? 그 곡조 이름은 봉구황곡이라 예전 사마상여가 탁문군을 보려고 그 곡조로 노래하였으니 이제 상공의 마음을 알겠습니다. 그러나 첩이 본디 최 학사의 딸로 운명이 기박하여 이곳에 이르렀거니와 어찌 본뜻이야 이러하겠습니까? 다만 대인군자의 아끼고 보살펴주심을 입으면 백년을 기약코자 함이요, 어제 만나고 오늘 이별하는 창기는 본받지 아니할 것이요, 또 이제 상

204 탁문군(卓文君) 사마상여가 사랑한 여자. 부호인 탁왕손의 딸이다. 어렸을 때 과부가 되었다가 사마상여를 만나 함께 도망가서 살았다.
205 요리 노래.
206 귀박(奇薄)하다 팔자, 운수 따위가 사납고 복이 없다.
207 권고(眷顧) 아끼고 보살핌.

22_앞

공을 뵈오미 쳡의 마음이 만분(萬分) 희열(喜悅)[208] ᄒ오나 다만 샹공 갓흐신 군쟈는 ᄒ번[209] 각가히[210] ᄒ시다가 다시 권념(眷念)[211]치 안이시면 쳡의 신셰(身世)는 웃지 가련치 안이할이잇가? 다만 원컨된 샹공이 쳔쳡을 불샹히 역이시면 쳡의 일신(一身)이 빅년(百年)을 의탁(依託)ᄒ야 목슘이 진(盡)토록 샹공을 밧들고 풀을 미져 은혜를 갑흘가[212] ᄒᄂ이다." 할님이 층찬(稱讚) 왈, "네 비록 챵기에 일홈이 잇씨ᄂ 명가 후예(名家後裔)라 실

현대어로 옮겨 읽기

공을 뵈오니 첩의 마음이 대단히 기쁘고 즐거우나 다만 상공 같으신 군자는 한번 가까이 하시다가 다시 생각지 않으시면 첩의 신세는 어찌 가련치 아니하겠습니까? 다만 원컨대 천한 첩을 불쌍히 여기시면 첩의 한 몸이 백 년을 의탁하여 목숨이 다 하도록 상공을 받들고 풀을 맺어 은혜를 갚을까 하나이다." 한림이 칭찬하여 말하기를, "네가 비록 창기에 이름이 있으나 명문가 후예라 참

208 희열 기쁨과 즐거움. 또는 기뻐하고 즐거워함.
209 흥번 한번.
210 각가히 가까이.
211 권념(眷念) 돌보며 생각함.
212 풀을 미져 은혜를 갑흘가 결초보은(結草報恩)을 우리말로 풀이한 것.

22_뒤

노 품힝이 예젼 녈녀(烈女)[213]도 밋지 못ᄒ리로다. 네 일신(一身)을 닉게 의탁ᄒᆞᆯ진 딘 닉 웃지 벌이요?" ᄒ고 그날 밤이 화쵹(華燭)[214]을 발키고 무연으로 졍회(情 懷)[215]를 펴더라. 이러구로 슈일(數日)을 유(留)ᄒᆞᆫ 후에 길을 써날 시 무연다려 일 너 왈, "닉 죠졍의 일이 잇셔 슈년 격죠(隔阻)[216]ᄒᆞᆯ 닐을 싱각ᄒᆞ니 미리 근심이 되도 다." 무연이 우어 왈, "샹공 이번 길의 쳔지(天地)를 진동(振動)ᄒᆞᆯ지라 잠간 죠격(阻 隔)[217]ᄒᆞ멀 웃지 한ᄒᆞ

현대어로 옮겨 읽기

으로 품행이 예전의 열녀도 미치지 못하리로다. 네 일신을 내게 맡길진대 내 어찌 버리리오?" 하고 그날 밤에 화촉을 밝히고 무연과 정회를 펴더라. 이럭저럭 여러 날을 머문 후에 길을 떠나려 하며 무연에게 일러 말하였다. "내 조정에 일이 있어 몇 년 떨어져 있을 일을 생각하니 미리 근심이 되도다." 무연이 웃으며 말하기를, "상공이 이번 길에 천지를 진동할 것이니 잠깐 떨어짐을 어찌 한탄하

해설

● 고전소설에서 주인공의 배필이 되는 기생은 기녀이면서도 흔히 열녀에 못지않은 절개를 지닌 인물들로 표상된다.

213 열녀(烈女) 절개가 굳은 여자.
214 화촉(華燭) 빛깔을 들인 밀초. 흔히 혼례 때에 사용한다.
215 정회(情懷) 생각하는 마음. 또는 정과 회포를 아울러 이르는 말.
216 격조(隔阻) 멀리 떨어져 있어 서로 통하지 못함.
217 죠격(阻隔) 막혀서 서로 통하지 못함.

23_앞

리잇고?" 인하야 글을 지여 할님게 들여 빅년(百年) 의탁(依托)ᄒᆞᄂᆞᆫ 정을 표ᄒᆞ니 그 글의 ᄒᆞ엿씨되

죠량(朝陽)²¹⁸의 봄이 느지미 날 그림지 더듸여씨니 비거비릭(飛去飛來)²¹⁹ ᄒᆞ야 가는 비를 믹기도다! 쥬함(朱頷)²²⁰을 열고 현샹(玄裳)²²¹을 쓸치고 남々히²²² 멀니 날미 깃히 치지(馳之) 하도다. 금슬(琴瑟)²²³을 고르고 죵고(鐘鼓)²²⁴를 울니니 졍은 굴너 깁고 질기믐 지팅(支撑)치 못ᄒᆞ리로다. 오쟉 원컨듸 군ᄌᆞᄂᆞᆫ 일노붓터 억쳘년(億千年)이 지니도록 졍

현대어로 옮겨 읽기

리잇가?" 인하여 글을 지어 한림께 드려 백 년을 의탁하는 정을 표하니 그 글에 하였으되,

조양에 봄이 늦으매 해 그림자 더디니 날아서 오고가는 바를 맡기도다! 주함을 열고 현상을 떨치고 남으로 남으로 멀리 날매 깃이 달려가도다. 비파와 거문고를 고르고 종과 북을 울리니 정은 굴러 깊고 즐김은 지탱치 못하리로다. 오직 원컨대 군자는 이로부터 억천 년이 지나도록 정

해설
● 셋째 줄부터는 무연이 지은 글을 인용한 것이다.

---

218 죠량(朝陽) 해가 뜨는 산의 동쪽.
219 비거비릭(飛去飛來) 날아가고 날아옴.
220 쥬함(朱頷) 붉은 턱.
221 현샹(玄裳) 검은 치마. 여기에서는 제비의 검은 날개를 의미함.
222 남々히 천천히.
223 금슬(琴瑟) 거문고와 비파. 또는 남녀간의 정을 의미하기도 함.
224 죵고(鐘鼓) 종과 북을 통틀어 이르는 말.

23_뒤

을 잇지말느 ᄒᆞ얏더라.

할님이 글을 바다 무연을 이별할시 연々(戀戀)한 정회 참아 셔로 놋치 못ᄒᆞ고 다만 보즁(保重)ᄒᆞ기를 츅슈(祝手)²²⁶ᄒᆞ더라. 할님이 빅낙촌의 이르러 부인을 보인ᄃᆡ, 부인이 일희일비(一喜一悲)²²⁷ᄒᆞ야 왈, "네 몸히 귀히 되야 은총이 거록ᄒᆞ니 쳔은(天恩)이 감ᄉᆞᄒᆞ나 다만 너의 부친(父親)이 보시지 못ᄒᆞ미 한이로다." ᄒᆞ더라. 할님이 쥬부다려 졍상셔가 쳔게의²²⁸ 쥬달(奏達)ᄒᆞ야 혼샤를 의논ᄒᆞ던 말을 낫々치 ᄒᆞᄃᆡ

현대어로 옮겨 읽기

을 잊지 말라. 하였더라.

한림을 글을 받아 무연을 이별할 때 연연한 정회로 차마 서로 놓지 못하고 다만 보중하기를 축수하더라. 한림이 백락촌에 이르러 부인을 뵈었는데, 부인이 한편으로 기뻐하고 한편으로 슬퍼하여 말하기를, "네 몸이 귀하게 되어 은총이 거룩하니 하늘의 은혜에 감사하나 다만 너의 부친이 보시지 못함이 한이로다." 하더라. 한림이 주부에게 정상서가 천자에게 아뢰어 혼사를 의논하던 말을 낱낱이 하였는데

225 보즁(保重) 몸의 관리를 잘하여 건강하게 유지함.
226 축슈(祝手) 두 손바닥을 마주 대고 빎.
227 일희일비(一喜一悲) 한편으로는 기뻐하고 한편으로는 슬퍼함. 또는 기쁨과 슬픔이 번갈아 일어남.
228 쳔계의 천자(天子)게의.

쥬뷔 변식(變色) 왈, "옛말[229]의 ᄒᆞ엿시되 죠강지쳐(糟糠之妻)는 불하당(不下堂)[230]이라 ᄒᆞ엿시니 그딕는 싱각ᄒᆞ라." 옥션이 고(告)왈, "쇼지(小子) 웃지 싱각지 못ᄒᆞ리요만은 다만 졍씨 상게 쥬달ᄒᆞ야 임의 결졍ᄒᆞ엿샤오니 물니칠 길 읍ᄂᆞᆫ지라, 예젼 샤람도 슴부인(三夫人)이 잇샤오니 옥션의 졔가지도(齊家之道)[231]의 잇ᄂᆞᆫ지라, 죠금도 근심치 마르쇼셔." 쥬뷔 우어 왈, "셔랑(壻郞)의 말이 올토다." ᄒᆞ고 슈일 뉴(留)ᄒᆞᆫ 후의 할님(翰林)은 분인(夫人)을 모시고 쥬부는 취란(翠鸞)을 다리고 경셩으로 향ᄒᆞ야 갈ᄉᆡ 옥션의 일힝

현대어로 옮겨 읽기

주부가 얼굴 빛을 바꾸며 말하였다. "옛말에 하였으되 조강지처는 버리지 않는다 하였으니 그대는 생각하라." 옥선이 고하여 말하였다. "소자가 어찌 생각지 못하겠습니까마는 다만 정씨 임금께 아뢰어 이미 결정하였으니 물리칠 길이 없는지라, 예전 사람도 세 부인이 있었으니 옥선이 집안을 다스리는 도가 있는지라 조금도 근심치 마소서." 주부가 웃어 말하기를, "사위의 말이 옳도다." 하고 며칠 머문 후에 한림은 부인을 모시고 주부는 취란을 데리고 경성으로 향하여 갈 때 옥선의 일생

해설

- 첫 번째 줄 아래서 8번째와 9번째 글자인 "처지" 옆에 붙은 표식은 두 글자의 순서를 바꿔서 읽으라는 기호이다.

229 옛말 옛말.
230 죠강지처(糟糠之妻)는 불하당(不下堂) 조강지처는 집 밖으로 내쫓지 아니한다는 말. 조(糟)는 지게미, 강(糠)은 쌀겨라는 뜻으로 지게미와 쌀겨로 끼니를 이어가며 고생한 본처(本妻)를 이르는 말이다. 처녀로 시집와서 여러 해를 같이 살아온 아내라면 모두 조강지처라 할 수 있다. 조강지처불하당은 『후한서(後漢書)』「송홍전(宋弘傳)」에 나타난다. 후한 광무제(光武帝)의 누님이 일찍이 과부가 되어 쓸쓸히 지내는 것을 보고 광무제는 마땅한 사람이 있으면 다시 시집을 보낼 생각으로 그녀의 의향을 떠보았다. 그러자 그녀는 송홍 같은 사람이라면 시집을 가겠다고 하였다. 마침 송홍이 공무로 편전에 들어오자 광무제는 누님을 병풍 뒤에 숨기고 그에게 넌지시 물었다. "속담에 말하기를 지위가 높아지면 친구를 바꾸고 집이 부유해지면 아내를 바꾼다 하였는데 그럴 수 있을까?" 이에 송홍은 서슴지 않고 대답하였다. "신은 가난할 때 친하였던 친구는 잊어서는 안 되고, 지게미와 쌀겨를 먹으며 고생한 아내는 집에서 내보내지 않는다고 들었습니다(臣聞 貧賤之交不可忘 糟糠之妻不下堂)"라고 하였다고 한다.
231 제가지도(齊家之道) 집 안을 가지런히 함.

이 거긔치즁(車騎輜重)[232] 길을 연(連)ᄒ야 왕쟈(王者)의 빅이더라. 슈일(數日)만의 계룡부(鷄龍府)의 다ᄉᆞ르니 계룡부빅(鷄龍府伯)[233]이 관속(官屬)[234]을 거늘이고 지경(地境)[235]의 ᄂᆞ와 할님을 마쟈 부닉(府內)[236]로 도라가니 부빅(府伯)이 딕연(大宴)을 빅셜(排設)ᄒ고 할님으로 더부러 질기더니 부빅이 할님게 엿쟈오되 "할님의 놉흐신 직죠(才操)ᄂᆞᆫ 천히(天下) 흠모ᄒᄂᆞᆫ 비라. 이졔 다힝이 어더 뵈오니 웃지 깃부지 안이ᄒ리요?" 할님이 층샤(稱謝)ᄒ고 쟌치를 파ᄒ고 명일(明日)의 부인을 모시고 길을

현대어로 옮겨 읽기

이 수레와 기마, 수레에 실은 물건들이 길을 이으니 왕자에 비교하더라. 며칠 만에 계룡부에 다다르니 계룡부의 우두머리가 벼슬아치들을 거느리고 관할지역의 접경에 나와 한림을 맞아 부의 안으로 돌아가니 부백이 큰 잔치를 베풀고 한림과 더불어 즐기더니 부백이 한림에게 여쭈었다. "한림의 높으신 재주는 천하가 흠모하는 바라. 이제 다행히 얻어 뵈오니 어찌 기쁘지 아니하리오?" 한림이 감사함을 칭하고 잔치를 마치고 다음날에 부인을 모시고 길을

232 거긔치즁(車騎輜重) 수레와 기마, 수레에 실은 물건들.
233 계룡부빅(鷄龍府伯) 계룡부의 가장 높은 관리.
234 관속(官屬) 벼슬아치.
235 지경(地境) 나라나 지역 따위의 구간을 가르는 경계
236 부닉 (府內) 예전에, 행정 구역 단위였던 부의 구역 안.

쩌나 샴십니 박의 나와 즁화(中火)[237]ᄒ고 졍현녁[238]의 다ᄉᆞ르니 일위(一位)[239] 쇼년 션비 용뫼 슈려ᄒ고 얼골이 관옥(冠玉)[240] ᄀᆞᆺᄒᆞᆫ지라. 쥬졈(酒店)[241]의 안져 노ᄅᆡ를 부르거늘 할님이 그 ᄒᆡᆼ식(行色)을 살펴보니 풍ᄎᆡ(風采) 쒸여ᄂᆞ 진간(塵間)[242] 샤람이 안인지라. 할님이 샤랑ᄒᆞ야 쥬졈의 들어가 좌졍(坐定) 후 쇼년을 쳥ᄒᆞ야 셜화홀ᄉᆡ 쇼년이 이러 졀ᄒ고 ᄉᆞ왈, "ᄉᆡᆼ의 셩은 심(沈)이요 일홈은 녕이라 젼 지쥬(知州)[243] 심 셩(沈成)의 아쟈(兒子)[244] ᄋᆞᆸ던이 일쟉 부모를 여희

현대어로 옮겨 읽기

떠나 삼십리(三十里) 밖에 나와 점심을 먹고 정현역에 다다르니 한 사람의 소년 선비 용모가 수려하고 얼굴이 관옥 같은지라. 술집에 앉아 노래를 부르거늘 한림이 그 행색을 살펴보니 풍채가 뛰어나 세속의 사람이 아닌지라. 한림이 사랑하여 주점에 들어가 좌정한 후에 소년을 청하여 이야기하니 소년이 일어나 절하고 고하여 말하기를, "소생의 성은 심이요, 이름은 영이라 전 지주 심성의 아들이더니 일찍 부모를 여의

237 즁화(中火) 길을 가다가 점심을 먹음.
238 정현녁 역(驛)의 이름.
239 일위(一位) 한 분. 한사람.
240 관옥(冠玉) 관에 달린 옥. 여기서는 남자의 아름다운 얼굴을 비유적으로 이르는 말.
241 쥬점(酒店) 술집.
242 진간(塵間) 속세 간.
243 지쥬(知州) 주의 최고 관리.
244 아쟈(兒子) 아들.

25_뒤

고 의지홀 곳슬 모로와 게용부즁(鷄龍府中)의 우거(寓居)[245] ᄒ엿습던이 무슴 일을 인ᄒ야 경셩의 가는 길이옵더니 뜻박긔 샹공을 이곳셔셔 보이니 평싱의 샤모ᄒ던 비를 으든지라. 웃지 깃부지 안이ᄒ리잇고?" 할님 왈, "형의 용모를 보니 지죄 쏘호 졀등(絶等)[246] 홀지라. 이졔 난셰(亂世)를 당ᄒ야 입신양명(立身揚名)[247]키를 싱각지 안이ᄒ고 웃지 져딕지 국츅(跼縮)[248]히 지닉느뇨?" 쇼년이 울며 딕왈, "츄ᄉᆡᆼ(醜生)이 무슴 지죄 잇샤오릿가 만은 딩ᄉᆞ이[249]도 소낭

현대어로 옮겨 읽기

고 의지할 곳을 몰라 계룡부중에 우거하였었더니 무슨 일을 인하여 경성에 가는 길이더니 뜻밖에 상공을 이곳에서 보게 되니 평생에 사모하던 바를 얻은지라. 어찌 기쁘지 아니 하겠습니까?" 한림이 말하였다. "형의 용모를 보니 재주 또한 탁월할 것이라. 이제 난세를 당하여 입신양명하기를 생각지 아니하고 어찌 저다지 웅크려 지내는가?" 소년이 울며 대답해 말하였다. "추한 소생이 무슨 재주가 있겠습니까마는 댕댕이 덩굴도 소나

---

245 우거(寓居) 빌붙어 삶.
246 절등(絶等) 상대가 없을 정도로 뛰어남.
247 입신양명(立身揚名) 몸을 세워 이름을 드날림.
248 국축(跼縮) 엎드려 지냄.
249 딩々이 댕댕이 덩굴. 식물로서 넝쿨식물이다.

26_앞

글 만나야 공즁(空中)으로 올나가고, 오동(梧桐)나무도 죠흔 줄을 만나야 쇼리를 이루고, 쥬마(駿馬)[250]가 잇슨들 빅낙(伯樂)[251]이 안이면 뉘라셔 조흔 말인 줄 알며, 양옥(良玉)이 잇슨들 변화(卞和)[252]가 읍시면 뉘라셔 죠흔 옥인 줄 알니잇고? 일쟉 샤람을 만나지 못ᄒ야 향상 울〻(鬱鬱)[253]ᄒ여이다." 할님이 층찬불이(稱讚不已) 왈, "형은 읏지 샤람 만나지 못ᄒ멀 흔ᄒᄂ뇨! 지죄(才操) 츌즁(出衆)ᄒ면 샤람이 절노 아ᄂ지라, 무슴 흔할 비 잇씨리요?" 쇼년이 되왈, "샹공 말슴이 극히 졍딕(正大)ᄒ오

현대어로 옮겨 읽기

무를 만나야 공중으로 올라가고 오동나무도 좋은 줄을 만나야 소리를 이루고, 쥰마가 있은들 백낙이 아니면 뉘라서 좋은 말인 줄 알며, 좋은 옥이 있은들 변화가 없으면 뉘라서 좋은 옥인 줄 알겠습니까? 일찍 사람을 만나지 못하여 항상 울적합니다." 한림이 칭찬해 마지않으며 말하였다. "형은 어찌 사람 만나지 못함을 한하는가! 재주가 출중하면 사람이 절로 아는지라, 무슨 한할 바 있으리오?" 소년 대답하여 말하기를, "상공의 말씀이 지극히 정대하오

---

250 쥬마(駿馬) 준마의 오기인 듯 하다.
251 빅낙(伯樂) 중국 주나라 때의 사람. 말의 좋고 나쁨을 잘 가려냈으며, 말의 병도 잘 고쳤다고 한다.
252 변화(卞和) 중국 춘추전국 초나라 때 사람. 변 지방에 사는 화씨이다. 『한비자(韓非子)』「화씨편(和氏篇)」에 이야기가 전한다. 화씨(和氏)란 사람은 옥을 감정하는 사람이었다. 그는 초산(楚山)에서 옥돌을 발견하여 여왕(厲王)에게 바쳤다. 여왕이 이를 옥을 다듬는 사람에게 감정하게 하였더니, 보통 돌이라고 하였다. 이에 여왕은 화씨를 발뒤꿈치를 자르는 월형에 처해 그의 왼쪽 발을 잘랐다. 여왕이 죽고 무왕(武王)이 즉위하자, 화씨는 또 그 옥돌을 무왕에게 바쳤다. 무왕이 감정시켜보니 역시 보통 돌이라고 하는 것이었다. 그러자 무왕도 화가 나서 화씨의 오른쪽 발을 자르게 했다. 무왕이 죽고 문왕(文王)이 즉위하자, 화씨는 초산 아래에서 그 옥돌을 끌어안고 사흘 밤낮을 울었는데, 나중에는 눈물이 말라 피가 흘렀다. 문왕이 이 소식을 듣고 사람을 시켜 그를 불러 "천하에 발 잘리는 형벌을 받은 자가 많은데, 어찌 그리 슬피 우느냐?"며 그 까닭을 물었다. 화씨가 "나는 발을 잘려서 슬퍼하는 것이 아닙니다. 보옥을 돌이라 하고, 곧은 선비에게 거짓말을 했다고 하여 벌을 준 것이 슬픈 것입니다."라고 말했다. 이에 문왕이 그 옥돌을 다듬게 하니 천하에 둘도 없는 명옥이 모습을 드러냈다. 그리하여 이 명옥을 그의 이름을 따서 '화씨지벽(和氏之璧)'이라 부르게 되었다.
253 울々(鬱鬱) 울적한 모습.

26_뒤

이다. 싱이 죽기로 밍셰ᄒ야 샹공을 좃쳐 일신(一身)을 문하(門下)의 ᄉ탁ᄒ야 셔샤(書寫)[254]ᄂ 밧들고져 ᄒᄂ이다." ᄒ거늘 할님이 흔연이 허락ᄒ고 쇼년을 다리고 길을 써ᄂ가더니 슈십니(數十里)를 가다가 쇼년을 챠지니 인ᄒ여 간 곳슬 모로지라[255], 할님이 의아ᄒ여 왈, "졔 먼져 니게 탁신(託身)[256]ᄒ엿다가 이제 홀연이 아모 말도 읍시 도망ᄒ니 허탄(虛誕)이[257] 아희로다!" ᄒ고 그 쇼년의게 속으멀 분히 역이더라. 챠셜(且說) 월닉 심셩이란 쟈ᄂ 벼살이 함

현대어로 옮겨 읽기

이다. 제가 죽기로 맹세하여 상공을 따라 한 몸을 문하에 의탁하여 글을 대신 써주는 시중이나 받들고자 하나이다." 하거늘 한림이 기쁘게 허락하고 소년을 데리고 길을 떠나가더니 수십 리를 가다가 소년을 찾으니 인하여 간 곳을 모르는지라, 한림이 의아하여 말하기를, "제 먼저 내게 몸을 맡겼다가 이제 홀연히 아무 말도 없이 도망가니 허탄한 아이로다!" 하고 그 소년에게 속음을 분하게 여기더라. 한편 원래 심성이란 자는 벼슬이 함

해설
● 마지막 줄 뒤에서 9번째 글자는 '화'를 지우고 '셩'으로 수정한 것이다.

254 셔샤(書寫) 글을 베껴 써주는 것. 글을 대신 써주는 시중.
255 모로지라 모르는지라.
256 탁신(託身) 남에게 몸을 의탁함.
257 허탄(虛誕)이 거짓되고 미덥지 아니한.

성(含城)[258] 지쥬(知州)의 일으고 퇴죠(退朝)[259] ᄒᆞ야 빅낙츈의 우거(寓居)[260] ᄒᆞ미 빅쥬부(白主簿)로 졍의(情誼) 톳타와[261] 형졔(兄弟)처럼 지닉던이 심셩(沈成)이 일기(一個) 남직(男子) 읍고 샤십지년(四十之年)의 다만 일기 녀쟈(女子)를 두엇시되 일홈은 잉ᄉᆞ(鶯鶯)ᄒᆞ라[262], 취란(翠鸞)으로 동갑(同甲)이요, 졍의 심히 죠와 형졔처럼 지닉더니 심셩(沈成)이 불힝(不幸)하야 닉외구몰(內外俱沒)[263] ᄒᆞ미 잉ᄉᆞ이 의지홀 곳시 읍서, 그 이죵(姨從)[264] 조졍을 다라가미 취란으로 더부러 셔로 슬피 이별ᄒᆞ야 후일의 다시 만ᄂᆞ기를 긔약(期約)

현대어로 옮겨 읽기

함성지주에 이르고 벼슬을 물러나 백락촌에 우거하매 백주부와 정의가 두터워 형제처럼 지내더니 심성이 아들 하나 없고 사십 세에 다만 딸 하나를 두었으되 이름은 앵앵이라, 취란과 동갑이요, 정의(情誼)가 매우 좋아 형제처럼 지내더니 심성이 불행하여 부부가 함께 세상을 떠나매 앵앵이 의지할 곳이 없어 이종사촌 조정을 따라가매 취란과 더불어 서로 슬프게 이별하여 후일에 다시 만나기를 기약

해설
● 문장이 몹시 길다. 고전소설의 경우 문장이 몹시 길게 나타난다.

258 함성(含城) 경상북도 함양군의 옛 이름.
259 퇴죠(退朝) 조정(朝廷)이나 조회에서 물러남.
260 우거(寓居) 남의 집이나 타향에서 임시로 몸을 붙여 삶.
261 톳타와 두터워.
262 잉々(鶯鶯)ᄒ라 앵앵이라.
263 늬외구몰(內外俱沒) 부부가 모두 죽음.
264 이죵(姨從) 이모의 자녀.

27_뒤

> 혼갓더니 죠졍은 볼니 허랑혼 사람이
> 하 쳔금 직산을 탕픽으 모도의 긔걸
> 던이 잇써 계룡부빅이 잉ㅅ의 일홈을
> 셕을 사모ᄒᆞ야 구슬 혼말노 죠졍의게 셔 부즁
> 의 두은 쳡을 삼고져 ᄒᆞ니 잉ᄉ의 신셰의 궁칙히
> 되멀 셩각ᄒᆞ고 쥬야의 눈물노 셰월을 보니
> 부빅이 길일을 갈이여 혼녜를 일우
> 혼일이 불원혼지라 잇써 잉ᄉ이 취란이 할

ᄒᆞ고 갓더니 죠졍은 볼니 허랑(虛浪)[265]혼 샤람이라, 쳔금(千金) 직산(財産)을 탕픽(蕩敗)[266]ᄒᆞ고 도로의 기걸(丐乞)[267] 하던이 잇써 계룡부빅(鷄龍府伯)이 잉ᄉ의 일홈을 듯고 자식(姿色)을 사모(思慕)ᄒᆞ야 구슬 혼말노 죠졍의게 샤셔 부즁(府中)[268]의 두고 쳡(妾)을 삼고져 ᄒᆞ니 잉ᄉ이 신셰(身世)의 궁칙(矜惻)히[269] 되멀 싱각ᄒᆞ고 쥬야(晝夜) 눈물노 셰월을 보니던이 부빅(府伯)이 길일(吉日)을 갈이여 혼녜(婚禮)를 일우려 ᄒᆞᆯ식, 혼일(婚日)이 불원(不遠)[270]혼지라. 잇써 잉ᄉ이 취란이 할

현대어로 옮겨 읽기

하고 갔더니 조정은 본래 허랑한 사람이라, 천금의 재산을 탕진하고 도로에서 빌어먹더니, 이때 계룡부백이 앵앵의 이름을 듣고 자색을 사모하여 구슬 한말로 조정에게 사서 부중에 두고 첩을 삼고자 하니, 앵앵이 신세가 가련하게 됨을 생각하고 낮과 밤을 눈물로 세월을 보내더니 부백이 좋은 날을 가려 혼례를 이루려 하니, 혼인날이 멀지 아니 한지라. 이때 앵앵이 취란이 한

해설
- 6번째 줄 마지막 글자는 지워진 흔적이 보인다.
- 심앵앵이라는 여자의 사연과 삶의 곡절을 소개하고 있다.

265 허랑(虛浪) 언행이나 상황 따위가 허황하고 착실하지 못함.
266 탕피(蕩敗) 재물 따위를 다 써서 없앰.
267 기걸(丐乞) 빌어서 먹음.
268 부즁(府中) 계룡부 안.
269 긍칙(矜惻)히 불쌍하고 측은히.
270 불원(不遠) 시일이 오래지 않음.

28_앞

님의 부인이 되야 경성으로 갈단 말을 듯고 마음의 좃고져 ᄒ야 복식(服色)[271]을 변ᄒ고 도망ᄒ야 쇼홍[272]부의 이르러 도로 여복(女服)을 입고 쥬졈(酒店)의 들어가니 잇쎡 취란이 부인을 모시고 쥬졈의셔 쉬는지라. 잉ᄉ이 문을 녈고 들어가며 왈, "빅낭쟈는 쳡을 긔악[273]ᄒᄂ잇가?" 취란이 눈을 들어 보니 젼일의 형제쳐럼 지닉던 심낭쟈라. 둘이 셔로 붓들고 일쟝통곡ᄒ고 그간 고락(苦樂)을 낫ᄉ치 셜화(說話)할시

현대어로 옮겨 읽기

님의 부인이 되어 경성으로 간다는 말을 듣고 마음에 좇고자 하여 복색을 바꾸고 도망하여 소흥부에 이르러 도로 여자 옷을 입고 주점에 들어가니 이때 취란이 부인을 모시고 주점에서 쉬는지라. 앵앵이 문을 열고 들어가며 말하였다. "백 낭자는 첩을 기억하십니까?" 취란이 눈을 들어 보니 전날에 형제처럼 지내던 심 낭자라. 둘이 서로 붙들고 한바탕 통곡하고 그간의 고락을 낱낱이 이야기 할 때

271 복색(服色) 옷의 빛깔과 꾸밈새
272 쇼흥 지명.
273 긔악 기억.

28_뒤

잉 소이 울며 왈, "첩은 명되(命途) 긔구(崎嶇)ㅎ여 흔 말 구살의 팔여 계룡부(鷄龍府)의 이갓습던이 쥬야(晝夜) 싱각ㅎ미 신셰 궁칙(矜惻)[274]히 되야 죽기로 작정(作定)ㅎ엿던이 다힝이 부인이 이곳셰 오신단 말을 듯고, 일신(一身)의 빅년(百年)을 의탁코쟈 왓소오니 부인은 어엽비 역이시면 풀을 밋져 은혜를 갑고져[275] ㅎ누이다."
츄란이 흔연 왈, "나와 낭자는 형제의 서라도 지나지 못홀지라. 쵸년(初年)의 분슈(分袖)[276]ㅎ멀 챵결(悵觖)[277]히 역여던이 서졔 다

현대어로 옮겨 읽기

앵앵이 울며 말하였다. "첩은 운명이 기구하여 한 말 구슬에 팔려 계룡부에 이와 같더니 밤낮 생각하매 신세가 가련하게 되어 죽기로 작정하였더니 다행히 부인이 이곳에 오신단 말을 듣고, 한 몸의 백 년을 맡기고자 왔사오니 부인이 어여삐 여기시면 풀을 맺어 은혜를 갚고자 합니다." 취란이 기쁘게 말하기를, "나와 낭자는 형제의 의라도 지나지 못할 것이라. 초년에 헤어짐을 슬프게 여겼더니 이제 다

해설

● 5번째 줄 아래서 5번째 글자는 '을'을 '은'으로 수정한 것이다.

274 긍칙(矜惻)히 불쌍하고 가엾게.
275 풀을 밋져 은혜를 갑고져 결초보은(結草報恩). 결초보은 이야기는 『춘추좌씨전(春秋左氏傳)』에 전한다. 중국 춘추시대, 진(晉)나라의 위무자(魏武子)는 병이 들자, 아들 위과(魏顆)에게 자기가 죽으면 아름다운 후처, 즉 위과의 서모를 개가시켜 순사(殉死)를 면하게 하라고 유언하였다. 그러나 병세가 악화되어 정신이 혼미해진 위무자는 후처를 자살하도록 하여 죽으면 같이 묻어 달라고 유언을 번복하였다. 위무자가 죽은 뒤 위과는 정신이 혼미했을 때의 유언을 따르지 않고 서모를 개가시켜 순사를 면하게 하였다. 후에 위과가 전쟁에 나가 진(秦)의 두회(杜回)와 싸워 위태로울 때 서모 아버지의 혼이 나와 적군의 앞길에 풀을 잡아매어 두회가 탄 말이 걸려 넘어지게 하여 두회를 사로잡게 하였다고 한다.
276 분슈(分袖) 마주 잡은 손을 놓고 헤어짐.
277 챵결(悵缺) 몹시 서운함. 매우 섭섭함.

29_앞

시 만누 젼일 미흡ᄒ던 졍의(情誼)를 이으니 이는 하늘이 지시ᄒ시미라. 웃지 깃부지 안이리요?" 하고 인하야 좌와긔거(坐臥起居)[278]를 ᄒᆞᆫ가지[279] ᄒ고 길을 쩌ᄂᆞ가니라. 힝ᄒᆞᆫ 지 슈일 후의 할님이 취란 쳐쇼(處所)의 가보니 어인 일등 미인이 잇는지라. 할님이 취란다려 무른ᄃᆡ ᄼ왈, "이 사람은 호남 졀녀(絶女)[280] 심낭ᄌᆞ(沈娘子)라. 나와 십셰 젼붓터 졍의 돗탑던이 ᄉ게 니 이곳의 일으멸 듯고 좃쳐오거니와 그 화려ᄒᆞᆫ ᄌᆞᄉᆡᆨ(姿色)과 유훈(幽閑)[281] ᄒᆞᆫ 부덕(婦德)[282]은

현대어로 옮겨 읽기

시 만나 전날 미흡하던 정의를 이으니 이는 하늘이 지시하심이라. 어찌 기쁘지 아니하리오?" 하고 인하여 일상생활을 한가지로 하고 길을 떠나가는지라. 행한 지 며칠 후에 한림이 취란의 처소에 가보니 어떤 최고의 미인이 있는지라. 한림이 취란에게 물으니 대답하였다. "이 사람은 호남의 절색 심 낭자라. 나와 열 살 전부터 정의가 두텁더니 이제 내가 이곳에 이름을 듣고 따라오거니와 그 화려한 자태와 그윽한 부덕은

278 좌와기거(坐臥起居) 앉고 눕고 일어나며 살아가는 생활의 모든 것.
279 흔가지 한가지로. 함께.
280 절녀(絕女) 절색의 미모를 지닌 여인.
281 유흔(幽閑)ᄼ 부인의 태도가 얌전하고 그윽한.
282 부덕(婦德) 부인의 덕. 현모양처의 덕.

29_뒤

셰샹(世上)의 드문 비라. 샹공은 샤모ᄒ고져 ᄒᄂᆞᆫ 마음이 읍ᄂᆞᆫ잇가?" 할님이 웃고 외당(外堂)으로 나가니라. 그날 밤의 쥬졈(酒店)의 쉬더니 할님이 취란 쳐소의 들어가미 취란은 읍고 잉ᄉᆞ 홀노 안져 화쵹(華燭)을 발키고 노리를 부르ᄂᆞᆫ지라. 할님이 고히 녁여 문 왈, "어인 낭지 이곳의 홀노 잇ᄂᆞ뇨?" 디왈, "쳡의 셩은 심(沈)이요 일홈은 잉ᄉᆞ이옵고 게룡부(鷄龍府)의 샤옵던이 빅낭쟈(白娘子)와 졍의 돗타와 좃쳐왓습던이 오날 밤의 빅낭지

현대어로 옮겨 읽기

세상에 드문 바라. 상공은 사모하고자 하는 마음이 없는가?" 한림이 웃고 외당으로 나가더라. 그날 밤에 주점에서 쉬더니 한림이 취란의 처소에 들어가니 취란은 없고 앵앵이 홀로 앉아 화촉을 밝히고 노래를 부르는지라. 한림이 이상히 여겨 물었다. "어인 낭자가 이곳에 홀로 있는가?" 대답해 말했다. "첩의 성은 심이요 이름은 앵앵이고 계룡부에 살았는데 백낭자와 정의가 두터워 좇아왔었더니 오늘 밤에 백 낭자가

해설
● 장옥선과 심앵앵이 첫날밤을 보내는 대목이 시작되고 있다.

283 외당(外堂) 사랑채.

30_앞

> 힝역의 노곤호와 쳡다려 몸을 디신호야 샹공을 모시라 호옵기로 이 곳의 기다려 잇다 홀
> 모시화 호옵기로 이 곳의 기다려 잇다 호
> 목의 용모와 자석을 살펴보고 흔연이 깃거호
> 인호야 옥수를 잇글어 압희 안치고 자초지종
> 을 낫치 셜화 할시 잉이 글을 지어 정을 표
> 호니 글의 호엿시디
> 버들 시이에 일편 황금이 니왕호니 그
> 쇼리 노리 갓고 쏘 을 품 갓도다 유막의

힝역(行役)[284]의 노곤(勞困)ᄒ와 쳡다려 몸을 디신ᄒ야 샹공을 모시라 ᄒ옵기로 이 곳의 기다려 잇ᄂᆞ이다." 할님이 그 용모와 쟈식(姿色)을 살펴보고 흔연이 깃거ᄒ야 인ᄒ야 옥슈(玉手)[285]를 잇글어 압희 안치고 쟈쵸지죵(自初至終)[286]을 낫ᄎᆞ치 셜화(說話)할시, 잉시이 글을 지여 졍을 표ᄒ니 그 글의 ᄒᆞ엿시되,

버들 시이에 일편(一翩) 황금(黃禽)[287]이 닉왕(來往)ᄒ니 그 쇼릭 노릭 갓고 쏘 을 품 갓도다. 유막(柳幕)[288]의

262 | 필사본 고전소설 읽는 법

현대어로 옮겨 읽기

여행의 피로에 노곤하여 첩에게 몸을 대신하여 상공을 모시라 하시기에 이곳에 기다려 있습니다." 한림이 그 용모와 자색을 살펴보고 즐거이 기뻐하여 인하여 옥 같은 손을 이끌어 앞에 앉히고 처음부터 끝까지 낱낱이 이야기하니, 앵앵이 글을 지어 정을 표하며 그 글에 하였으되,

버들 사이에 한 쌍의 황조가 내왕하니 그 소리 노래 같고 읊음 같도다. 버들막에

해설

- 고전소설에서 남녀가 인연을 맺는 대목에서는 노래나 시 음악 같은 것이 삽입되어 나타나는 경우가 많다. 이것은 현대의 드라마나 영화에서 배경음악이 등장하는 것과 같이 그 장면의 정서를 환기시키는 기능을 한다.

---

284 힝역(行役) 여행의 피로와 괴로움.
285 옥슈(玉手) 옥같이 아름답고 고운 손.
286 쟈쵸지죵(自初至終) 처음부터 끝까지 일의 사연.
287 황금(黃禽) 황금 빛깔의 새(黃金鳥).
288 유막(柳幕) 휘늘어진 수양버들 가지를 비유적으로 이르는 말.

30_뒤

츈풍(春風)이 더우미 면만(綿蠻)한 죠흔 쇼리를 젼ᄒ도다. 동창(東窓)의 월ᄉᆡᆨ(月色)이 언약이 잇서 빅년 샤모ᄒ던 군ᄌᆞ를 마젓도다. ᄒ엿더라.

할님이 글을 화답ᄒ고 두 샤람이 빅년졍연(百年情緣)을 깁피 밋고 밤을 지닌 후 취란이 ᄉᆞ러 할님게 뵈옵고 일너 왈, "샹공이 쏘 미인을 으듯습기로 하례(賀禮)ᄒᄂᆞ이다." ᄒ고 할님과 잉ᄉᆞ으로 더부러 못닉 길겨 ᄒ더라. 날이 임의 발그미 할님이 잉ᄉᆞ을 그윽히

현대어로 옮겨 읽기

봄바람이 더우니 지저귀는 좋은 소리를 전하도다. 동쪽 창에 달빛이 언약이 있어 백 년 사모하던 군자를 맞았도다. 하였더라.

한림이 글을 화답하고 두 사람이 백 년의 정연을 깊이 맺고 밤을 지낸 후 취란이 일어나 한림에게 뵈옵고 일러 말하기를, "상공이 또 미인을 얻으셨기로 하례하나이다." 하고 한림과 앵앵으로 더불어 못내 즐거워하더라. 날이 이미 밝으니 한림이 앵앵을 그윽히

---

289 면만(綿蠻) 새가 지저귀는 소리. 『시경(詩經)』 「소아(小雅)」 〈면만(綿蠻)〉에 "꾀꼴 꾀꼴 꾀꼬리, 움푹한 언덕에 앉아있도다.[綿蠻黃鳥 止于丘隅]"라는 구절이 있음.
290 하례(賀禮) 축하(祝賀)하는 예식(禮式).

31_앞

보다가 우어 왈, "심낭진(沈娘子) 향졔(兄弟) 잇도다. 향일(向日)[291] 정현녈의셔 만느던 심싱(沈生)이 낭쟈의 아외[292] 안인가?" 잉ᄉᆞ이 딘왈, "쳡이 본딘 남의 무남독녀(無男獨女)오니 웃지 아외 잇ᄉᆞ오릿가?" 할님이 괴탄(愧歎)[293] 왈, "셰상의 갓탄 ᄉᆞ람도 잇도다. 셩도 갓고 얼골도 갓트니 웃지 이샹치 안이리요?" ᄒᆞ고 다시 쟈셔히 보던이 다시 우어 왈, "그딘 심셩(沈成)의 녀진 안나냐?" 심낭진 딘왈, "글엇ᄉᆞ오이다." 할님 왈, "낭진 웃지 그딘지 날을 속인다?" 잉ᄉᆞ이 다시 이러 졀ᄒᆞ고 샤외[294] 왈, "쳡이 샹공을

현대어로 옮겨 읽기

보다가 웃으며 말하였다. "심 낭자 형제 있도다. 지난 번, 정현역에서 만나던 심생이 낭자의 아우 아닌가?" 앵앵이 대답해 말하였다. "첩이 본디 남의 무남독녀이니 어찌 아우가 있겠습니까?" 한림이 괴이하여 탄식하며 말하기를, "세상에 같은 사람도 있도다. 성도 같고 얼굴도 같으니 어찌 이상치 않겠는가?" 하고 다시 자세히 보더니 다시 웃으며 말하였다. "그대 심성의 딸이 아니냐?" 심낭자가 대답해 말했다. "그렇습니다." 한림이 말했다. "낭자는 어찌 그다지 나를 속이는가?" 앵앵이 다시 이러나 절하고 사례하여 말하였다. "첩이 상공을

해설

● 6번째 줄 9~10번째 글자는 '아달'을 지우고 '녀지'로 수정한 것이다.

---

291 향일(向日) 지난 날.
292 아외 아우.
293 괴탄(愧歎) 의심스럽고 괴이하여 놀라 탄식함.
294 사외 사례의 오기.

31_뒤

긔망(欺罔)[295] ᄒ야ᄉ오니 죄샹(罪狀)이 만샤무셕(萬死無惜)[296]이오나 본디 속이랴ᄂ 거시 안이라, 쳡의 쟈최지죵(自初至終)[297]을 자셔히 고(告)ᄒ오리이다. 쳡이 볼ᄂᆡ 명가후예(名家後裔)로 일쟉 부모를 여희고 이죵(姨從)[298] 죠졍의게 의지ᄒ옵던 이 신셰(身世) 긔박(奇薄)ᄒ야 구슬 한말의 계룡부빅(鷄龍府伯)의게 팔녀갓ᄉ와 혼일(婚日)이 멀지 안ᄉ와든이 아모리 싱각ᄒ야도 계룡부의 가오믄 쳡이 박부득이(迫不得已)[299]ᄒ옴이요, ᄯ오한 부빅(府伯)의 범졀을 보온 즉 실노 쳡의 원ᄒᄂ 빈 안이라. 그러ᄂ 농듕(籠中)[300]의 갓

현대어로 옮겨 읽기

기망하였으니 죄상이 만 번 죽어도 아깝지 않으나 본디 속이려는 것이 아니라, 첩의 자초지종을 자세히 고하겠습니다. 첩이 본래 명문가의 후예로 일찍 부모를 여의고 이종사촌 조정에게 의지하였더니 신세 기박하여 구슬 한 말에 계룡부백에게 팔려가서 혼인할 날이 멀지 않았더니 아무리 생각하여도 계룡부에 감은 첩이 급박하여 어쩔 수 없어서요, 또한 부백의 범절을 보니 곧 실로 첩이 원하는 바가 아니라. 그러나 새장 안에 갇

295 긔망(欺罔) 진실을 은폐하거나 속이는 것.
296 만샤무셕(萬死無惜) 만 번 죽어도 아깝지 않을 만큼 죄(罪)가 무거움.
297 자쵸지종(自初至終) 처음부터 끝까지 이르는 동안 또는 그 사실.
298 이죵(姨從) 이종사촌.
299 박부특이(迫不得已) 일이 매우 급박하여 어떻게 할 수가 없음.
300 농즁(籠中) 새장(대바구니)안.

32_앞

친 시 못 갓스와[301] 일월(日月) 볼 길이 읍습든이 향일(向日) 부빅(府伯)이 쟌치를 비셜(排設)ᄒᆞ미 쳡이 쥬렴(珠簾)[302] 시이로 상공의 위의(威儀)를 엿보니 실노 쳡의 흠모ᄒᆞ던 비라. 마음의 흡족ᄒᆞ와 곳 좃고져 ᄒᆞ온들 궁문(宮門)이 심슈(深邃)[303]ᄒᆞ와 나올 길이 읍습기로 남복(男服)을 잇습고 부빅의 쳘니마(千里馬)를 도젹ᄒᆞ야 타고 졍현녁 와 샹공을 뵈옴은 샹공의 의향(意向)을 모로와 뜻슬 보랴고 홈이요, 쳡이 볼ᄂᆡ 빅낭(白娘)과 흔집의셔 자라ᄂᆞ셔

현대어로 옮겨 읽기

힌 새와 곧 같아서 해와 달을 볼 길이 없더니 지난번 부백이 잔치를 배설하매 첩이 주렴 사이로 상공의 위의를 엿보니 실로 첩이 흠모하던 바이라. 마음에 흡족하여 곧 좇고자 한들 궁의 문이 깊어 나올 길이 없기로 남자의 옷을 입고 부백의 천리마를 훔쳐 타고 정현역에 와 상공을 뵘은 상공의 의향을 몰라 뜻을 보려고 함이요, 첩이 본래 백 낭자와 한집에서 자라나서

301 못갓ᄉ와 '곧 갓ᄉ와'의 오기.
302 쥬렴(珠簾) 구슬로 만든 발.
303 심슈(深邃) 매우 깊음.

32_뒤

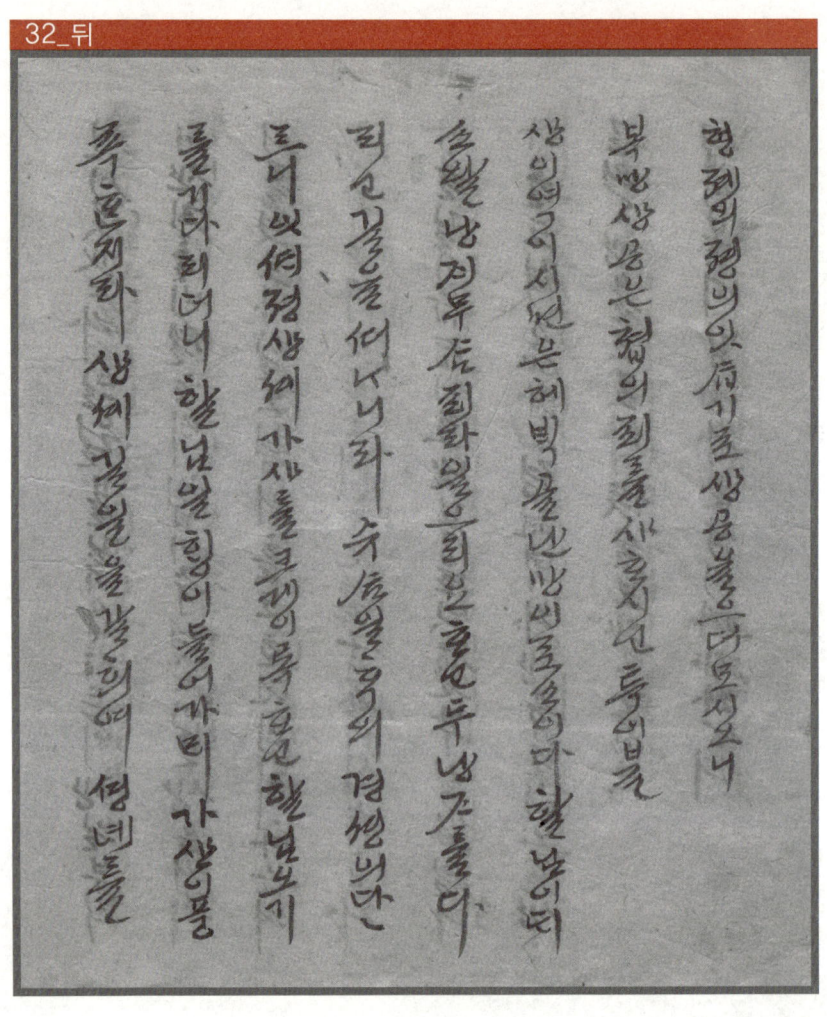

형제의 정의(情誼) 잇습기로 샹공을 으더 모시오니 복망(伏望)[304] 샹공은 첩의 죄를 사(赦)ㅎ시고 특이(特異) 불샹이 역이시면 은혜 빅골난망(白骨難忘)[305]이로쇼이다." 할님(翰林)이 딕소(大笑) 왈, "낭직 무슴 죄라 일으리요?" ㅎ고 두 낭즈를 다리고 길을 써느니라. 슈슴일 후의 경셩의 다々르니 잇찍 정샹셰 가샤(家舍)[306]를 크게 이룩ㅎ고 할님 오기를 기다리더니 할님 일힝이 들어가믹 가샨(家産)이 풍죡ㅎ지라. 샹셰 길일(吉日)을 갈희여 셩녜(成禮)를

현대어로 옮겨 읽기

형제의 정의가 있기로 상공을 얻어 보시니 엎드려 바라옵건대, 상공은 첩의 죄를 용서하시고 특별히 불쌍히 여기시면 그 은혜 백골이 되어도 잊지 못할 것입니다." 한림이 크게 웃으며 말하기를, "낭자가 무슨 죄라 하리오?" 하고 두 낭자를 데리고 떠나더라. 수삼일 후에 경성에 다다르니 이때 정상서가 집을 크게 건축하고 한림이 오기를 기다리더니 한림 일행이 들어가니 가산이 풍족한지라. 상서가 좋은 날을 가리어 혼례를

304 복망(伏望) 엎드려 바라다.
305 빅골난망(白骨難忘) 죽어 백골이 되어도 잊기 어려운 큰 은혜(恩惠)를 입음.
306 가샤(家舍) 집.

갓쵸랴홀시 할님이 고(告)왈, "쇼직(小子) 부친이 게실 쎅의 이샹서(李尙書)의 낭쟈(娘子)와 혼샤(婚事)를 말숨ᄒ얏던 이소직(李小姐) 날니(亂離)의 표박(漂迫)[307]할 졔 빅쥬부(白主簿)의 은덕을 만히 입ᄉ와 임의 그 셔랑(壻郞)이 되얏ᄉ오니 이샹서의게 큰 죄인이라, 읏지ᄒ면 좃ᄉ올잇가?" 샹셰 우어 왈, "그딕의 말이 실노 올토다. 이샹서의 녀쟈는 닉 ᄉ죵믹(內從妹)[308]의 ᄯ이라, 졔 평싱 말ᄒ되 부뫼 임의 쟝문(張門)의 허락ᄒ엿씨니 죽어도 다른 샤람은 좃지 안이ᄒᆫ다 ᄒ

현대어로 옮겨 읽기

갖추려 할 때, 한림이 고하여 말했다. "소자 부친이 계실 때에 이 상서의 낭자와 혼사를 말씀하였던 이소저가 난리에 표박할 때 백주부의 은덕을 많이 입어 이미 그의 사위가 되었으니 이 상서에게 큰 죄인이라, 어찌하면 좋겠습니까?" 상서 웃어 말하기를, "그대의 말이 참으로 옳도다. 이 상서의 딸은 내 내종매의 딸이라, 제 평생 말하되 부모 이미 장씨 가문에 허락하였으니 죽어도 다른 사람을 좇지 아니 한다 하

---

307 표박(漂迫) 정처(定處) 없이 떠돌아다니며 사는 것.
308 ㄴ종미(內從妹) 고종의 누이동생. 고종은 고모의 자녀들이다.

33_뒤

기로 닉 녀식(女息)과 ᄒᆞᆫ가지 그딕의 건즐(巾櫛)[309]을 밧들게 ᄒᆞ랴 ᄒᆞ얏던이 이제 빅낭쟈를 임의 취ᄒᆞ엿다 ᄒᆞ니 옛스람도 삼(三)부인을 두엇씨니 죠곰도 고히 역이지 말고 혼사를 의논ᄒᆞ라." 할님이 글말[310]을 부인게 고ᄒᆞᆫ딕 부인 왈, "졍샹세 그딕지 구쳥(求請)ᄒᆞ니 웃지 빅약(背約)[311]ᄒᆞ리요? 다만 이샹셔의 녀쟈를 취ᄒᆞ면 너의 부친의 말ᄊᆞᆷ을 어긔미 안이 되니 그 일이 다힝ᄒᆞ도다." ᄒᆞ고 인ᄒᆞ야 허락ᄒᆞ거늘 할님이 부인 말ᄊᆞᆷ

현대어로 옮겨 읽기

기로 내 여식과 한가지로 그대의 건즐을 받들게 하려 하였는데, 이제 백 낭자를 이미 취하였다 하니 옛사람도 세 부인을 두었으니 조금도 이상히 여기지 말고 혼사를 의논하라." 한림이 그 말을 부인께 고하니 부인이 말하기를, "정상서가 그렇게 요청하니 어찌 약속을 저버리겠는가? 다만 이 상서의 여자를 취하면 너의 부친의 말씀을 어기는 것이 아니니 그 일이 다행하도다." 하고 인하여 허락하거늘 한림이 부인 말씀

---

309 건즐(巾櫛) 수건과 빗을 아울러 이르는 말. 낯을 씻고 머리를 빗는 일을 지칭하기도 함. '건즐을 받든다'고 함은 여자가 아내나 첩이 되는 것을 겸손하게 이르는 말이다.
310 글말 그말.
311 빅약(背約) 약속을 저버림.

으로 샹셔게 고흔디 샹셰 디희(大喜)ᄒ야 곳 길일(吉日)을 갈희여 젼안쵸례(奠雁醮禮)³¹² 홀ᄉᆡ 졍낭쟈 치봉(彩鳳)과 이낭쟈 홍능(紅綾)은 훈쥴노 셰우고 할님이 마죠 셔셔 젼안(奠雁)ᄒᄂᆞᆫ 모양 견우직녀(牽牛織女) 셔로 만나 월궁(月宮)의셔 노니ᄂᆞᆫ 듯 ᄒ더라. 쵸례를 파(罷)ᄒ고 신방(新房)을 차려 숨인(三人)이 디좌(對坐)ᄒ니 그 용모의 화려홈과 쟈ᄉᆡᆨ(姿色)의 아람다옴은 불가승긔(不可勝記)³¹³요, 세 샤람이 셔로 젼일(前日) 미흡ᄒ던 졍연(情緣)³¹⁴과 후약(後約)³¹⁵을 두든 말을 낫ᄉᆞ치 셜

현대어로 옮겨 읽기

으로 상서께 고하니, 상서가 크게 기뻐하여 곧 좋은 날을 가려 전안하여 혼례할 때, 정 낭자 채봉과 이 낭자 홍릉은 한 줄로 세우고 한림이 마주 서서 전안하는 모양이 견우와 직녀가 서로 만나 월궁에서 노니는 듯하더라. 혼례를 마치고 신방을 차려 마주 앉으니 그 용모의 화려함과 자색의 아름다움을 이루 다 기록할 수 없을 것이요, 세 사람이 서로 전날의 미흡하던 정의 인연과 훗날의 언약을 하던 말을 낱낱이 이야기

312 전안초례(奠雁醮禮) 전안은 혼례 때, 신랑이 기러기를 가지고 신부 집에 가서 상 위에 놓고 절하거나 또는 그러한 예식을 말한다. 산 기러기를 쓰기도 하나, 대개 나무로 만든 것을 쓴다. 초례는 혼례와 같은 말이다.
313 불가승기(不可勝記) 글로 쓸수 없을 만큼 많음.
314 정연(情緣) 남녀(男女)가 인연(因緣)을 맺는 일.
315 후약(後約) 뒷날을 두고 한 언약(言約).

34_뒤

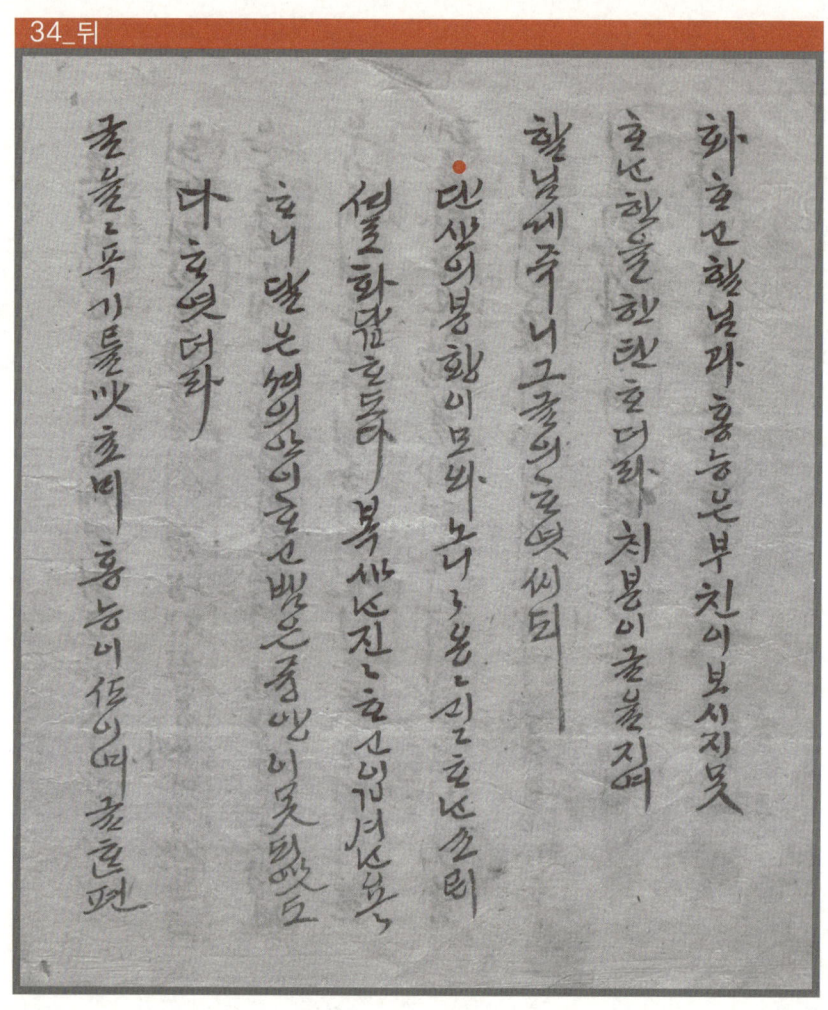

화ᄒᆞ고 할님과 홍능은 부친이 보시지 못ᄒᆞ는 한(恨)을 한탄ᄒᆞ더라. 치봉이 글을 지여 할님게 쥬니 그 글의 ᄒᆞ엿씨되

단산(丹山)[316]의 봉황(鳳凰)이 모와 노니ᄉᆞ 옹ᄉᆞ기ᄉᆞ(離離喈喈)[317]ᄒᆞ는 소리 셔로 화답(和答)ᄒᆞ도다. 복샤는 진ᄉᆞ(津津)[318]ᄒᆞ고 입식는 요ᄉᆞ(妖妖)[319]ᄒᆞ니 달은 셔(西)의 안이(安易)ᄒᆞ고 밤은 즁앙(中央)이 못 되얏도다. ᄒᆞ엿더라.

글을 ᄉᆞ푸기를 맛쵸ᄆᆡ 홍능이 ᄯᅩ 이여 글 ᄒᆞᆫ편

현대어로 옮겨 읽기

하고 한림과 홍릉은 부친이 보시지 못하는 한을 한탄하더라. 채봉이 글을 지어 한림에게 주니 그 글에 하였으되,

    단산의 봉황이 모여 노니니 화목한 소리로 서로 화답하도다. 복사꽃은 흐드러지고 잎새는 간드러지니 달은 서쪽 하늘에 안온하고 밤은 중간이 못되었도다. 하였더라.

글을 읊기를 마치자 홍릉이 또 이어 글 한편

해설
- 4번째 줄부터는 채봉이 지은 글의 내용이다.

---

316 단산(丹山) 봉황이 깃들어 살고 있다는 전설 속의 산.
317 옹옹기기(離離喈喈) 화한 울음소리를 나타낸 말.
318 진진(津津) 푸지고 풍성한 모양.
319 요요(妖妖) 간드러진 모양.

35_앞

을 지으니 그 글의 호엿씨되

쟝부(丈夫)의 호번 허락이 천금(千金)이 즁(重)호지라. 가긔(佳期)[320]을 밋쳐 낭군을 마져 일으르쏘다. 먼져는 허락을 즁히 역이고 후에는 밍셰를 즁이 역여쏘다. 쳘니관산(千里關山)의 어버이를 싱각호미 죠흔 긔약이 져혀[321] 아람답지 못 호도다 호엿더라.

할님이 두 낭쟈의 글을 ᄉ푸고 그날 밤을 지닌 후의 슈일을 지난 후에 궐닉(闕內)

현대어로 옮겨 읽기

을 지으니 그 글에 하였으되

장부의 한번 허락이 천금이 중한지라. 아름다운 때에 이르러 낭군을 맞아 이르렀도다. 먼저는 허락을 중히 여기고 후에는 맹세를 중히 여겼도다. 천리 밖 변경의 어버이를 생각하매 좋은 기약이 전혀 아름답지 못하도다. 하였더라.

한림이 두 낭자의 글을 읊고 그날 밤을 지낸 후 며칠을 지낸 뒤에 궐 안

해설
● 2번째 줄부터는 홍릉이 지은 글이다.

320 가긔(佳期) 아름다운 때.
321 져혀 전혀.

35_뒤

> 의 들어가 샹게 뵈온디 샹이 사랑ᄒ샤 할님의 손을 잡고 일너 왈, "샤방의 도적이 딕치(大熾)ᄒ고 츙신은 멀니 잇씨니, 웃지ᄒ면 쥬육(朱六)을 베혀 도적을 멸ᄒ고, 츙신을 쇼환(召還)ᄒ야 졍샤(政事)를 도와 종샤(宗社)[322]를 알녕(安寧)케 ᄒ고, 싱녕(生靈)의 업을 편케 할고?" 할님이 울며 쥬달(奏達) 왈, "신의 부지(父子) 샹의 망극(罔極)ᄒ 은혜를 입삽고 호말(毫末)[323]도 갑습지 못ᄒ오니 죄샤무셕(罪死無惜)[324]이라. 복원(伏願) 승샹(聖上)은 신을 군샤 이만인(二萬人)

현대어로 옮겨 읽기

에 들어가 임금을 뵈니, 임금이 사랑하시어 한림의 손을 잡고 일러 말하였다. "사방에 도적이 크게 일어나고 충신은 멀리 있으니, 어찌하면 주육을 베어 도적을 멸하고, 충신을 소환하여 정치의 일을 도와 종묘사직을 안녕케 하고, 생령의 일을 편안케 할꼬?" 한림이 울며 아뢰며 말하였다. "신의 부자가 임금의 망극한 은혜를 입고 털끝만큼도 갚지 못하니 그 죄가 죽어도 아깝지 않습니다. 엎드려 바라옵건대 성상은 신에게 군사 이만인

322 죵샤(宗社) 종묘사직.
323 호말(毫末) 털 끝, 털끝만한 작은 일, 적은 양.
324 죄샤무셕(罪死無惜) 죄가 무거워서 죽어도 안타깝지 아니함.

과 샹방금(尙房劍)[325]을 빌니시면 신이 주기로[326] 밍셰코 도적의 머리를 베혀 디궐 압헤 밧치고 빅셩을 편케 ᄒᆞ고 부친 다려와 죠졍(朝廷)을 돕게 ᄒᆞ것습ᄂᆞ이다." 샹이 그 말을 들으시고 챠탄(嗟歎) 왈, "네 말을 들으니 츙졀이 쟝ᄒᆞ지라. 그러ᄂᆞ 십뉵셰(十六歲) 된 아히(兒孩) 읏지 츌젼(出戰)을 ᄒᆞ리요. 너도 남의 집 귀한 쟈식(子息)이라. 읏지 몸을 싱각지 안이 ᄒᆞᄂᆞ뇨?" 할님이 다시 쥬(奏) 왈, "신이 비록 연쳔(年淺)[327]ᄒᆞ오ᄂᆞ 몸을

현대어로 옮겨 읽기

과 상방검을 빌려주시면 신이 죽기로 맹세하여 도적의 머리를 베어 대궐 앞에 바치고 백성을 편안케 하고 부친을 데려와 조정을 돕게 하겠습니다." 임금이 그 말을 들으시고 탄식하며 말하였다. "네 말을 들으니 충절이 장하도다. 그러나 십육 세 된 아이가 어찌 전쟁에 나가겠는가? 너도 남의 집 귀한 자식이라. 어찌 몸을 생각지 아니하느뇨?" 한림이 다시 아뢰어 말하기를, "신이 비록 나이가 어리나 몸을

해설

- 상방검은 출전하는 장수에게 임금이 군사들의 생사여탈권을 맡긴다는 의미로 내려주는 칼이다. 고전소설 속에서 주인공이 전쟁터로 나갈 때에 임금이 직접 하사하는 것으로 흔하게 나타난다.

325 샹방금(尙房劍) 주인공이 대장군 혹은 대원수가 되어 출전할 때 임금이 하사했던 칼의 일종이다. '상방보검'으로 지칭하는데, 임금의 권위를 상징하는 역할을 하여 부하나 군졸 등이 명을 거역할 때 굳이 임금에게 보고하지 않고 대장군 마음대로 그들의 생사를 마음대로 할 수 있는 권위를 지니는 것을 의미하는 칼이다.
326 쥬기로 죽기로.
327 연쳔(年淺) 나이가 아직 적음.

36_뒤

임의 국가의 버린지라, 읏지 샤졍(私情)을 도라보오리잇가? 승샹(聖上)의 덕을 입샤와 훈길을 빌니시면 신이 국가의 숭덕(聖德)을 갑푸리이다." ᄒᆞ고 구지 간쳥ᄒᆞᄃᆡ 샹이 그 뜻을 쟝히 역이샤 허락ᄒᆞ시고 졍병(精兵) 이만인(二萬人)을 ᄲᅢ여 군량마쵸(軍糧馬草)[328]를 만히 쥰비ᄒᆞ고 할님으로 육도ᄃᆡ도독(六道大都督)[329] 샴구도슈(三軍都元帥)[330]를 ᄒᆞ이시고 도위ᄃᆡ쟝(都尉大將) 최영과 유군쟝군(遊軍將軍)[331] 이홍으로 아쟝(亞將)[332]을 삼으샤 군샤를 총독(總督)

현대어로 옮겨 읽기

이미 국가에 버렸는지라, 어찌 사사로운 정을 돌아보겠습니까? 성상의 덕을 입어 한길을 빌리시면 신이 국가의 성덕을 갚으리다." 하고 굳이 간청하되, 임금이 그 뜻을 장하게 여기시서서 허락하시고 정예병 이만을 내어 군량과 마초를 많이 준비하고 한림으로 육도의 대도독 삼군의 도원수를 하게 하시고 도위대장 최영과 유군장군 이홍으로 부하 장수를 삼으서서 군사를 총괄

328 군량마초(軍糧馬草) 군대가 먹을 양식과 말을 먹일 꼴. 군량과 말먹이.
329 육도대도독(六道大都督) 육도의 군사를 총괄하는 벼슬.
330 도위딕장(都尉大將) 총독 아래의 부하 장군.
331 유군장군(遊軍將軍) 유격부대를 지휘하는 장군.
332 아장(亞將) 버금가는 장군.

ᄒ야 쥬육(朱六) 쳘강(鐵强)을 치라 ᄒ시니 원쉬 명을 밧고 황은(皇恩)을 고두샤례(叩頭謝禮)ᄒ고 도라와 부인게 뵈온ᄃᆡ 부인이 ᄃᆡ경(大驚) 왈, "네 아직 미면강보(未免襁褓)의 잇ᄂᆞᆫ 아희라. 말니(萬里) 츌젼(出戰)이 어인 일이뇨? 너의 부친 샤ᄉᆡᆼ존몰(死生存沒)을 몰ᄂᆞ 쥬야(晝夜) 근심일너니 네 이졔 ᄯᅩ 츌젼이란 말이 어인 말고?" 이러타시 슬허ᄒ니 원쉬 위로 왈, "ᄃᆡ쟝뷔(大丈夫) 나라를 위ᄒᆞ야 날니(亂離)를 평졍치 못ᄒ오면 웃지 인ᄉᆡᆼ(人生)이라 ᄒ

현대어로 옮겨 읽기

하여 주육과 철강을 치라 하시니, 원수가 명을 받고 황제의 은혜를 머리를 조아리며 사례하고 돌아와 부인을 뵈니, 부인이 크게 놀라 말하였다. "네 아직 강보를 벗어나지 못한 아이라. 만 리의 출전이 어인 일인고? 네 부친의 생사를 몰라 밤낮 근심하더니 네 이제 또 출전한단 말이 어인 말인고?" 이렇듯이 슬퍼하니 원수가 위로하여 말하기를, "대장부가 나라를 위하여 난리를 평정하지 못하면 어찌 인간이라 하

333 고두사례(叩頭謝禮) 머리를 조아려 사례함.
334 미면강보(未免襁褓) 포대기를 벗어나지 못함.

37_뒤

> 올잇가? 죠금도 근심치 마르쇼셔." 호고 취란 치봉 홍능 잉스을 청호여 이별홀시, 잇씨 졍상셔 빅쥬뷔 이 긔별을 듯고 일희일경(一喜一驚)[335]혼들 웃지 홀길 잇씨리요? 원쉬 군사를 거느리고 부인게 하직호고 길을 써나니라. 쟝옥션의 츌젼(出戰) 니히(利害)가 웃지 되엿시며 옥션의 승명(生命)[336]이 웃지 된지 쟈셔히 호권(下卷)을 보라.

현대어로 옮겨 읽기

오리까? 조금도 근심치 마소서." 하고 취란, 채봉, 홍릉, 앵앵을 청하여 이별하니, 이때 정상서, 백주부가 이 기별을 듣고 한편으로 기뻐하고 한편으로 슬퍼한들 어찌 할 수 있으리오? 원수가 군사를 거느리고 부인에게 하직하고 길을 떠나더라. 장옥선의 출전과 그 이해가 어찌 되었으며 옥선의 생명이 어찌 되었는지 자세히 하권을 보라.

해설

- 여기에서 2권이 끝나고 있다. '쟝옥션의 츌젼(出戰) 니히(利害)가 웃지 되엿시며 옥션의 승명(生命)이 웃지 된지 쟈셔히 ᄒ권(下卷)을 보라.'는 2권을 마무리하며 3권의 내용을 기대하게 하는 언급이다.

335 일희일경(一喜一驚) 한편으로는 기뻐하고 한편으로는 놀라워함. 또는 기쁨과 놀라움이 번갈아 일어남.
336 승명(生命) 생명의 오기.

칠미인연유기
권지삼

표지

칠미인연유긔 권지숨   공숨

현대어로 옮겨 읽기
칠미인연유기 권지삼   공삼

해설
● 권지삼(卷之三)의 표지 형식은 권지일, 권지이와 동일하다.

1_앞

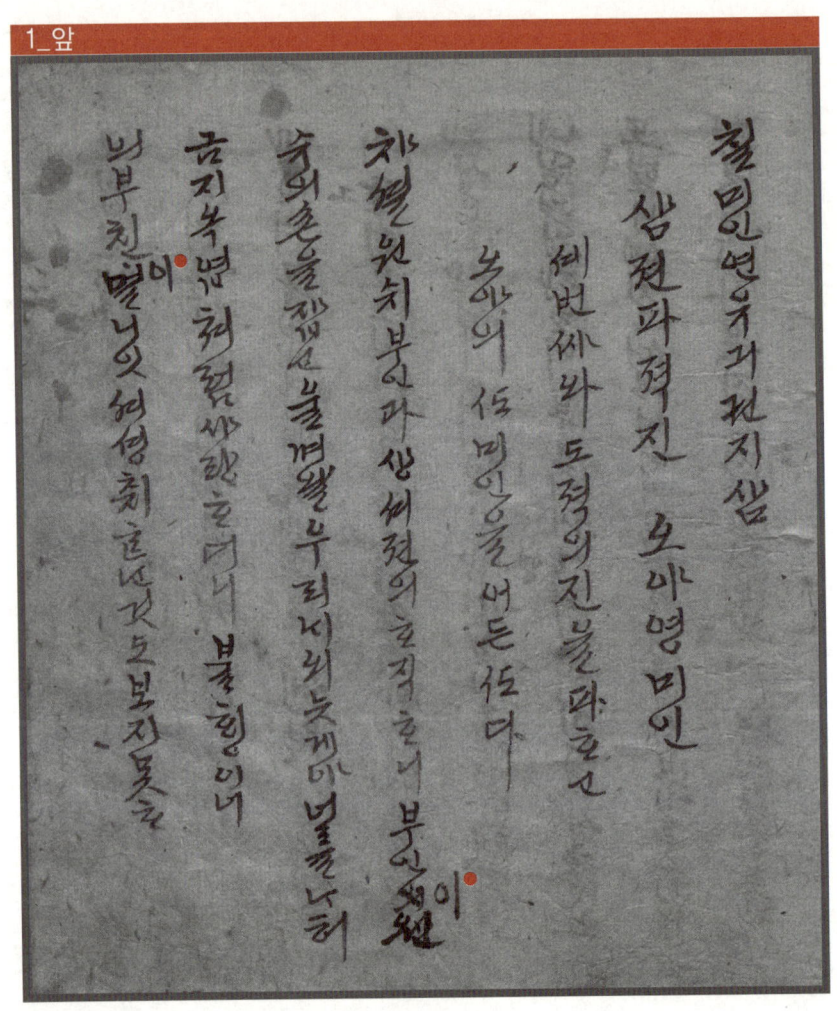

칠미인연유긔(七美人宴遊記) 권지샴(卷之三)

샴젼파적진(三戰破賊陣) 오야영미인(五夜迎美人)
셰 번 싸와 도적의 진을 파(破)ᄒᆞ고 오야(五夜)[1]의 쪼 미인을 어든쪼다.

챠셜(且說) 원슈 부인과 샹셔(尙書) 젼(前)의 ᄒᆞ직(下直)ᄒᆞ니 부인이 원슈의 손을 잡고 울며 왈, "우리 ᄂᆡ외(內外) 늣게야 너를 ᄂᆞ허 금지옥엽(金枝玉葉)[2]처럼 샤랑ᄒᆞ더니 불힝이 너의 부친이 멀니 잇셔 셩취(成娶)[3]ᄒᆞᄂᆞ는 것도 보지 못ᄒᆞ

현대어로 옮겨 읽기
칠미인연유기 권지삼

삼전파적진(三戰破賊陣) 오야영미인(五夜迎美人)
세 번 싸워 도적의 진을 격파하고 오야에 또 미인을 얻다.

한편, 원수가 부인과 상서 앞에서 하직하니 부인이 원수의 손을 잡고 울며 말하기를, "우리 내외가 늦게야 너를 낳아 금지옥엽처럼 사랑하더니 불행히 너의 부친이 멀리 있어 혼인하는 것도 보지 못하

해설
- 여기서부터 제4장이 시작되고 있다.
- 5번째 줄 아래 2번째 글자는 '의'를 '이'로 수정한 것이다.
- 8번째 줄 위의 2번째와 3번째 글자 사이에는 '이'가 삽입된 것이다.

---

1 오야(五夜) 하룻밤을 다섯으로 나눈 이름. 갑야(甲夜), 을야(乙夜), 병야(丙夜), 정야(丁夜), 무야(戊夜)를 이른다.
2 금지옥엽(金枝玉葉) 금으로 된 가지와 옥으로 된 잎이라는 뜻으로, 임금이나 그 밖에 귀한 가문의 가족을 높여 이르는 말.
3 성취(成娶) 혼인하여 아내를 맞이하는 것.

1_뒤

고 입신양명(立身揚名)[4]ㅎ야 벼살 지위 놉흔 것도 못 보고서 말니(萬里) 관샨(關山)의 셔로 조격(阻隔)[5]흔 닐을 싱각ㅎ미 목이 막키여 쥬야(晝夜) 눈물노 셰월을 보닉든이 그릭도 노신(老身)이 죽지 안코 지금긋[6] 샤라잇슴은 일기(一個) 쟈식을 쟝셩(長成)식여 입신양명ㅎ기를 기다렷던이 네 임의 입쟝(入將)[7]ㅎ민 부모게 영화(榮華)보이기는 고샤ㅎ고 노모를 멀니 졔치고 써나니 너의 이번 길의 다시보기를 긔약(期約)지 못홀지라. 웃지 슬지 안이리오? 원쉬 부인을 위로 왈,

현대어로 옮겨 읽기

고 입신양명하여 벼슬 지위 높은 것도 못 보고서 만리 밖 변경의 산에 서로 막혀 통하지 못하는 일을 생각하매, 목이 막혀 밤낮 눈물로 세월을 보내더니, 그래도 늙은 몸이 죽지 않고 지금껏 살아있음은 자식 하나를 장성시켜 입신양명하기를 기다렸더니, 네 이미 장군이 되매 부모에게 영화를 보이기는 고사하고 늙은 어미를 멀리 떨치고 떠나니, 너의 이번 길이 다시보기를 기약하지 못할 것이다. 어찌 슬프지 않겠는가?" 원수가 부인을 위로하여 말하였다.

해설
- 4번째 줄 2번째 글자는 '글'을 '그'로 수정한 것이다.
- 6번째 줄 12번째 글자는 '양'을 '영'으로 수정한 것이다.
- 7번째 줄 1번째와 2번째 글자 사이에는 '를'이 삽입되었다.

---

4 입신양명(立身揚名) 출세하여 이름을 세상에 떨침.
5 조격(阻隔) 막혀서 서로 통하지 못함.
6 지금굿 지금껏.
7 입장(入將) 장수로 들어감.

2_앞

"쇼쟈의 이번 길의 도젹을 쳐 멸ᄒ여 큰공을 셰우고 부친을 모셔 도라오면 웃지 죳치 안이리잇고?" 인ᄒ야 ᄒ직(下直) 홀ᄉᆡ 부인과 샹셰(尙書) 셔로 보즁(保重)키를 츅슈(祝手)ᄒ니라. 잇ᄯᅢ 원슈 궐닉(闕內)의 들어가 샹게 ᄒ직ᄒᆞᆫᄃᆡ 샹이 친이 곱비[8]를 잇그러 궐문(闕門) 밧ᄭᅴ까지 인도ᄒᆞ시고 인ᄒᆞ야 일너 왈, "샤직(社稷)의 안위(安危)와 싱녕(生靈)의 죤망(存亡)이 경(卿)의 ᄒᆞᆫ거름의 달녓시니 부듸 죠심ᄒᆞ야 ᄃᆡ공(大功)을 일우어 천츄만세(千秋萬歲)의 일홈을 드리

현대어로 옮겨 읽기

"소자의 이번 길에 도적을 쳐서 멸하여 큰 공을 세우고 부친을 모시고 돌아오면 어찌 좋지 않겠습니까?" 인하여 하직할 때 부인과 상서 서로 보중하기를 축수하더라. 이때 원수가 궐 안에 들어가 임금께 하직하였는데, 임금이 친히 말고삐를 이끌어 궐문 밖까지 인도하시고 인하여 일러 말하였다. "사직의 안위와 생령의 존망이 경의 한걸음에 달렸으니 부디 조심하여 큰 공을 이루어 천추만세에 이름을 드리

해설

- 2번째 줄 아래에서 1~2번째 글자 옆의 기호는 두 글자의 순서를 바꾸어 읽으라는 표시이다.

8 곱비 말의 고삐.

2_뒤

우게 ᄒᆞ라." 원슈 이러 두 번 졀ᄒᆞ고 황은(皇恩)을 츅슈(祝手)ᄒᆞ고 나어가니라. 원슈 이만 ᄃᆡ병(大兵)과 이십샤쟝(二十四將)을 거ᄂᆞ리고 호샨과 영쥬[9] 등지(等地)의 다ᄃᆞ르니 잇쩌 쥬육(朱六)이 쳘강(鐵强)으로 션봉ᄃᆡ쟝(先鋒大將)[10]을 샴고 완샨(完山)[11]을 웅거(雄據)ᄒᆞ야 도읍(都邑)을 졍ᄒᆞ고 잇던이 원슈 ᄃᆡ병을 거ᄂᆞ리고 완샨부(完山府)로 나려온단 말을 듯고 쳘강다려 일너 왈, "ᄂᆡ 들으니 샴군ᄃᆡ원슈(三軍大元帥)는 쟝노학의 아쟈(兒子) 쟝옥션이라 ᄒᆞ니 옥션의 ᄌᆡ죠(才操)는 어릴 ᄯᅥ로붓터 일홈

현대어로 옮겨 읽기

우게 하라." 원수 일어나 두 번 절하고 황제의 은혜를 축수하고 나아가더라. 원수가 이만 대군과 이십사 장수를 거느리고 호산과 영주 등지에 다다르니, 이때 주육이 철강을 선봉대장을 삼고 완산에 웅거하여 도읍을 정하고 있더니, 원수가 대군을 거느리고 완산부로 내려온다는 말을 듣고 철강에게 일러 말하기를, "내 들으니 삼군대원수는 장노학의 아들 장옥선이라 하니 옥선의 재주는 어릴 때로부터 이름

해설

- 4번째 줄 3번째와 4번째 글자 사이에 '쥬'가 삽입되어 있다.
- 5번째 줄 3번째와 4번째 글자 사이에 'ㅎ야'가 삽입되어 있다.
- 6번째 줄 4번째와 5번째 글자 사이에 '샨'이 삽입되어 있다.

---

9 호산과 영쥬 지명. 구체적인 장소는 미상.
10 선봉딕쟝(先鋒大將) 제일 앞에 진을 친 부대를 지휘하는 장수.
11 완산(完山) 전북 전주의 옛 이름.

3_앞

이 쟝흔지라, 늬 쟝군다려 일쟉 죽여 후환(後患)을 졔어ᄒ라 ᄒ엿던이 웃지ᄒ야 졔어(制御)치 못ᄒ고 지금것 살녀두엇다가 이럿탓 후환을 당케 ᄒᄂ뇨?" 철강이 고왈, "쟝군은 쳔긔(天機)[12]를 모로ᄂᆫ도다. 이졔 쳔긔를 살펴보니 복덕셩(福德星)[13]이 송악산(松岳山)[14]의 빗친지라. 필경 중흥(中興)할 시디가 된 듯 ᄒ고 쟝옥션은 하날이 닌 샤람이라. 만일 하날이 닉지 안이 ᄒ얏시면 웃지 미리 알고 피할이요? 아마도 우리 승

현대어로 옮겨 읽기

이 장한지라, 내 장군에게 일찍 죽여 후환을 제어하라 하였더니 어찌하여 제어치 못하고 지금껏 살려두었다가 이렇듯 후환을 당하게 하는가?" 철강이 고하여 말하였다. "장군은 천기를 모르도다. 이제 천기를 살펴보니 복덕성이 송악산에 비친지라. 필경 중흥할 시대가 된 듯 하고, 장옥선은 하늘이 낸 사람이라. 만일 하늘이 내지 아니하였으면 어찌 미리 알고 피하겠습니까? 아마도 우리 생

해설
- 4번째 줄 아래서 6번째 글자는 삭제되고 '도다'가 삽입되어 있다.

12 천긔(天機) 하늘의 기밀 또는 조화(造化)의 신비.
13 복덕성(福德星) 길한 별이라는 뜻으로, '목성'을 이르는 말
14 송악산(松岳山) 경기도 개성에 있는 산.

3_뒤

명(生命)이 위틱ᄒᆞ지라. 그러ᄂᆞ 죽기를 힘ᄡᅥ 흔 샤흠을 결단ᄒᆞ여 보샤이다." 쥬육이 ᄉᆞ말 듯고 우어 왈, "쟝군은 묘망(妙妄)[15]흔 말을 웃지 ᄒᆞᄂᆞ요? 이제 나도 천명(天命)을 응ᄒᆞ야 졔왕(帝王)의 지위에 올은지라, 호람삼부(湖南三府)의 ᄯᅡ히 임의 ᄂᆡ의 둔 빈 되얏고 인심이 다 나의 통일찬하(統一天下)ᄒᆞ멀 기다리니 웃지 죠곰인들 위틱할 빈 잇시리요? 천명은 항상 한ᄉᆞ람만 돕는 빈 안이라. 웃지 녀왕(麗王)[16]만 도을 니치(理致) 잇시리요? 제쟝(諸將)은 죠

현대어로 옮겨 읽기

명이 위태한지라. 그러나 죽기를 힘써 한번 싸움을 결단하여 보사이다." 주육이 이 말 듣고 웃어 말하였다. "장군은 요망한 말을 어찌 하는가? 이제 나도 천명을 응하여 제왕의 지위에 오른지라, 호남 세 부의 땅이 이미 내가 둔 바 되었고 인심이 다 나의 통일천하함을 기다리니 어찌 조금인들 위태할 바 있으리오? 천명은 항상 한 사람만 돕는 바 아니라 어찌 고려왕만 도울 이치가 있겠는가? 여러 장수들은 조

해설
● 4번째 줄 2번째 글자는 '너'를 '나'로 수정한 것이다.

15 묘망(妖妄)흔 '요망한'의 오기. 요망한은 언행이 방정맞고 경솔함을 말한다.
16 녀왕(麗王) 고려의 왕.

4_앞

금도 근심걱정치 말고 쟝옥션 잡을 계칙(計策)일을 심씨라." 군즁(軍衆)으로 ᄒᆞ[17] 쟝쉬 신쟝(身長)은 구쳑(九尺)이요, 슈염은 우무가시[18] 갓고 홍안녹발(紅顔綠髮)의 눈갓시 씨여지고 위의(威儀) 잇ᄂᆞᆫ 쟝쉬 출반쥬왈(出班奏曰)[19], "쇼쟝(小將)을 군사 오만인(五萬人)을 빌니시면 쟝옥션을 곳 샤로잡어 쟝군의 근심을 덜니이다." 군즁이 다 쟝히 역여 쟈셔이 보니 영쥬 명쟝 황녑(黃獵)이라. 쥬육이 반겨 숀을 잡고 층찬(稱讚) 왈, "쟝군의 말이 실노 염파(廉頗)[20] 이목(李牧)[21]

현대어로 옮겨 읽기

금도 근심걱정하지 말고 장옥선 잡을 계책 일에 힘써라." 군중으로부터 한 장수가 신장은 구척이요, 수염은 우뭇가사리 같고 붉은 얼굴 푸른 머리털에 눈가가 찢어진 위엄 있는 장수가 자리에서 나와 아뢰었다. "소장에게 군사 오만 인을 빌려주시면 장옥선을 곧 사로잡아 장군의 근심을 덜겠습니다." 군중이 다 장하게 여겨 자세히 보니, 영주의 명장 황렵이라. 주육이 반겨 손을 잡고 칭찬하여 말하기를, "장군의 말이 실로 염파와 이목

해설

- 1번째 줄 아래서 2번째와 3번째 글자 사이에 점을 찍고 '을'을 삽입하라고 되어 있으나 아래서 1번째와 2번째 글자 사이에 삽입하는 것이 문맥에 맞다. 필사자의 착오인 것으로 여겨진다.

---

17 훙 한.
18 우무가시 우뭇가사리. 우뭇가사리는 바다에서 자라는 풀의 일종.
19 출반쥬왈(出班奏曰) 여러 신하 가운데 특별히 혼자 나아가 임금에게 아뢰어 말함.
20 염파(嗟頗) 춘추전국시대 조나라의 명장이다. 노년의 나이에도 불구하고 젊은 장군에 못지않은 완력을 보여 삼국지의 황충과 함께 중국의 대표적인 노익장의 상징으로 여겨진다.
21 이목(李牧) 춘추전국시대 조나라의 명장이다. 연나라, 진나라와의 전투에서 큰 공을 세웠으나 진나라의 이간책으로 위나라에서 일생을 마친다.

4_뒤

의 지날지라." ᄒ고 도라보와 철강다려 일너 왈, "늬 실ᄒ(膝下)의 첫찌는 장군 갓 탄 위염(威嚴)이 잇고 둘찌는 황녑 갓탄 용밍이 잇씨니 늬 무슴 걱정 잇씨며 옥선 갓탄 죠고마흔 아희 졔 아모리 지략(智略)이 잇슨들 웃지 황녑의 숀의 버셔날이요. 불샹ᄒ다! 쟝노학이 져는 말니(萬里) 타국(他國)의 신셰 다 쥬게[22] 되고 졔 쟈식은 이십도 못된 아희(兒孩) 우리 진즁(陣中) 들어와셔 이슬갓튼 져 목심[23]을 풀닙 치 듯 베힐테

현대어로 옮겨 읽기

에 지날 것이라." 하고 돌아보아 철강에게 일러 말하기를, "내 슬하에 첫째는 장군 같은 위엄이 있고, 둘째는 황렵 같은 용맹이 있으니 내 무슨 걱정이 있으며 옥선 같은 조그마한 아이 제 아무리 지략이 있은들 어찌 황렵의 손을 벗어나리오? 불쌍하다! 장노학이 저는 만리타국의 신세가 다 죽게 되고 제 자식은 이십도 못된 아이 우리 진중에 들어와서 이슬 같은 저 목숨을 풀잎 치듯 베일 터이

해설

- 6번째 줄의 아래에서 5번째와 6번째 글자 사이에 '신'이라는 글자가 삽입되어 있다.

22 쥬게 죽게.
23 못심 목숨.

5_앞

> 니 그 웃지 불샹치 안이리요?" ᄒ고 한참 이리 노닐 적의 모샤(謀士)[24] 적진이 엿쟈오디, "쟝군은 너머 질기지 마시읍고 군샤ᄂᆞ 살펴보오. 질기ᄂᆞᆫ 끗 위티ᄒᆞ오." 쥬육이 ᄉᆞ말 듯고 디로(大怒) 왈, "죠고마ᄒᆞᆫ 아히(兒孩)놈이 감히 디쟝(大將)의 ᄠᅳᆺ슬 거샤리니 쌜니 죽이라." ᄒᆞᆫ디, 쳘강이 엿쟈오디, "적진의 말이 올흔지라. 웃지 모샤를 죽일이요? ᄯᅩ 쟝챳(將次) 힝군(行軍)할 터인디 샤람 죽이는 게 과히 불샹지죠(不祥之兆)오니 쟝군은 용셔ᄒᆞ소셔." 쥬육

현대어로 옮겨 읽기

니 어찌 불쌍치 않으리오?" 하고 한참 이리 노닐 때에 모사인 적진이 여쭈되, "장군은 너무 즐기지 마시고 군사나 살펴보오. 즐기는 끝이 위태하오." 주육이 이말을 듣고 크게 노하여 말하기를, "조그마한 아이 놈이 감히 대장의 뜻을 거스르니 빨리 죽이라." 하되 철강이 여쭈었다. "적진의 말이 옳은지라. 어찌 모사를 죽이리오? 또 장차 행군할 터인데 사람을 죽이는 것이 과히 상서롭지 못한 징조이니 장군은 요서하소서." 주육

24 모사(謀士) 꾀를 써서 일이 잘 이루어지게 하는 사람.

5_뒤

이 할일읍셔 격진을 옥의 가두니라. 잇써 원슈의 샴군(三軍)이 완부(完府)의 다々르니 군령(君令)이 엄슉ᄒ고 항외(行伍)[25] 정졔(整齊)ᄒ지라. 격셔(檄書)[26]지여 쥬육(朱六)게 보닉니, 그글의 ᄒ엿시되,

대려죠(大麗朝) 샴군딕원슈(三軍大元帥) 쟝옥션은 만고역젹(萬古逆賊)[27] 쥬육 쳘강의게 글을지여 보닉노라. 난신젹지(亂臣賊子)[28] 으느 셔의 읍시리요마는 지여(至於)[29] 너의 놈ᄒ야는 쳔은(天恩)을 망극히 입어 직위(職位) 놉흔 놈들이라. 쥬야(晝夜)

316 | 필사본 고전소설 읽는 법

현대어로 옮겨 읽기

이 어쩔 수 없어 적진을 옥에 가두었다. 이때 원수의 삼군이 완산부에 다다르니 군령이 엄숙하고 항오가 정제한지라. 격서를 지어 주육에게 보내니, 그 글에 하였으되,

대 고려조의 삼군대원수 장옥선은 만고의 역적 주육, 철강에게 글을 지어 보내노라. 난신적자 어느 때에 없겠는가마는 너희 놈에 이르러서는 천은을 망극하게 입어 직위가 높은 놈들이라. 밤낮

해설

● 5번째 줄부터는 격서의 내용이다. 격서의 내용은 고전소설의 전쟁장면에서 본격적 전투를 치르기 전에 흔히 제시된다. 격서는 자기편의 입장이 정당하고 상대편의 입장이 부당함을 강조하여 자신들의 전쟁의 명분과 정당성을 제시하는 형식으로 되어 있으며, 일종의 글로 하는 전쟁이라고도 할 수 있다.

25 항외(行伍) 군대를 편성한 대오(隊伍). 군사를 편성하는 대오. 한 줄에 5명을 세우는데 이를 오(伍)라 하고, 그 5줄의 25명을 항(行)이라 함.
26 격셔(檄書) 군병을 모집하거나, 적군을 달래거나 꾸짖기 위한 글.
27 만고역젹(萬古逆賊) 만고의 역사에 유례가 없는 역적.
28 난신적지(亂臣賊子) 나라를 어지럽히는 신하와 어버이를 해치는 자식을 일컫는 말.
29 지여(至於) ~에 이르러는.

6_앞

싱각ᄒ야 천은(天恩)[30] 갑기를 결얼치[31] 못ᄒ겟거든 무도(無道)ᄒ 너의 놈이 감히 불칙지심(不測之心)[32]을 먹어 천위(天位)[33]를 도모(圖謀)코져 ᄒ니 이제 너의 죄샹(罪狀)을 셰히건ᄃᆡ 다섯가지 잇ᄂᆞᆫ지라. 네 천은을 즁히 입어 갑기는 고사(姑捨)ᄒ고 도로혀[34] 역심(逆心)을 먹으니 그 죄 ᄒ가지요, 천하의 군사를 모와 임군을 겁박(劫迫)[35]ᄒ야 도적(盜賊)의게 항복ᄒ라 ᄒ야 종사(宗社)가 위ᄐᆡᄒ고 싱녕(生靈)[36]이 도탄(塗炭)[37]ᄒ니 그 죄 두 가지

현대어로 옮겨 읽기

생각하여 하늘의 은혜 갚기를 겨를 하지 못하겠거든 무도한 너희 놈이 감히 불측한 마음을 먹어 황제의 자리를 도모하고자 하니 이제 너의 죄상을 헤아리건대 다섯 가지가 있는지라. 네 천은을 무겁게 입어 갚기는 고사하고 도리어 반역할 마음을 먹으니 그 죄 하나요, 천하의 군사를 모아 임금을 겁박하여 도적에게 항복하라 하여 종묘사직이 위태하고 백성이 도탄에 빠지니 그 죄 두 가지

해설
- 격문(檄文)의 내용이 이어지고 있다.

30 천은(天恩) 황제의 은혜.
31 결얼치 겨를하지. '겨를'은 시간적 여유와 틈을 말하고, '겨를하지'는 '틈을 타다'라는 의미이다.
32 불칙지심(不測之心) '불측한 마음'은 '먹어서는 안 되는 마음', '헤아리기 어려운 마음'으로 생각이나 행동 따위가 괘씸하고 엉큼하다는 뜻이다.
33 천위(天位) 황제의 자리.
34 도로혀 도리어.
35 겁박(劫迫) 으르고 협박함.
36 싱녕(生靈) 살아있는 혼령. 백성을 지칭함.
37 도탄(塗炭) 진구렁에 빠지고 숯불에 탄다는 뜻으로, 몹시 곤궁하여 고통스러운 지경을 이르는 말.

6_뒤

요, 네 뜻을 방쟈(放恣)히 ᄒᆞ야 무죄(無罪)ᄒᆞᆫ 튱신(忠臣)들을 원방(遠方)으로 쏯치니 그 죄 세 가지요, 네 쳘강(鐵强)으로 합모(合謀)ᄒᆞ야 군샤를 보닉여 우리 모쟈(母子)를 히(害)코쟈 ᄒᆞ니 그 죄 네 가지요, 이졔 닉 황명(皇命)을 바다 군샤를 거느리고 이 ᄯᅡ희 임(臨)ᄒᆞ얏거날 네 쌜니 ᄂᆞ와 항복지 안이ᄒᆞ니 그 죄 다섯 가지라. 네 ᄒᆞᆫ 몸의 쳔지간(天地間) 다섯 가지 큰 죄를 입고 웃지 살기를 바라리요? 네 쌜니 ᄂᆞ와 목슘을 밧치라. 닉 임의

현대어로 옮겨 읽기

요, 네 뜻을 방자히 하여 무죄한 충신들을 먼 곳으로 쫓으니 그 죄 세 가지요, 네 철강과 함께 도모하여 군사를 보내어 우리 모자를 해하고자 하니 그 죄 네 가지요, 이제 내 황제의 명을 받아 군사를 거느리고 이 땅에 임하였거늘 네 빨리 나와 항복하지 아니하니 그 죄 다섯 가지이라. 네 한 몸에 천지간의 다섯 가지 큰 죄를 입고 어찌 살기를 바라겠는가? 네 빨리 나와 목숨을 바쳐라. 내 이미

7_앞

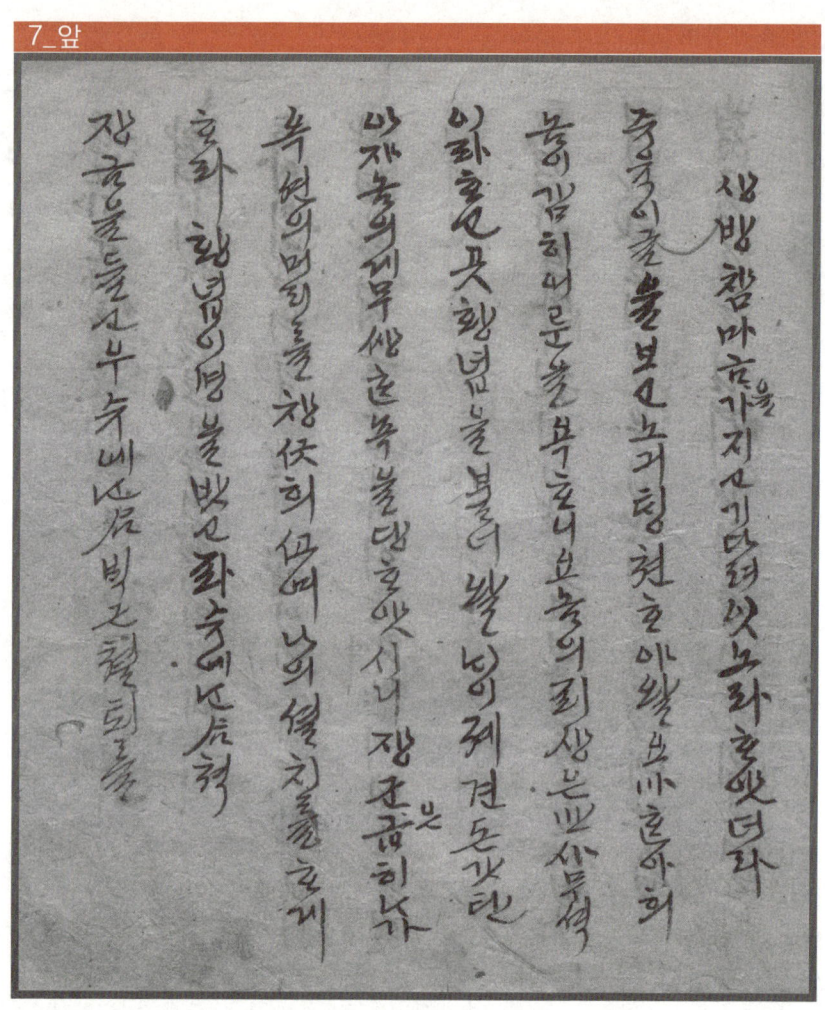

샹방참마금(尙房斬魔劍)[38]을 가지고 기다려 잇노라 ᄒᆞ얏더라.

쥬육(朱六)이 글을 보고 노긔팅쳔(怒氣撑天)ᄒᆞ야 왈, "요마(妖妄)ᄒᆞᆫ 아희 놈이 감히 어룬을 욕ᄒᆞ니 요놈의 죄샹(罪狀)은 만샤무셕(萬死無惜)[39]이라." ᄒᆞ고 곳 황녑(黃獵)을 불너 왈, "늬 이졔 견돈(犬豚) 갓탄 아쟈(兒子)놈의게 무쌍(無雙)ᄒᆞᆫ 녹(辱)을 당하얏시니 쟝군은 급히 느가 옥션의 머리를 창긋희 쐬여 나의 셜치(雪恥)[40]를 ᄒᆞ게 ᄒᆞ라." 황녑이 명을 밧고 좌슈(左手)에는 숨쳑쟝금(三尺長劍)을 들고 우슈(右手)에는 숨빅근(三百斤) 철퇴(鐵槌)를

현대어로 옮겨 읽기

상방참마검을 가지고 기다려 있노라 하였더라.

주육이 글을 보고 노기가 하늘을 찌를 듯하여 말하기를, "요망한 아이 놈이 감히 어른을 욕하니 요놈의 죄상은 만 번 죽어도 아깝지 않으리라." 하고 곧 황렵을 불러 말하였다. "내 이제 개돼지 같은 아이 놈에게 비할 데 없는 욕을 당하였으니 장군은 급히 나가 옥선의 머리를 창끝에 꼬여 나의 설욕을 하게 하라." 황렵이 명을 받고 왼손에는 삼척의 장검을 들고 오른손에는 삼백근의 철퇴를

해설
● 격문이 끝나고 실제의 전투가 시작되는 대목이다.

38 샹방참마금(尙房斬魔劍) 임금에게 하사받은 마귀를 베는 칼.
39 만사무석(萬死無惜) 만 번 죽어도 아까울 것이 없음.
40 설치(雪恥) 설욕과 같은 말.

7_뒤

들고 쟈운마(紫雲馬)[41]를 츅켜타고 나온느지라. 원쉬 황녑의 느오믈 보고 우어 왈, "너의 신셰 부샹(無常)[42]토다! 이 닉 칼의 죽단말가!" 그 말이 지듯마듯[43] 황녑이 함셩(喊聲) 왈, "너 이놈 죠고만 아희놈이 감히 어룬을 결우니 진쇼위(眞所謂) 하로가야지[44] 밍호(猛虎)를 두려 ᄒ지 안는 격이로다." 원쉬 이 말 듯고 분긔등ᄉ(憤氣騰騰)[45]ᄒ야 벽녁(霹靂) 갓닷 소릭를 우레 갓치 질너 왈, "네 만고역젹(萬古逆賊) 쥬육을 셤겨 감히 츙신을 히코져 ᄒ니

현대어로 옮겨 읽기

들고 자운마를 추켜 타고 나오는지라. 원수가 황렵이 나옴을 보고 웃으며 말하였다. "너의 신세 무상하도다! 이 내 칼에 죽는단 말인가!" 그 말이 다하자마자 황렵이 함성을 지르며 말하였다. "너 이놈 조그만 아이놈이 감히 어른과 겨루니 참으로 이른바 하룻강아지가 맹호를 두려워하지 않는 격이로다." 원수가 이 말을 듣고 분한 기운이 등등하여 벽력같은 소리를 우레 같이 질러 말하였다. "네가 만고의 역적 주육을 섬겨 감히 충신을 해하고자 하니

해설

- 고전소설의 전쟁과정은 보통 글싸움 → 말싸움 → 본싸움의 형태로 나타난다. 여기에서는 말싸움이 나타나고 있다.

41 자운마(紫雲馬) 자줏빛 구름과 같은 상서로운 색깔을 지닌 말.
42 부샹(無常) '무상'의 오기.
43 지듯마듯 다하자마자.
44 하로가야지 하룻강아지.
45 분긔등々(憤氣騰騰) 분한 기운이 치밀어 올라.

> 8_앞
>
> 읏지 하늘이 무심ᄒ시리오 이놈 샐니 ᄂ와 목느려 칼 바더라 황념이 분을 이기지 못ᄒ여 좌츙우돌ᄒ여 나오거늘 원쉬 마져 싸홀시 삼합이 못되야 원쉬 쳘궁의 왜젼을 먹여들고 황념을 향ᄒ야 흔ᄃᆡ를 날니々 활살이 ᄂᆞᆫ다시 드러가 황념의 외팔을 맛츄 황념이 경동ᄒ야 삼쳑장금이 싸의 써러지며 번신낙마ᄒ야 싸 구르ᄂᆞᆫ지라 황념의

웃지 하날이 무심ᄒ시리요? 이놈 샐니 ᄂ와 목느려 칼 바더라." 황념이 분을 이기지 못ᄒ여 좌츙우돌(左衝右突)ᄒ여 나오거늘 원쉬 마져 싸홀시 삼합(三合)이 못되야 원쉬 철궁(鐵弓)의 왜젼(外箭)을 먹여들고 황념을 향ᄒ야 흔ᄃᆡ를 날니々 활살이 ᄂᆞᆫ다시 들어가 황념의 외팔을 맛쵸 황념이 경동(驚動)ᄒ야 삼쳑장금(三尺長劍)이 싸의 써러지며 번신낙마(翻身落馬)[46]ᄒ야 싸 구르ᄂᆞᆫ지라. 황념의

현대어로 옮겨 읽기

어찌 하늘이 무심하시리오? 이놈 빨리 나와 목 늘여 칼 받아라." 황녑이 분을 이기지 못하여 좌우로 충돌하며 나오거늘 원수가 맞아 싸울 때 삼합이 못되어 원수가 철궁에 화살을 먹여들고 황렵을 향하여 한 대를 날리니 화살이 나는 듯이 들어가 황렵의 왼팔을 맞추어 황렵이 놀라며 삼척장검이 땅에 떨어지며 몸이 뒤집혀져 말에서 떨어져 땅에 구르는지라. 황렵의

46 번신낙마(飜身落馬) 몸이 뒤집어지면서 말에서 떨어짐.

8_뒤

군시 그 광경을 보고 디경(大驚)ᄒ야 급피 징(錚)⁴⁷을 쳐 군샤를 거두고 황녑을 구완ᄒ야 붓들고 진즁(陣中)으로 들어가거늘 원쉬 할일읍셔 한 거름의 쏫쳐가 쟈운마(紫雲馬)를 ᄶᅦ셔 진즁의 도라오니라. 원쉬 승젼(勝戰)ᄒ고 도라오미 부쟝 이홍 등이 엿쟈오디, "쟝군이 연쇼(年少)ᄒ시고 또 긔질(氣質)이 약ᄒ신디 읏지 활을 잘 쏘시ᄂᆞ잇고?" 원쉬 우어 왈, "읏지 잘 쏜다 이르이요? 니 일쟉 활법을 비와기로 디강 짐쟉ᄒ거니

현대어로 옮겨 읽기

군사가 그 광경을 보고 크게 놀라 급히 쟁을 쳐서 군사를 거두고 황렵을 구완하여 붙들고 진중으로 들어가거늘 원수가 하릴없어 한 걸음에 쫓아가 자운마를 뺏어 진중에 돌아오더라. 원수가 승전하고 돌아오매 부장 이홍 등이 여쭈었다. "장군이 연소하시고 또 기질이 약하신데 어찌 활을 잘 쏘십니까?" 원수가 웃어 말하기를, "어찌 잘 쏜다 하리오? 내 일찍 활쏘는 법을 배웠기로 대강 짐작하거니

해설
● 5번째 줄 10번째와 11번째 글자 사이에 '부쟝'이 삽입되어 있다.

47 징(錚) 꽹과리.

9_앞

와 칼씨는 법은 비우지 못흔지라. 만일 단병첩쳔(短兵接戰)⁴⁸ᄒᆞ는 곳슬 만느면 읏지 셩공키를 바라이요?" ᄒᆞ더라. 잇ᄯᅥ 일식(日色)이 셔믜 져물고 월광(月光)이 졍히 죠흔지라. 군샤를 물니치고 질누(陣壘)⁴⁹ 우의 쵹불을 발키고 홀노 안져던이 난ᄃᆡ읍는 기러긔 ᄒᆞ쌍이 울고 진즁으로 날아가거늘 원쉬 마음의 고이히 역여더니, 진즁(陣中)이 고요ᄒᆞ고 월식(月色)이 희미흔지라. 쟝막(帳幕) 문이 열니거늘 원쉬 놀나 보니, 일위(一位)

현대어로 옮겨 읽기

와 칼 쓰는 법은 배우지 못한지라. 만일 단병접전하는 곳을 만나면 어찌 성공키를 바랄 수 있으리오?" 하더라. 이때 햇빛이 이미 저물고 달빛이 참으로 좋은지라. 군사를 물리치고 진루 위에 촛불을 밝히고 홀로 앉았더니, 난데없는 기러기 한 쌍이 울고 진중으로 날아가거늘 원수가 마음에 이상하게 여기더니, 진중이 고요하고 달빛이 희미한지라. 장막의 문이 열리거늘 원수가 놀라 보니, 한 사람의

48 단병첩천(短兵接戰) 칼이나 창 따위의 짧은 병기로 적과 직접 맞부딪쳐 가까운 거리에서 싸움. 또는 그런 전투.
49 질누(陣壘) 진의 성채.

9_뒤

쇼년 명쟝(名將)이 황금투구의 쟈은갑(紫銀甲)⁵⁰을 입고 신쟝(身長)은 칠쳑(七尺)이요, 안식(顔色)은 화려흔 듸 칠쳑쟝금(七尺長劍)을 쎅여들고 은연이⁵¹ 셧는지라. 원쉬 다시금 살펴보니 칼빗치 셔리쌀 갓타 운광(雲光)⁵²을 희롱ᄒᆞᄂᆞᆫ지라. 이윽히 보다가 헤오듸⁵³ "졔 필연 쟈긱(刺客)⁵⁴이라 힉코져 온 샤람이로다. 그러ᄂᆞ 군진(軍陣)이 엄슉ᄒᆞ고 황외(行伍) 분명흔지라, 졔 나ᄂᆞ 싀 몸이 아니여든 웃지 이곳셰 들어온고?" ᄒᆞ고 만단(萬端)⁵⁵으로 의아(疑訝)ᄒᆞ야 문(問) 왈,

현대어로 옮겨 읽기

소년 명장(名將)이 황금투구에 자은갑옷을 입고 신장은 칠척이오, 안색은 화려한데 칠척 장검을 빼어들고 은은하게 섰는지라. 원수가 다시금 살펴보니 칼빛이 서릿발 같아 구름빛을 희롱하는지라. 이윽히 보다가 생각하되, "제 필연 자객이라 해하고자 온 사람이로다. 그러나 군진이 엄숙하고 대오가 분명한지라, 제 나는 새의 몸이 아니면 어지 이곳에 들어오겠는가?" 하고 수만 가닥으로 의아하여 물어 말하였다.

해설

● 주인공 장옥선의 진중에서 자객을 만나는 대목이다. 이 자객은 곧 유춘매이며, 후에 옥선의 배필이 된다.

50 쟈은갑(紫銀甲) 자주색 은으로 만든 갑옷
51 은연이 은연히. 은은하게.
52 운광(雲光) 구름 빛.
53 헤오듸 헤아리되. 생각하되.
54 쟈긱(刺客) 어떤 음모에 가담하거나 남의 사주를 받고 사람을 몰래 찔러 죽이는 사람.
55 만단(萬端) 수만 가닥.

10_앞

> 쟝군은 엇인 사람이관딕 방금에 신 삼경이라 진즁의
> 웃지 들어 왓 노 그 쟝쉬 두 눈을 부릅뜨 고 사지 쳐 왈
> 나난 비호딕쟝이라 쥭 쟝군의 명을 밧어 쟝군을
> 히 코져 왓거날 쟝군은 웃지 안연 한 안졋 나뇨
> 쉬 그 말을 들으면 졍신이 읍셔 쳔지 득 한 지
> 하 쇼릭를 질너 사지 쳐 왈 나 난 쳔자의 명을 바
> 다 역젹을 치러 왓씨니 웃지 왕 화의 감
> 화 치 안 이 리 어딕 잇씨리요 방금 쳔하 의 붓쵸

"쟝군은 어인 사람이관딕 방금(方今) 야심샴경(夜深三更)[56]이라. 진즁(陣中)의 웃지 들어왓느뇨?" 그 쟝쉬(將帥) 두 눈을 부릅 떠 꾸지져 왈, "나는 비호딕쟝(飛虎大將)이라. 쥬(朱)쟝군의 명을 밧어 쟝군을 히코져 왓거널, 쟝군은 웃지 안연(晏然)[57]히 안젓 는요?" 원쉬 그 말을 들으미 졍신이 읍셔 쳔지(天地) 어득훈지라. 쇼릭를 질너 꾸지져 왈, "느는 쳔자(天子)의 명을 바다 역젹을 치러 왓씨니 웃지 왕화(王化)[58]의 감화(感化)치 안이 리 어딕 잇씨리요? 방금 쳔하의 일쵸

현대어로 옮겨 읽기

"장군은 어떤 사람인데 지금 밤 깊은 삼경이라. 진중에 어떻게 들어 왔는가?" 그 장수가 두 눈을 부릅뜨고 꾸짖어 말하였다. "나는 비호대장이라. 주장군의 명을 받아 장군을 해코자 왔거늘, 장군은 어찌 편안히 앉았는가?" 원수가 그 말을 들으니 정신이 없어 천지가 아득한지라. 소리를 질러 꾸짖어 말하였다. "나는 천자의 명을 받아 역적을 치러 왔으니 어찌 왕의 교화에 감화치 않을 이 있으리오? 방금 천하의 풀 한포기

56 야심삼경(夜深三更) 밤 깊은 삼경. 삼경은 자시, 즉 밤 11시부터 1시 사이에 해당한다.
57 안연(晏然) 편안하고 자연스럽게.
58 왕화(王化) 임금의 덕행으로 감화하게 함. 또는 그런 감화.

10_뒤

일목(一草一木)[59]이라도 다 천쟈(天子) 우로지튁(雨露之澤)[60]으로 싱쟝커늘 만고역적(萬古逆賊) 쥬육(朱六) 놈은 셩혜를 져바리고 녁뉼(逆律)[61]의 범(犯)흔고로 늬 그놈의 목을 베혜 우리 인군의 근심을 들고져 ᄒ거늘 웃지 죽기를 두려ᄒ리요?" 그졔야 그 쟝쉬 칼을 짜의 더지고 우어 왈, "쟝군은 부질읍시 놀ᄂ지 마시고 늬 말슴을 들어 보옵소셔." ᄒ고 압희 각가히 안거늘 원쉬 흔연(欣然)ᄒ야 숀을 잇그러 셔로 구면(舊面)[62] 갓치 반겨 질기고

현대어로 옮겨 읽기

나무 한그루라도 다 천자의 비와 이슬 같은 은택으로 자라나거늘 만고역적 주육같은 놈은 은혜를 저버리고 역적의 범죄를 범하였기에 내 그놈의 목을 베어 우리 임금의 근심을 덜고자 하거늘 어찌 죽기를 두려워하겠는가?" 그제야 그 장수가 칼을 땅에 던지고 웃으며 말하기를, "장군은 부질없이 놀라지 마시고 내 말을 들어 보십시오." 하고 앞에 가까이 앉거늘 원수가 기뻐하여 손을 이끌어 서로 오래 아는 사이처럼 반겨 즐기고

59 일쵸일목(一草一木) 풀 한포기 나무 한그루.
60 우로지틱(雨露之澤) 이슬과 비의 덕택이라는 뜻으로, 왕의 넓고 큰 은혜를 이르는 말.
61 녁눌(逆律) 역적을 처벌하는 법률.
62 구면(舊面) 초면에 반대가 되는 말. 오랫동안 아는 사이.

11_앞

슐을 나슈와[63] 서로 슈샴비(數三杯)를 먹은 후의 원쉬 일너 왈, "쟝군의 후(厚)흔 덕을 입샤와 죽을 목슘이 살아거니와 연고를 아지 못ᄒ와 답ᄉᆞᄒ오니 한 말슴을 악기지 마르셔 의아흔 마음을 시원케 ᄒᆞ옵쇼셔." 그 쟝쉬 웃고 ᄉᆞ왈, "첩이 남자의 몸이 안이요, 곳 녀쟈의 몸이라. 셩은 뉴(劉)요, 일홈은 츈미(春梅)라. 전 호산현령 뉴화(劉和)의 여쟈옵던이 명되(命途) 긔구(崎嶇)ᄒ와 일쟉 엄부(嚴父)를 여희고 모친을

현대어로 옮겨 읽기

술을 내와서 서러 서너 잔 먹은 후에 원수가 일러 말하였다. "장군의 후한 덕을 입어 죽을 목숨이 살았거니와 연고를 알지 못하여 답답하니 한 말씀을 아끼지 말고 의아한 마음을 시원케 해주십시오." 그 장수가 웃고 고하여 말하였다. "첩이 남자의 몸이 아니요, 곧 여자의 몸이라 성은 유요, 이름은 춘매라. 전 호산현령 유화의 딸이더니 운명이 기구하여 일찍 부친을 여의고 모친을

해설

● 유춘매가 자신의 내력에 대한 설명을 시작하고 있다.

63 나슈와 내오게 하여.

11_뒤

모시고 지리산중(智異山中) 들어가 틱을도샤(太乙道士)를 만나 공부ᄒᆞ던이, 도사의 말슴이 너는 칼씨는 법을 비와 후일의 딕쟝부(大丈夫)를 만ᄂᆞ 후세(後世)의 일홈을 젼ᄒᆞ라 ᄒᆞ신고로 칼씨는 법을 딕강 빈웟습던이, 쟉일(昨日)[64]의 션관(仙官)이 쏘 말슴ᄒᆞ시기를, 지금 만고츙신(萬古忠臣)이 역젹과 싸화 명일(明日)의 승부(勝負)를 결단할 터이니 네 밧비 나가 구원ᄒᆞ여 딕공(大功)을 이루고 연분(緣分)[65]을 정ᄒᆞ라 ᄒᆞ시읍기로 이곳의 왓샤오며, 악가

현대어로 옮겨 읽기

모시고 지리산 중에 들어가 태을도사를 만나 공부하더니, 도사의 말씀이 너는 칼 쓰는 법을 배워 훗날 대장부를 만나 후세에 이름을 전하라 하셨기에 칼 쓰는 법을 대강 배웠더니, 어제 선관이 또 말씀하시기를, 지금 만고의 충신이 역적과 싸워 내일 승부를 결단할 것이니 네 바삐 나가 구원하여 큰 공을 이루고 연분을 정하라 하시기로 이곳에 왔으며, 아까

64 작일(昨日) 어제.
65 연분(緣分) 하늘이 정한 인연.

12_앞

쟘간 쟝군을 쇽이면 쟝군의 긔한(氣限)⁶⁶을 보고져 함이니 쟝군을 죠곰도 의심치 마시읍고 의지흘 곳 읍는 인싱을 불샹이 역이소셔." 원슈 그 말을 들으미 틱을이란 말이 가쟝 고이흔지라. 헤오되 "늬 칼법을 익지 못ᄒ미 필경 틱을션관(太乙仙官)이 불샹히 역이샤 이 샤람을 보뉘시미라." 호고 딕희(大喜)하야 뉴낭쟈의 손을 잡고 빅년가약(百年佳約)⁶⁷을 의논할 졔 츈미 투구와 갑옷을 벗고 보니 쇽의는 운무

현대어로 옮겨 읽기

잠깐 장군을 속임은 장군의 기한을 보고저 함이니 장군은 조금도 의심치 마시고 의지할 곳 없는 인생을 불쌍히 여기소서." 원수가 그 말을 들으니 태을이란 말이 가장 괴이한지라. 생각하되, "내 칼 쓰는 법이 익숙지 못하여 필경 태을선관이 불쌍히 여기셔서 이 사람을 보내심이라." 하고 크게 기뻐하여 유낭자의 손을 잡고 백년가약을 의논할 때 투구와 갑옷을 벗고 보니 속에는 구름안개

---

66 긔한(氣限) 기운의 한계.
67 빅년가약(百年佳約) 백 년 동안 함께 하겠다는 아름다운 약속. 즉 혼인약속.

12_뒤

의샹(雲霧衣裳)과 금옥피물(金玉貝物)이 광치(光彩) 선연(鮮然)ᄒᆞ고 얼골을 다시 보니 진슈아미(螓首蛾眉)[68]와 월틱화용(月態花容)[69] 천고(千古)의 드문 미식(美色)이라. 원쉬 딕열(大悅)ᄒᆞ야 이날 밤의 진루(陣壘)의셔 빅년가약(百年佳約)을 일울 식 금극(劍戟)[70]으로 화쵹(華燭)[71]을 삼고 갑쥬(甲胄)[72]로 관복(冠服)을 샴고 두 샤람 질기ᄂᆞᆫ 모양 천고의 드문 빌러라. 이러구로 일식(日色)이 발가오ᄂᆞᆫ지라. 군샤를 졈고(點考)[73] ᄒᆞᆯ식 모든 쟝관(將官)[74]들이 바라보니 어인 일위(一位) 명쟝(名將)이 잇ᄂᆞᆫ 지라. 이영[75]이 엿자오ᄃᆡ "원슈

현대어로 옮겨 읽기

같은 의상과 금과 옥으로 된 패물이 광채가 선명하고 얼굴을 다시 보니 아름다운 눈썹과 달 같은 몸매 꽃 같은 얼굴이 천고에 드문 미색이라. 원수가 크게 기뻐하여 이날 밤에 진루에서 백년가약을 이루니 칼과 창으로 화촉을 삼고 갑옷과 투구로 관과 예복을 삼고 두 사람이 즐기는 모양이 천고에 드문 바였다. 이럭저럭 아침 햇빛이 밝아 왔다. 군사를 점고할 때 모든 장수들이 보니 어떤 한 명장이 있었다. 이영이 여쭈되, "원수

해설

- 진중에서 남녀가 첫날밤을 보내는 장면이 잘 묘사되어 있다. 진중의 혼인을 묘사할 때, 특히 "금극(劍戟)으로 화촉(華燭)을 샴고 갑쥬(甲冑)로 관복(冠服)을 샴"는다는 말은 고전소설에서 흔히 사용되는 표현이다.

68 진슈아미(蟓首蛾眉) 『시경』 「위풍(衛風)」 〈석인편(碩人篇)〉에서 쓰인 미인을 비유하는 말. 쓰르라미(蟓)의 이마와 나방(蛾)의 눈썹을 지닌 미인.
69 월티화용(月態花容) 달 같은 몸매와 꽃 같은 얼굴. 아름다운 여인의 얼굴과 맵시를 이르는 말.
70 금극(劍戟) 칼과 창.
71 화촉(華燭) 빛깔을 들인 밀초. 흔히 혼례 의식에 쓴다.
72 갑쥬(甲冑) 갑옷과 투구.
73 점고(點考) 명부에 일일이 점을 찍어 가면서 사람의 수효를 조사하는 일. 여기에서는 점호와 같은 의미.
74 장관(將官) 장수를 지칭하는 말.
75 이영 부하 장군의 이름으로 여겨짐. 앞에서는 부하장수로 이홍과 최영이 나타나는데, 이를 혼동하여 쓴 것으로 여겨지기도 한다.

13_앞

> 곳히잇난쟝슈는뉘시니잇가 원쉬우어왈 이는나의친구라이별 한지십여년의금일이야만나쏘다 쟝관이셔로도라보와일러왈쟉일의군사항외엄슉하야 나는시라도들어오지못 하겟거든 져쟝쉬 웃지들어온고 이샹하고괴괴하야셔로차탄 하는지라 원쉬츈미 다려들어온곡졀을무른디디왈 첩이일쟉 도사의게 비공슐을빈와 셰걸우의는 나쇠이라 원쉬칭탄왈 낭<binary data, 1 bytes><binary data, 1 bytes>는 선

겻히 잇는 쟝슈는 뉘시니잇가?" 원쉬 우어 왈, "이는 나의 친구라, 이별훈 지 십여 년의 금일이야 만느쏘다." 쟝관이 셔로 도라보와 일러 왈, "쟉일(昨日)의 군샤 항외(行伍)[76] 엄슉하야 는는 시라도 들어오지 못호겟거든 져 쟝쉬 웃지 들어온고?" 이샹호고 괴괴호야 셔로 챠탄(嗟歎)호는지라. 원쉬 츈미드려 들어온 곡졀(曲折)을 무른딕 딕왈, "쳡이 일쟉 도샤(道士)의게 비공슐(飛空術)[77]을 비와 셰걸 우의는 나쇠이다." 원쉬 칭탄왈, "낭즈는 션

현대어로 옮겨 읽기

곁에 있는 장수는 누구십니까?" 원수가 웃으며 말하였다. "이는 나의 친구라, 이별한 지 십여 년에 오늘에야 만났도다." 장수들이 서로 돌아보아 일러 말하기를, "어제 군사의 대열이 엄숙하여 나는 새라도 들어오지 못하겠거든 저 장수는 어찌 들어왔는가?" 하며 이상하고 기괴하여 서로 감탄하였다. 원수가 춘매에게 들어온 곡절을 물으니 대답해 말하였다. "첩이 일찍이 도사에게 하늘을 나는 술법을 배워 세 길 위는 날 수 있습니다." 원수가 칭찬하며 말하였다. "낭자는 선

76 항외(行伍) 군대를 편성한 대오. 한 줄에 다섯 명을 세우는데 이를 오라 하고, 그 다섯 줄의 스물다섯 명을 항이라 한다.
77 비공술(飛空術) 하늘을 나는 술법. 경공술(經空術)이라고도 한다.

13_뒤

인(仙人)이라. 웃지 셰샹 샤람의 당할 빅 되리요?" 이날 앗참을 지닉미 군진을 다시 정제(整齊)히 ᄒ야 싸홈을 도々더라. 잇젹 황녑이 픽진(敗陣)[78] ᄒ야 도라가미 쥬육이 근심ᄒ야 왈, "닉 황녑을 쳔하명장으로 밋어던이 ᄉ번 싸홈을 보니 쟝옥션은 가위 명장이라 웃지ᄒ면 옥션을 샤로 자바, 황녑의 원슈를 갑흘고?" 이젹의 황녑이 쟝막(帳幕) 아레의 누엇싸가 그 말을 듯고 분긔팅즁(憤氣撑中)[79] ᄒ야 별덕 이러ᄂ 갑쥬(甲胄)를 입고

현대어로 옮겨 읽기

인이라. 어찌 세상 사람에 당할 바 되리오?" 이날 아침을 지내고 군진을 다시 정제하여 싸움을 돋우더라. 이때 황렵이 패전하여 돌아가니 주육이 근심하여 말하였다. "내 황렵을 천하 명장으로 믿었더니 이번 싸움을 보니 장옥선은 명장이라 할 수 있으니 어찌하면 옥선을 사로잡아, 황렵의 원수를 갚을까?" 이때에 황렵이 장막 아래에 누웠다가 그 말을 듣고 분기에 차 벌떡 일어나 갑옷과 투구를 입고

78 픽진(敗陣) 싸움에서 짐.
79 분긔팅즁(憤氣撑中) 분한 기운이 속에 가득 차다.

장금(長劍)을 집고 느오며 딕답(對答) 왈, "일승일픽(一勝一敗)[80]는 병가(兵家)의 샹샤(常事)[81]라, 웃지 흔벗 픽(敗)ᄒ멀 붓그러ᄒ리요? 닉 오날은 죽기로 힘써 옥션의 머리를 으더 도라 오리이다." 쥬육(朱六)이 허락ᄒ거늘[82] 황녑이 군샤를 거느리고 느오며 함셩을 ᄒ는지라. 잇쩍 츈믹(春梅) 진즁(陣中)의 잇다가 황녑의 나오믈 보고 원슈긔 고왈, "첩(妾)의 흔 쏘홈을 허락ᄒ시면 곳 황녑의 목을 베혀 도라오리이다." 원쉬 층찬(稱讚)왈, "낭쟈의 직죄를 닉 임의 알미 황녑 죽이

현대어로 옮겨 읽기

장검을 집고 나오며 대답하여 말했다. "한번 이기고 한번 지는 것은 군대에 늘 있는 일이라, 어찌 한번 패함을 부끄러워하겠는가? 내 오늘은 죽기로 힘써 옥선의 머리를 얻어 돌아 오리이다." 주육이 허락하거늘 황렵이 군사를 거느리고 나오며 함성하였다. 이때 춘매가 진중에 있다가 황렵이 나옴을 보고 원수에게 고하여 말했다. "첩의 싸움을 한번 허락하시면 곧 황렵의 목을 베어 돌아오겠습니다." 원수가 칭찬하여 말하였다. "낭자의 재주를 내 이미 아니 황렵 죽이

---

80 일승일픽(一勝一敗) 한번 이기고 한번 지는 것.
81 병가(兵家)의 샹사(常事) 군대에서는 항상 있는 일
82 혁락ᄒ거늘 '허락하거늘'의 오기.

14_뒤

기는 닉두지사(來頭之事)[83]이니와 낭쟈의 흔 몸을 웃지 만진군즁(萬陣軍中)[84]의 들여보닐이요?" 하고 갑쥬(甲冑)를 셜치고 궁시(弓矢)를 갓쵸와 군샤 만명식 ᄂ노화 두 길로 범(犯)하니 황녑이 말을 치쳐 ᄂ오거늘 원쉬 활을 쏘니 황녑의 귀가흐로 화살이 지나미 넉슬 일은 지라. 츈미 잇써를 타 칠쳑 쟝금(長劍)을 번덕이며 쇼리를 질러 왈, "역젹 쟝슈 황녑은 목을 늘여 칼 바더라." 황녑이 그 함성 소릭에 넉슬 일어 말을 칫쳐 회

현대어로 옮겨 읽기

기는 다가올 일이거니와 낭자의 한 몸을 어찌 만진의 군대 가운데에 들여보내겠는가?" 하고 갑옷과 투구를 떨치고 활과 화살을 갖추어 군사를 만 명 씩 나누어 두 길로 침범하니 황렵이 말을 채쳐서 나오거늘 원수가 활을 쏘니 황렵의 귓가로 화살이 지나며 넋을 잃었다. 춘매가 이때를 타 칠척 장검을 번득이며 소리를 질러 말했다. "역적 장수 황렵은 목을 늘여 칼을 받아라." 황렵이 그 함성 소리에 넋을 잃어 말을 채찍질 하여

83 늬두지사(來頭之事) 다가오게 될 일.
84 만진군즁(萬陣軍中) 만진의 군대 가운데.

15_앞

진(回陣)하랴 하거늘 츈미(春梅) 또 쇼리 질러 왈, "쥐 갓탄 황녑아! 도망 말고 게 잇거라. 나는 지리샨(智異山) 녀쟝군 뉴츈미(劉春梅)니 뇌 션셩(先聲)[85]을 들엇는야?" 황녑이 도망홀시 츈미 달녀들어 칼빗이 번쯧하며 황녑의 머리 싸회 써러지는지라. 츈미 머리를 칼끗희 쇠여 들고 만진즁(萬陣中)의 횡힝(橫行)하여 좌우로 츙돌하니 도젹의 진셰(陣勢)[86] 츄풍낙엽(秋風落葉)갓탄지라. 츈미 황녑의 머리를 가져 원슈 젼(前)의 밧친뒤 원쉬 츈미의 손을 잡고 왈, "낭

현대어로 옮겨 읽기

진으로 돌아가려 하거늘 춘매가 또 소리를 질러 말하였다. "쥐 같은 황렵아! 도망 말고 게 있거라. 나는 지리산 여장군 유춘매니 내 전부터 알려져 있는 명성을 들었느냐?" 황렵이 도망할 때 춘매가 달려들어 칼 빛이 번득하며 황렵의 머리가 땅에 떨어지는지라. 춘매가 머리를 칼끝에 꽂아 들고 만진 가운데를 거리낌 없이 다니며 좌우로 충돌하니 도적의 진세가 추풍낙엽 같았다. 춘매가 황렵의 머리를 가져가 원수 앞에 바티니 원수가 춘매의 손을 잡고 말하기를 "낭

해설

● 적장 황렵이 여장군 춘매에게 죽임을 당하는 장면이 묘사되고 있다.

85 선성(先聲) 전부터 알려져 있던 명성.
86 진세(陣勢) 진형의 형세.

15_뒤

ᄌᆞ(娘子) 비록 녀쟈의 몸이라도 쟝냑(將略)[87]과 직지(才智)[88]ᄂᆞᆫ 예젼 명쟝(名將)도 이에 지ᄂᆞ지 못ᄒᆞ리로다." ᄒᆞ고 만군즁(滿軍衆)이 치하분슈(致賀紛紛)[89]ᄒᆞ더라. 잇ᄯᅢ 쥬육(朱六)이 황녑(黃獵) 죽으믈 보고 ᄃᆡ겁(大怯)ᄒᆞ야 졔쟝(諸將)을 모와 의논ᄒᆞᆯᄉᆡ, 쳘강(鐵强)이 쟝창ᄃᆡ금(長槍大劍)[90]을 들고 쎡 ᄂᆞᄉᆞ며 고(告)왈, "쇼쟝(小將)이 ᄂᆞ가 옥션(玉仙)과 녀쟝(女將)의 머리를 취ᄒᆞ야 올이ᄉᆞ다." 쥬육이 허락ᄒᆞ니 쳘강이 졔쟝군졸(諸將軍卒)을 몰슈(沒數)[91]히 잇글고 ᄂᆞ오거늘 츈ᄆᆡ(春梅) 바라보고 쏘 츌마(出馬)[92]ᄒᆞ기를 청ᄒᆞᆫᄃᆡ, 원쉬 왈, "웃지 낭쟈의 두 번 슈고를

현대어로 옮겨 읽기

자가 비록 여자의 몸이라도 장수의 지략과 재주와 슬기는 예전의 명장도 이에 지나지 못할 것이로다." 하고 가득한 군중들이 치하하는 소리가 무성하였다. 이때 주육이 황렵이 죽음을 보고 크게 겁내어 여러 장수를 모아 의논할 때, 철강이 장창과 대검을 들고 썩 나서며 고하여 말했다. "소장이 나가 옥선과 여장군의 머리를 취하여 오겠습니다." 주육이 허락하니 철강이 여러 장군과 군졸을 모두 이끌고 나오거늘 춘매가 바라보고 또 말을 타고 나가기를 청하니, 원수가 말하기를, "어찌 낭자의 두 번 수고를

87 장냑(將略) 장수로서의 지략.
88 직지(才智) 재주와 슬기.
89 치하분々(致賀紛紛) 치하하는 말을 무성하게 함.
90 장창딕금(長槍大劍) 긴 창과 큰 칼.
91 몰슈(沒數) 수량의 전부.
92 출마(出馬) 말을 타고 나감.

16_앞

식이리요?" 하고 쟈운마(紫雲馬)를 츅켜타고 나는다시 달려들어 싸홀식 슈합(數合)이 못되야 철강(鐵强)이 칼을 들어 원슈를 칠야ᄒ거늘 원슈의 손이 번듯ᄒ며 삼빅근(三百斤) 철퇴(鐵槌) 나려지는 쇼리 천지진동(天地振動)ᄒ고 산천(山川)이 움작이며 철강의 일신(一身)이 편ᄉ박살(片片撲殺)[93]되야 형희(形骸)[94]가 읍는지라. 원슈의 졔쟝이 이 승젼고(勝戰鼓)를 울리고 진중(陣中)의 횡ᄉ(橫行)하더니 어느듯 츈미(春梅) 딕검(大劍)을 빗겨 들고 소리를 지르면서 적진 즁의 달녀들어 동(東)으로 벗듯

현대어로 옮겨 읽기

시키겠는가?" 하고 자운마를 추켜 타고 나는듯이 싸울 때 몇 합이 안 되어 철강이 칼을 들어 원수를 치려하거늘 원수의 손이 번득하며 삼백근 철퇴 내려지는 소리가 천지에 진동하고 산천이 움직이며 철강의 한 몸이 조각조각 박살나 형체가 없는지라. 원수의 여러 장수들이 이 승전고를 울리고 진중을 거리낌 없이 다니더니 어느덧 춘매가 대검을 비껴들고 소리를 지르면서 적진 가운데 달려들어 동으로 번듯

해설
● 적장 철강이 죽음을 당하는 장면이 묘사되고 있다.

93 편々박살(片片撲殺) 산산이 깨어져 부서져 죽음.
94 형히(形骸) 몸과 뼈.

동쟝(東將)을 베고 셔(西)으로 벗듯 셔쟝(西將)을 셔쟝을 베히니 적진(敵陣)이 경겁(驚怯)ᄒ야 모다 챵(槍)을 걱구로 잡고 달녀와 항복ᄒᄂ는지라. 원슈 다 진무(鎭撫)[95]ᄒ고 쥬육(朱六)의 영문(營門)[96]의 다ᄯ른니 적진 등 졔쟝이 쥬육을 결박ᄒ야 원슈 젼의 들이거늘 원슈 쥬육을 잡아 들여 문쵸(問招)[97]ᄒ고 곳 경셩(京城)으로 올려 보ᄂ여 쟝안딕도샹(長安大道上)의 효슈쳐참(梟首處斬)[98]ᄒ니 쟝안 신민(臣民)이 샹쾌히 여기지 아니 리 읍고 혹은 혀도 잘라 멉고[99] 고기고 베혀 먹더라. 원슈 그

현대어로 옮겨 읽기

동쪽 장수를 베고 서로 서쪽 장수를 베니 적진이 놀라 겁을 먹고 모두 창을 거꾸로 잡고 달려와 항복하였다. 원수가 모두 안정시켜 어루만지고 주육의 병영 문에 다다르니 적진 등 여러 장수들이 주육을 결박하여 원수 앞에 들이거늘 원수가 주육을 잡아들여 문초하고 곧 경성으로 올려 보내어 장안 큰길 위에 효수하여 참형에 처하니 장안의 신하와 백성들이 상쾌히 여기지 않는 이 없고 혹은 혀도 잘라 먹고 고기도 베어 먹더라. 원수가 그

해설

- 1번째 줄 아래쪽에 '셔쟝을'이 두 번 반복되고 있는데 이는 필자가 실수로 잘못 표기한 것이다.
- 이 대목에서는 간신이며 역적인 주육의 최후가 다루어지고 있다.

95 진무(鎭撫) 안정시키고 어루만져 달래다.
96 영문(營門) 병영의 문.
97 문쵸(問招) 죄나 잘못을 따져 묻거나 심문함.
98 효슈쳐참(梟首處斬) 효수는 목을 베어 높은 곳에 매달아 놓는 형벌이다. 처참은 목을 베는 형벌인 참수에 처한다는 것이다.
99 먹고 먹고.

17_앞

길로 디군(大軍)은 돌려보너고 츈미와 날닌 군샤 일쳔인(一千人)을 거느리고 월낭(越浪)[100]으로 들어가 이샹셔(李尙書)의 쳐쇼(處所)를 챠챠 가니, 잇쎠 이샹셰 빈소(配所)[101]의 홀로 안져 신셰(身世)를 챠탄(嗟歎)하더니, 난듸읍는 일위(一位) 쇼년 명공(名公)이 들어오며 샹셔 젼의 공손히 지비(再拜)하거늘, 샹셰 놀나 이러 맛고[102] 예필좌졍(禮畢坐定)[103] 후에 연골을 무른듸, 원쉬 고왈, "빙쟝(聘丈)[104]은 쇼쟈(小子)를 모로시느잇가? 쇼쟈는 쟝옥션이로쇼이다." 하고 젼후셜화(前後說話)[105]와 취쳐(娶妻)하던 일을 낫々

현대어로 옮겨 읽기

길로 대군을 돌려보내고 춘매와 날랜 군사 일천 사람을 거느리고 월랑으로 들어가 이상서의 처소를 찾아 가니, 이때 이상서 유배지에 홀로 앉아 신세를 한탄하더니, 난데없는 한 소년 명공이 들어오면서 상서 앞에 공손히 두 번 절하거늘, 상서가 놀라 일어서서 맞이하고 인사를 마치며 자리에 앉은 후에 이유를 물었는데, 원수가 고하여 말하였다. "빙장께서는 소자를 모르십니까? 소자는 장옥선입니다." 하고 전후의 이야기와 아내 얻던 일을 낱낱

해설
- 3째줄 12와 13번째 글자 사이에 '의'가 삽입되었고, 같은 줄 16과 17번째 글자 사이에 '신'이 삽입되어 있다.
- 장옥선이 유배 간 장인어른 이중을 만나는 대목이다.

---

100 월낭(越浪) 전라남도 진안의 옛 이름.
101 빈소(配所) 유배 간 장소.
102 맛고 맞이하고.
103 예필좌정(禮畢坐定) 인사하는 예를 마치고 자리에 앉음.
104 빙장(聘丈) 장인어른을 높여 부르는 말.
105 전후설화(前後說話) 앞뒤의 이야기

17_뒤

치 셜화(說話)ᄒ니 샹셰 원슈의 손을 잡고 일희일비(一喜一悲)[106] 왈, "이 어인 일고? 샤회[107] 곳 안이면 국가 샤직(社稷)이 유지되며 노신(老身)의 사라 도라가기를 웃지 긔약(期約)ᄒ리요?" 이러타시 반기고 셜화ᄒ더라. 원슈 엿ᄌᆞ오되 "졍빅(定配)[108]는 임의 희셕(解釋)[109]되얏씨니 쳥컨된 먼져 올ᄂᆞ 가샤이다. 쇼쟈는 부친을 차져 모시고 가오리다." ᄒ고 인ᄒ야 쟝계(狀啓)[110]ᄒ야 연유를 샹게 고ᄒ니, 이샹셰 곳 길을 ᄯᅥᄂᆞ 경셩(京城)의 다ᄉᆞ러 궐ᄂᆡ의 들어가 원슈의 쟝계를 들인 뒤, 샹이샹셔

현대어로 옮겨 읽기

이 이야기하니 상서가 원수의 손을 잡고 한편 기뻐하고 한편으로 슬퍼하여 말하였다. "이 어쩐 일인가? 사위 곧 아니면 국가의 사직이 유지되며 늙은 몸이 살아 돌아가기를 어찌 기약하리요?" 이렇듯이 반기고 이야기하더라. 원수가 여쭈되, "정배는 이미 풀려나게 되었으니 청컨대 먼저 올라가십시오. 소자는 부친을 찾아 모시고 가겠습니다." 하고 인하여 장계를 올려 연유를 임금께 고하니, 이상서가 곧 길을 떠나 경성에 다다라 궐 안에 들어가 원수의 장계를 드렸는데, 임금이 상서

106 일희일비(一喜一悲) 한 편으로는 기뻐하며 한 편으로는 슬퍼함.
107 샤회 사위.
108 정빅(定配) 귀향, 죄인을 지방이나 섬으로 보내 정해진 기간 동안 그 지역 내에서 감시를 받으며 생활하게 하던 형벌.
109 히셕(解釋) 풀리다.
110 쟝계(狀啓) 왕명을 받고 지방에 나가 있는 신하가 중요한 일을 왕에게 보고하던 일. 또는 그런 문서.

18_앞

> 의 손을 잡고 못닉 반겨ᄒ시고 옥션의 지죠를 층챤ᄒ시더라.

    일합멸젹당(一合滅賊黨) 팔년알엄친(八年謁嚴親)
    흔합의 도젹의 당뉴를 멸ᄒ고 팔 년만의 비로쇼 부친을 뵈온쏘다.

원쉬 그 길노 탐ᄂ국(耽羅國)을 향ᄒ야 갈시 신은[111] 짜에 일으니 젹당(賊黨)이 고을々 웅거(雄據)[112]ᄒ지라, 그 젹쟝의 일흠은 막쇠(莫衰)니 힘이 발산지녁(拔山之力)[113]을 가지고 용

현대어로 옮겨 읽기
의 손을 잡고 못내 반겨하시고 옥선의 재주를 칭찬하였다.

일합멸적당(一合滅賊黨) 팔년알엄친(八年謁嚴親)
한 합에 도적의 당류를 멸하고 팔 년만에 비로소 부친을 뵈도다.

원수가 그 길로 탐라국을 향하여 갈 때 신은 땅에 이르니 적의 무리가 고을에 웅거한지라, 그 적장의 이름은 막쇠니 힘이 산을 뽑을 만하고 용

해설
- 여기에서 4장이 끝나고 5장이 시작된다.
- 또 다른 적장인 막쇠의 인물형상이 소개되기 시작하고 있다.

---

111 신은 땅이름. 황해도 신계군과 충청남도 천안, 함경남도 홍원에 '신은'이라는 지명이 있으나 어딘지는 명확하지 않다. '신안'의 오기인 것처럼 여겨지기도 한다.
112 웅거(雄據) 일정한 지역을 차지하고 굳게 막아 지킴.
113 발산지녁(拔山之力) 산을 뽑을 만한 정도의 힘. 사마천의 『사기』 「항우본기」에 나오는 말로 항우를 지칭하여 '힘은 산을 뽑을 만하고, 기운은 땅을 덮을 만하다.(力拔山, 氣蓋世)'고 한 것에서 유래된 것이다.

18_뒤

> 모양 특혼지라 쥬육의 명을 바다 신은의 둔
> 쳐던이 쥬육의 죽으믈 듯고 군사를 달녀오
> 난길의라 원슈와 한가지 맛나 사홈 호던이
> 막쇠 말을 치질 호야 되금을 빗겨 들고 함셩 호
> 뉫슈오여왈 너의 장쉬 임의 너 칼의 쥭은
> 지라 네 엇지 살기를 도모 호리요 이러 타시
> 분분 할 졔 츈미 말을 달녀 칼을 들으며 오
> 여왈 이놈 막쇠야 목을 느려 칼 바드라

뫼(容貌) 영특 흔지라. 쥬육(朱六)의 명(命)을 바다 신은의 둔(屯)[114] 쳐던이 쥬육(朱六)의 죽으믈 듯고 군샤를 달녀 오는 길이라. 원슈와 한가지 맛나 싸홈을 흐랴던이 막쇠 말을 치질 하야 되금(大劍)을 빗겨 들고 함셩 호고 느오거날, 원쉬 오여 왈, "너의 쟝쉬 임의 너 칼의 죽은지라, 네 엇지 살기를 도모 호리요?" 이러타시 분분(紛紛)[115] 할 제 츈미(春梅) 말을 달녀 칼을 둘으며 오여 왈, "이놈 막쇠야, 목을 느려 칼 바드라!"는 쇼리에 막쇠 넉을 일은지라. 칠

현대어로 옮겨 읽기

모가 영특하였다. 주육의 명령을 받아 신은에 진을 쳤더니 주육의 죽음을 듣고 군사를 달려오는 길이었다. 원수와 한가지로 만나 싸움을 하려했더니 막쇠가 말을 채찍질하여 큰칼을 비껴들고 함성하고 나오거늘, 원수가 외쳐 말하였다. "너의 장수가 이미 내 칼에 죽은지라, 네 어찌 살기를 도모하리오?" 이렇듯이 분분할 때, 춘매가 말을 달려 칼을 휘두르며 외쳐 말하기를, "이놈 막쇠야, 목을 늘여 칼 받아라!"는 소리에 막쇠가 넋을 잃었다. 칠

---

114 둔(屯) 진(陣).
115 분々(紛紛) 떠들썩하고 어수선함.

19_앞

척 장금(長劍) 벗듯ᄒ며 막쇠(莫衰)의 머리 짜의 쩌러지거날 츈미(春梅) 칼 갓희 쇼여 들고 승전고(勝戰鼓)를 울니고 도라오니, 원쉬 숀을 잡어 위로ᄒ고 곳 장게(狀啓)ᄒ야 그 연유를 알외고 원쉬의 일힝은 탐나(耽羅)로 향ᄒ니라. 챠셜(且說) 원쉬 길을 쩌ᄂᆞ 슈십일(數十日)만의 탐ᄂᆞ의 다ᄉᆞ르니 비회(悲懷)를 금치 못할지라. 곳 장시랑(張侍郎)의 비쇼(配所)를 챠져가니 시랑이 읍ᄂᆞᆫ지라. 원쉬 놀나 무른ᄃᆡ 쥬인이 고왈, "샹공(相公)이 왕ᄉᆞ(往往)[116]히 흥(興)을 타셔

현대어로 옮겨 읽기

척 장검이 번득하며 막쇠의 머리가 땅에 떨어지거늘 춘매 칼끝에 꼬여 들고 승전고를 울리고 돌아오니, 원수가 손을 잡아 위로하고 곧 장계하여 그 연유를 아뢰고 원수의 일행은 탐라로 향했다. 한편 원수는 길을 떠나 수십일 만에 탐라에 다다르니 슬픈 마음을 금하지 못하였다. 곧 장시랑의 유배지를 찾아가니 시랑이 없었다. 원수가 놀라 물었는데 주인이 말하였다. "상공이 가끔씩 흥을 타서

해설
● 적장 막쇠의 죽음을 다루고 있다.

116 왕왕(往往) 시간의 간격을 두고 이따금.

19_뒤

고기 낙기로 쇼일(消日)ㅎ더니 슈일 젼의 쳥계강(淸溪江)으로 가 지금것 도라오지 안이 ㅎ시니이다." 원쉬 곳 쳥계강을 챠져가니 빅샤(白沙)는 십니(十里)를 연ㅎ고 벽슈(碧水)는 쳔쟝(千丈)을 날솟는듸[117], 일위(一位) 어옹(漁翁)[118]이 쳥냑닙녹샤의(靑落笠綠蓑衣)[119]로 강간(江間)의 안져거늘, 원쉬 쮜여느려 가보니 과연 시랑(侍郞)이라. 원쉬 절ㅎ고 업더져 인ㅎ야 통곡ㅎ니 시랑은 곡졀(曲折)을 모로고셔 놀나 왈, "어인 샹공이 무슴 닐노 이디지 셜허 ㅎ시ᄂ잇가? 말슴이ᄂ

현대어로 옮겨 읽기

고기 낚기로 날을 보내더니 며칠 전에 청계강으로 가 지금껏 돌아오지 아니 하십니다." 원수가 곧 청계강을 찾아가니 흰 모래는 십리에 이어있고, 푸른 물은 천장이나 날뛰며 솟아오르는데 한 어옹이 푸른색의 떨어진 삿갓과 초록색 도롱이로 강가에 앉아있는데, 원수가 뛰어내려 가보니 과연 시랑이었다. 원수가 절하고 엎어져 인하여 통곡하니 시랑은 곡절을 모르고서 놀라 말하였다. "어떤 상공이 무슨 일로 이다지 서러워하시는가? 말씀이나

해설
- 장옥선이 유배지에 찾아가 아버지 장옥선을 만나는 대목이다.

---

117 날솟는되 날거나 아주 빨리 위로 솟는데.
118 어옹(漁翁) 고기 잡는 노인.
119 청낙닙녹샤의(靑落笠綠蓑衣) 푸른색의 떨어진 삿갓과 초록색의 도롱이 옷.

20_앞

> ᄒᆞ샹이다 웟지이러 졀ᄒᆞ신져 모져 호ᄌᆞ옥션을
> 프묻지 마시긔 탄이 쌔듯ᄒᆞ두즁을 붓들어 울며 왈 옥
> 셩화 말이 이실 ᄲᅮᆫ 음이나 싱시니옥션 오단 말이 왼말
> 이냐 ᄒᆞ며 일장통곡 ᄒᆞ거늘 원쉬 붓들고 위로
> 비쇼의도라와 밤을 발켜 셜화 할시 쳐음의 난니
> 모지 피란 ᄒᆞ야 빅낙촌의 가 취쳐 혼말과 경셩의
> 들어가 과거ᄒᆞ야 모친 모셔 올너가고도 뎡샹셔
> 와 이샹셔의 셔랑 된말숨과 왼부의 도젹과

ᄒᆞ샤이다." 원쉬 이러 졀ᄒᆞ고 엿ᄌᆞ오ᄃᆡ, "쇼ᄌᆞ(小子) 옥션(玉仙)을 모로시ᄂᆞᆫ잇가?" 시랑이 ᄉᆞ말 듯고 두 숀을 붓들고 울며 왈, "옥션이란 말이 어인 말고? 쑴이냐 싱시(生時)냐? 옥션 오단 말이 웬 말이냐?" ᄒᆞ며 일쟝통곡(一場痛哭) ᄒᆞ거늘 원쉬 붓들고 위로ᄒᆞ야 비쇼(配所)[120]의 도라와 밤을 발켜 셜화(說話)할시, 처음의 난니(亂離) 만ᄂᆞ 모직(母子) 피란(避亂) ᄒᆞ야 빅낙촌(百樂村)의 가 취쳐(娶妻)[121] ᄒᆞᆫ 말과 경셩(京城)의 들어가 과거(科擧) ᄒᆞ야 모친 모셔 올너가고 쏘 뎡샹셔와 이샹셔의 셔랑(壻郞)[122] 된 말숨과 완부(完府)[123]의 도젹과

현대어로 옮겨 읽기

하십시다." 원수가 일어나 절하고 여쭈되, "소자 옥선을 모르시겠습니까?" 시랑이 이 말 듣고 두 손을 붙들고 울며 말하기를, "옥선이란 말이 어쩐 말인가? 꿈이냐 생시냐? 옥선 왔단 말이 웬 말이냐?" 하며 한바탕 통곡하거늘 원수가 붙들고 위로하여 유배지에 돌아와 밤을 밝혀 이야기할 때, 처음에 난리를 만나 모자가 피난하여 백락촌에 가서 아내 얻은 말과 경성에 들어가 과거에 급제하여 모친을 모셔 올라가고 또 정상서와 이상서의 사위된 말씀과 완산부의 도적과

120 비쇼(配所) 유배장소.
121 취쳐(娶妻) 아내를 얻음.
122 셔랑(壻郞) 사위.
123 완부(完府) 완산부. 현재의 전주.

20_뒤

싸흘시, 츈미(春梅) 만나 셩공ᄒ던 말슴과 이샹셔 쟈겨 올녀 보ᄂ더던 말슴을 낫낫치 고ᄒᆞᆫ디 시랑이 등을 어로만져 왈, "나의 옥션이 ᄉ럿탓 쟝뷔(丈夫) 되니 웃지 긔특지 안이리요?" ᄒ더라. 잇ᄶᅦ 츈미 들어와 시랑게 뵈온디 시랑이 층챤(稱讚) 왈, "현뷔(賢婦)[124] 쟝부를 도와 디공(大功)을 이루니 웃지 긔특지 안이리요?" ᄒ더라. 그날 밤 지는 후의 원쉬 시랑을 뫼시고 길을 ᄯ나 경셩으로 향할시 산동현(山東縣)의 다ᄉᆞ르니 잇ᄶᅦ

현대어로 옮겨 읽기

싸울 때, 춘매를 만나 성공하던 말과 이상서 찾아 올려 보내던 말씀을 낱낱이 고하니 시랑이 등을 어루만져 말하기를, "나의 옥선이 이렇듯 장부되니 어찌 기특하지 않겠는가?" 하더라. 이때 춘매가 들어와 시랑께 뵈오니 시랑이 칭찬하여 말하기를, "어진 며느리가 장부를 도와 큰 공을 이루니 어찌 기특하지 않겠는가?" 하더라. 그날 밤을 지낸 후에 원수가 시랑을 모시고 길을 떠나 경성으로 향하여 산동현에 다다르니 이때

해설
● 옥선이 아버지 장노학에게 춘매를 인사시키는 대목이다.

124 현부(賢婦) 현명한 며느리. 어진 며느리.

21_앞

무연(舞鶯)이 샹공(相公)을 이별훈 후로 쥬야(晝夜)[125] 만나기를 싱각던이 수적의 원쉬 디공(大功)을 이루고 시랑을 모셔 경셩으로 향ᄒ멀 듯고 디연(大宴)[126]을 비셜(排設)[127] ᄒ야 기다리던이 원슈의 일힝이 산동현의 들어가 슉쇼(宿所)를 정홀식 무연이 디희(大喜)ᄒ야 들어와 원슈와 흔연(欣然)[128]이 만나 그 간 졍회(情懷)[129]를 셜화(說話)ᄒ고 시랑게 뵈온디, 시랑이 쏘훈 사랑ᄒ멀 마지 안이 ᄒ더라. 명일(明日)의 무연을 다리고 길

현대어로 옮겨 읽기

무연이 상공을 이별한 후로 밤낮 만나기를 생각하더니 이때에 원수가 큰 공을 이루고 시랑을 모시어 경성으로 향함을 듣고 큰 잔치를 차려놓고 기다리더니 원수의 일행이 산동현에 들어가 숙소를 정할 때, 무연이 크게 기뻐하며 들어와 원수와 기쁘게 만나 그간의 정회를 이야기하고 시랑을 뵈었는데, 시랑이 또한 사랑함을 마지아니 하였다. 이튿날에 무연을 데리고 길

해설
● 장옥선이 아버지 장노학에게 무연을 만나게 하는 대목이다.

125 쥬야(晝夜) 밤과 낮.
126 듸연(大宴) 큰 잔치.
127 빅설(排設) 연회나 의식에 쓰는 물건을 차려 놓음.
128 흔연(欣然) 기쁘거나 반가워 기분이 좋음.
129 정회(情懷) 생각하는 마음. 또는 정과 회포를 아울러 이르는 말.

21_뒤

을 쎠ᄂ 슈십일 만의 경셩(京城)의 다ᄃᆞ를ᄉᆡ, 이젹의 샹이 옥션이 도라오멀 듯고 승평연(昇平宴)[130]을 비셜ᄒᆞ고 친히 남문(南門) 박긔 거동(擧動)ᄒᆞ샤 원슈를 마질ᄉᆡ, 원슈 샹게 뵈읍고 ᄉᆞ빅(四拜)[131] 후 황은을 샤례ᄒᆞ고 만ᄉᆞ세(萬萬歲)를 불은니, 샹이 원슈의 손을 잡고 위로 왈, "쳔하도탄(天下塗炭)[132]의 경이 곳 아니더면 샤직(社稷)[133]을 웃지 보존ᄒᆞ리요? 십뉴 셰된 아희 이럿닷 셩공홈은 쳔고(千古)의 드무도다." ᄒᆞ시고 못ᄂᆡ 층찬ᄒ

현대어로 옮겨 읽기

을 떠나 수십일 만에 경성에 다다르니, 이때에 임금이 옥선이 돌아옴을 듣고 태평하게 됨을 축하하는 잔치를 베풀고 친히 남문 밖에 거동하여 원수를 맞이할 때, 원수가 임금께 뵙고 네 번 절한 후 황제의 은혜를 사례하고 만만세를 부르니, 임금이 원수의 손을 잡고 위로하여 말하였다. "천하가 도탄에 빠졌음에 경이 곧 아니었다면 사직을 어찌 보존하리오? 십육세된 아이 이렇듯 성공함은 천고에 드물도다." 하시고 못내 칭찬하

해설
● 고려황제가 승전하고 돌아오는 옥선을 직접 맞이하는 대목이다.

---

130 승평연(昇平宴) 태평한 시대를 축하하는 잔치.
131 샤배(四拜) 네 번하는 절.
132 천하도탄(天下塗炭) 온 세상이 진구렁에 빠지고 숯불에 탄다는 뜻으로, 몹시 곤궁하여 고통스러운 지경을 이르는 말.
133 샤직(社稷) 나라 또는 조정을 이르는 말.

시고 즉일(卽日)의 원슈를 다리고 환궁(還宮)호샤 시랑(侍郎)을 부르샤 숀을 잡고 위로 왈, "짐(朕)이 불민(不敏)[134]호야 경(卿)으로 하야금 원지(遠地)[135]의 고싱케 호니 이제 경을 보미 실노 참괴(慙愧)[136]호도다." 혼딕 시랑이 머리를 두다려 황은을 샤례(謝禮) 왈, "쳔은(天恩)[137]이 망극(罔極)호와 죄(罪) 즁(重)호온 신의 몸이 살아오니, 웃지 황감(惶感)[138]치 안이 호오릿가? 신의 쟈식 옥션은 년쳔몰각(年淺沒覺)[139]한 어린 아히 황샹(皇上)의 너부신 복으로 쳔하를 평졍호오니 국가의 만힝(萬幸)[140]이로쇼이다." 샹이 원슈의 공을 층찬 왈, "시랑의

현대어로 옮겨 읽기

시고 그날로 원수를 데리고 궁에 돌아가셔서 시랑을 부르시어 손을 잡고 위로하여 말하기를, "짐이 불민하여 경으로 하여금 먼 곳에 고생케 하니 이제 경을 보매 참으로 부끄럽도다." 하였는데, 시랑이 머리를 두드려 황제의 은혜에 사례하여 말하였다. "천자의 은혜가 망극하여 죄가 무거운 신의 몸이 살아오니, 어찌 황송하고 감격스럽지 아니 하겠습니까? 신의 자식 옥선은 나이 어리고 철이 없는 어린 아이인데 황상의 넓으신 복으로 천하를 평정하니 국가에 아주 다행한 일입니다." 임금이 원수의 공을 칭찬하여 말하기를, "시랑의

해설

● 황제가 자신이 귀양 보냈던 장노학을 불러 위로하는 대목이다.

---

134 불민(不敏) 어리석고 둔하여 재빠르지 못하다.
135 원지(遠地) 먼 곳.
136 참괴(慙愧) 매우 부끄러워함.
137 천은(天恩) 천자의 은혜.
138 황감(惶感) 황송하고 감격스러움.
139 년천몰각(年淺沒覺) 나이가 어리고 철이 없음.
140 만힝(萬幸) 아주 다행함.

22_뒤

아달 쏫[141] 안이러면 늬 웃지 샤직(社稷)을 안보(安保)[142] ᄒ리요?" 이러탓 층찬ᄒ시고 즉일(卽日)의 시랑을 빅(拜)ᄒ야[143] 승샹(丞相)[144]을 하이시니 승샹이 황은(皇恩)을 축샤(祝辭)[145]ᄒ고 집의 도라와 부인을 쳥ᄒ니 부인이 들어와 셔로 손을 잡고 일쟝통곡(一場痛哭)[146] 후의 셔로 고싱ᄒ던 셜화를 낫ᄎ치 ᄒ더라. 잇ᄯᅥ 치봉(彩鳳), 홍능(紅綾), 취란(翠鸞), 잉ᄉ(鶯鶯)은 승샹게 보옵고, 츈ᄆᆡ 무연은 부인게 뵈옵고, 셔로 즐기는 모양 만고(萬古)[147]의 드문 빌너라. 이러구로 원슈 쳔쟈의 샹샤(賞賜)[148]를 만히 밧고 일

현대어로 옮겨 읽기

아들 곧, 아니라면 내 어찌 사직을 안보하였겠는가?" 이렇듯 칭찬하시고 그날로 시랑에게 벼슬을 내려 승상을 하게 하시니 승상이 황제의 은혜를 축사하고 집에 돌아와 부인을 청하니 부인이 들어와 서로 손을 잡고 한 바탕 통곡한 후에 서로 고생하던 이야기를 낱낱이 하였다. 이때 채봉, 홍룽, 취란, 앵앵은 승상을 뵙고, 춘매, 무연은 부인을 뵙고, 서로 즐기는 모양이 만고에 드문 바였다. 이럭저럭 원수가 천자의 상과 하사품을 많이 받고 일

해설

● 장노학이 유배지에서 돌아와 승상이 되고 집에 돌아와 부인을 만나는 대목이다.

141 곳 곧. 즉.
142 안보(安保) 편안(便安)히 보전(保全)함.
143 빅(拜)ᄒ야 벼슬을 내려주어.
144 승샹(丞相) 신하로서 최고의 벼슬.
145 축사(祝辭) 축하하는 인사의 글·말.
146 일쟝통곡(一場痛哭) 한바탕의 통곡.
147 만고(萬古) 매우 먼 옛날.
148 샹사(賞賜) 칭찬하여 상으로 물품을 내려 줌.

일등공신(一等功臣)[149]을 봉(封)ᄒᆞ미 은총(恩寵)이 거록ᄒᆞᆫ지라. 미양(每樣)[150] 한극(閑隙)[151]을 타셔 집의 도라와 여러 미인으로 더부러 질길ᄉᆡ, 치봉은 글을 지여 을푸고, 무연을 팔을 드러 츔을 츄고, 잉ᄉᆞ는 노ᄅᆡ를 부르고, 홍능은 거문고를 타고, 취란은 비파를 치고, 츈미ᄂᆞᆫ 쟝금(長劍)[152]을 ᄲᅢ여 츔을 츄고, 원슈ᄂᆞᆫ 옥져(玉笛)를 닉여 곡죠(曲調)를 지여 부니, 쇼ᄅᆡ 서로 응ᄒᆞ고 곡죄(曲調) 서로 합ᄒᆞ야 화락(和樂)[153]ᄒᆞ는 졍의(情誼)[154]ᄂᆞᆫ 쳔고(千古)[155]의 읍는 빌너라.

현대어로 옮겨 읽기

일등공신을 봉하니 은총이 거룩하였다. 늘 한가한 틈을 타서 집에 돌아와 여러 미인과 더불어 즐길 때, 채봉은 글을 지어 읊고, 무연은 팔을 들어 춤을 추고, 앵앵은 노래를 부르고, 홍릉은 거문고를 타고, 취란은 비파를 치고, 춘매는 장검을 빼어 춤을 추고, 원수는 옥피리를 내어 곡조를 지어 부니, 소리가 서로 응하고 곡조가 서로 합하여 화락하는 정의는 천고에 없는 바였다.

해설
- 여기에서 제5장이 끝난다.
- 장옥선과 여섯 부인이 글, 춤, 노래, 거문고, 비파, 칼춤, 옥피리로 음악을 통해 서로 화락하며 즐기는 모습이 잘 나타난다.

149 일등공신(一等功臣) 공신은 나라에 커다란 공이 있는 신하이며, 일등공신은 그중에서도 최고의 공이 있다고 공인받은 신하이다.
150 미양(每樣) 늘
151 한극(閑隙) 한가한 틈.
152 장금(長劍) 긴 칼.
153 화락(和樂) 화평하게 즐기다.
154 정의(情誼) 서로 사귀어 친해진 정.
155 천고(千古) 아주 먼 옛적.

23_뒤

챠샹일공쥬(且賞一公主) 디연칠미인(大宴七美人)
쏘한 공쥬의게 샹ᄒᆞ고, 크게 일곱 미인을 연희ᄒᆞ는쏘다.

챠셜(且說) 잇ᄯᅥ 샹이 ᄉᆞ남일녀(二男一女)를 두엇씨니 일쟈(一子)는 셰자(世子)요, 이쟈(二子)는 형남디군(荊南大君)이요, 녀쟈는 형샨공쥐(荊山公主)라. 샹이 형샨을 샤십지년(四十之年)의 으드미 특이 샤랑ᄒᆞ시더니 형샨이 졈졈 쟈라ᄂᆞ미 용묘(容貌) 화려ᄒᆞ고 쟈싴(姿色)[156]이 아람다온지라, 샹이 샤랑ᄒᆞ샤 어진 빅필(配匹)을 구코쟈 ᄒᆞ더니 쟝승샹

현대어로 옮겨 읽기

차상일공주(且賞一公主) 대연칠미인(大宴七美人)
또한 공주에게 상하고, 일곱 미인과 크게 연희하다.

한편 이때 임금이 이남일녀를 두었으니 첫째 아들은 세자요, 둘째 아들은 형남대군이요, 딸은 형산공주이다. 임금이 형산공주를 나이 사십에 얻으매 특히 사랑하시더니 형산이 점점 자라나며 용모가 화려하고 자색이 아름다운지라, 임금이 사랑하셔서 어진 배필을 구하고자 하더니 장승상

해설
● 여기서부터 마지막 장인 제6장이 시작되고 있다.

156 쟈식(姿色) 여자의 고운 얼굴이나 모습.

24_앞

의 아달 나흐벌 듯고 결혼코져 ᄒᆞ야던이 잇써 원쉬 임의 취쳐(娶妻)[157]ᄒ엿난지라, 헐일읍셔 샤방(四方)으로 부마(駙馬)[158]를 구ᄒ되 맛당ᄒ 직 읍셔 근심을 말지 안이 ᄒ시더라. 형샨이 십 셰되엿씰 쩌여 왕후(王后) ᄉ원(後園)의 꼿슬 구경코쟈 놀다 가 비몽샤몽간(非夢似夢間)[159]의 일위 노인이 겻틔 안져 고왈, "공쥬는 틱을(太乙) 의 졈졔(點指)ᄒ 비요, 틱을은 곳 니라. 틱을의 졈졔ᄒ 샤람을 구ᄒ야 비필(配匹)을 졍ᄒ 후에야 빅년을 질기고 양

현대어로 옮겨 읽기

이 아들 낳음을 듣고 결혼코자 하였더니 이때 원수가 이미 아내를 얻었는지라, 어쩔 수 없이 사방으로 부마를 구하되 마땅한 자가 없어 근심해 마지 아니 하였다. 형산이 열 살 되었을 때에 왕후가 후원의 꽃을 구경하고자 놀다가 비몽사몽간에 한 노인이 곁에 앉아 고하여 말하기를, "공주는 태을이 점지한 바요, 태을은 곧 나이다. 태을이 점지한 사람을 구하여 배필을 정한 후에야 백년을 즐기고 앙

---

157 취쳐(娶妻) 아내를 얻음.
158 부마(駙馬) 임금의 사위.
159 비몽사몽간(非夢似夢間) 완전히 잠이 들지도 잠에서 깨어나지도 않은 어렴풋한 순간.

화(殃禍)를 면(免)ᄒᆞ리라." ᄒᆞ고 품으로 일기(一個) 옥쇼(玉簫)를 ᄂᆡ여 왕후 젼의 들이며 왈, "이ᄂᆞᆫ 틱을궁(太乙宮) 옥쇼(玉簫)라 품이 가쟝 죳코 소리 쏘흔 쳥아(淸雅)ᄒᆞ야 져마다 쇼리ᄂᆡ지 못ᄒᆞ고 쥬인을 만ᄂᆞ야 쓰일 썩 잇고 틱을궁 옥져(玉笛)ᄂᆞᆫ 임의 세샹의 ᄂᆞ온 지 오란지라. 그 옥져 부ᄂᆞᆫ 쟈와 이 옥쇼 부ᄂᆞᆫ 샤람이 쳔졍연분(天定緣分)[160]이니 왕후ᄂᆞᆫ 쳔시(天時)를 일치 마쇼셔." ᄒᆞ고 인ᄒᆞ야 가거ᄂᆞᆯ 왕휘 씨여본이 남가일몽(南柯一夢)이라. 고히 역여 이러본이 과연 일기 옥쇠

현대어로 옮겨 읽기

화를 면하리라." 하고 품에서 한 개 옥소를 내어 왕후 앞에 들이며 말하기를, "이는 태을궁의 옥소라 품이 가장 좋고 소리 또한 청아하여 저마다 소리 내지 못하고 주인을 만나야 쓰일 때 있고 태을궁의 옥저는 이미 세상에 나온 지 오래이다. 그 옥저 부는 자와 이 옥소부는 사람이 천정연분이니 왕후는 천시를 잃지 마소서." 하고 인하여 가거늘 왕후가 깨어보니 남가일몽이었다. 이상히 여겨 일어나 보니 과연 옥소가

160 천정연분(天定緣分) 하늘이 정하여 준 연분.

25_앞

잇는지라 고히 역기々를 마지 안이ᄒᆞ샤 급히 집어본이 형샨빅옥(荊山白玉)[161]으로 통쇼(洞簫)를 ᄆᆡᆫ스믹 형용(形容)이 아람답고 등의 삭여씨되 형荊샨山옥玉쇠簫유有쥬主ᄒᆞ믹 삼三샨山옥玉졔笛득得빅配라[162] ᄒᆞ엿느지라. 왕휘 이상이 역여 모든 궁녀다려 불느하니 쇼릭느지 안는지라. 공쥐 불기를 청ᄒᆞ되 왕휘 샤랑ᄒᆞ야 옥쇼(玉簫)를 쥬니 공쥐 바다 불믹 쇼릭 쳥아(淸雅)ᄒᆞ야 곳 공즁으로 오르는 듯ᄒᆞ고 곡죄 졀노 되믹 공즁으로서

현대어로 옮겨 읽기

있는지라 이상히 여기기를 마지 아니하셔서 급히 집어보니 형산의 백옥으로 통소를 팠으니 형용이 아름답고 등에 새겼으되 형산옥소유주(荊山玉簫有主)하매 삼산옥저득배(三山玉笛得配)라 하였다. 왕후가 이상히 여겨 모든 궁녀에게 불라고 하니 소리가 나지 않았다. 공주가 불기를 청하니 왕후가 사랑하여 옥소를 주니 공주가 받아 부니 소리가 청아하여 곧 공중으로 날아오르는 듯 하고 곡조가 절로 외며 공중으로부터

해설

● 옥소와 옥저의 인연과 그 유래에 얽힌 이야기를 서술한 대목이다.

---

161 형산빅옥(荊山白玉) 중국 형산에서 나는 백옥이라는 뜻으로, 보물로 전해 오는 흰 옥돌을 이르는 말.
162 형荊산山옥玉쇼簫유有쥬主ᄒ민 삼三산山옥玉졔笛득得비配라 공주의 옥소에 적혀 있던 글씨. 형산 옥소에 주인이 있으니 삼산의 옥저가 짝을 얻으리라는 뜻이다.

일쌍(一雙) 빅학(白鶴)이 느러와 곡죠를 응하야 편천히[163] 츔을 츄는지라. 왕희 보고 긔이하고 샤랑하고 이상하야 왕게 고흔디, 왕이 디찬(大讚) 왈, "니 녀이(女兒) 반다시 션녀(仙女)의 젹강(謫降)[164] 흔 비라. 빈필(配匹)을 잘 구하야 빅년(百年)을 즐기게 흐미 가흐느 샴샨(三山) 옥져(玉笛)를 어닉 곳의 만나리요?" 이러타시 샤랑하야 형샨 옥소를 응(應)하야 형샨공쥬(荊山公主)를 봉(封)하니라. 공쥬 민양 월月명明지之야夜를 당하민 옥쇼(玉簫)를 닉여 불어 학의 츔을 구경하더니 잇써 빅

현대어로 옮겨 읽기

한쌍의 백학이 내려와 곡조에 응하여 천천히 춤을 추었다. 왕후가 보고 기이하고 사랑하고 이상하여 왕에게 고하였는데, 왕이 크게 찬탄하면서 말하였다. "이 여자아이 반드시 선녀가 적강한 바이다. 배필을 잘 구하여 백년을 즐기게 함이 옳으나 삼산 옥저를 어느 곳에서 만나겠는가?" 이렇듯이 사랑하여 형산의 옥소를 응하여 형산공주라 봉하였다. 공주가 늘 달 밝은 밤을 당하면 옥소를 내어 불어 학의 춤을 구경하더니 이때 백

해설

- 적강모티브는 고전소설에서 많이 나타나는 이야기화소이다. 특히 남자주인공과 여자주인공은 천상적인 존재로서 하늘에서 죄를 짓고 그 죄 값을 치르기 위해 인간 세상에 귀양형식으로 태어나는 경우가 많다.

---

163 편천히 '천천히'의 오기인 듯 함.
164 젹강(謫降) 하늘의 존재가 죄를 지어 인간 세상에 귀양 오는 형식으로 내려와서 태어남.

학이 옥쇼를 응ᄒᆞ야 츔츄다가 홀연 공즁(空中)으로 나러가더니, 이윽고 언인[165] 일쌍(一雙) 쳥학(靑鶴)을 다리고와 한가지 츔츄다가 ᄯᅩ 날아 왓다갓다ᄒᆞ여 분쥬(奔走)히 날어 딩기ᄂᆞᆫ지라. 형샨이 고이히 역여 옥쇼(玉簫)를 긋치고 들으니 어듸로 옥져 쇼리 쳥아히 느미 샤람의 심쟝을 샹활(爽闊)[166] 듯 ᄒᆞᄂᆞᆫ지라. 공쥬 여광여취(如狂如醉)[167]ᄒᆞ야 곳 궁인(宮人)[168]을 보늬여 학을 ᄯᅡ라가 옥져 부는 곳슬 알고 오라 ᄒᆞ니 궁인이 명을 바다 ᄯᅡ

현대어로 옮겨 읽기

학이 옥소에 응하여 춤추다가 홀연 공중으로 날아가더니, 이윽고 어떤 한 쌍 청학을 데리고 와서 한가지로 춤추다가 또 날아가 왔다갔다하며 분주히 날아 다녔다. 형산이 이상히 여겨 옥소를 그치고 들으니 어디에서 옥저 소리가 청아하게 나며 사람의 심장을 상쾌하게 하였다. 공주가 미친 듯 취한 듯하여 곧 궁녀를 보내어 학을 따라가 옥저 부는 곳을 알아 오라 하니 궁녀가 명을 받아 따

해설

- 6번째 줄 6번째 글자는 본래 '케'였으나 '듯'으로 고친 흔적이 보인다. 그러나 문맥으로 보면 '케'가 더 자연스럽다.

---

165 언인 어떤.
166 상활(爽闊) 상쾌.
167 여광여취(如狂如醉) 미친 것 같이 취한 것 같이.
168 궁인(宮人) 궁에서 일을 보는 사람. 즉 궁녀.

26_뒤

> 하가니 과연 원슈의 집 후원이라 잇씨 원슈
> 육미인으로 더부러 질걸시 옥져를 불어
> 학의 츔을 구경ᄒᆞᆫ지라 궁인이 보기를 다ᄒᆞ
> 미 긔이ᄒᆞ야 곳 들어가 공쥬긔 고왈 쟝원슈의 후원
> 의셔 원슈 옥젹을 불더이다 공쥬 이 말 듯고 챠탄
> ᄒᆞ야 궁인으로 ᄒᆞ야금 왕후게 그 연유를 통ᄒᆞ라
> 뎌 궁씨이 ᄌᆞ쵸지죵을 낫ᄎ치 왕후게 고ᄒᆞᆫ
> 이 말이 지듯마듯ᄒᆞ며 경탄왈 원슈는 본디 샴샨

라가니 과연 원슈의 집 후원(後園)[169]이라. 잇씨 원슈 육미인(六美人)으로 더부러 질길시 옥져(玉笛)를 불어 학의 츔을 구경ᄒᆞᄂᆞᆫ지라. 궁인(宮人)이 보기를 다하미 긔이ᄒᆞ야 곳 들어가 공쥬긔 고왈, "쟝원슈(張元帥)의 후원의셔 원슈 옥져를 불더이다." 공쥬 이 말 듯고 챠탄(嗟歎)[170]ᄒᆞ야 궁인으로 ᄒᆞ야금 왕후게 그 연유(緣由)를 통ᄒᆞ라 ᄒᆞᆫ디 궁인이 쟈쵸지죵(自初至終)[171]을 낫ᄎ치[172] 왕후게 고ᄒᆞᆫ디, 왕휘 이 말이 지듯마듯ᄒᆞ며[173] 경탄 왈, "원슈는 본디 샴샨(三山)샤

현대어로 옮겨 읽기

라가니 과연 원수의 집 후원이었다. 이때 원수가 여섯 미인과 더불어 즐기므로 옥저를 불어 학의 춤을 구경하였다. 궁녀가 보기를 다하자 기이하여 곧 들어가 공주께 고하여 말하였다. "장원수의 후원에서 원수가 옥저를 불고 있었습니다." 공주가 이 말을 듣고 탄식하여 궁녀로 하여금 왕후에게 그 연유를 통하라 하였는데 궁녀가 자초지종을 낱낱이 왕후에게 고하였는데, 왕후가 이 말이 지나자마자 경탄하여 말하기를, "원수는 본래 삼산 사

169 후원(後園) 집 뒤에 있는 정원이나 작은 동산.
170 챠탄(嗟歎) 탄식하고 한탄함.
171 쟈쵸지죵(自初至終) 처음부터 끝까지 일의 모든 전모.
172 낫々치 낱낱이.
173 지듯마듯ㅎ며 지 듯 말 듯 하여. 지나가자 마자 할 즈음에.

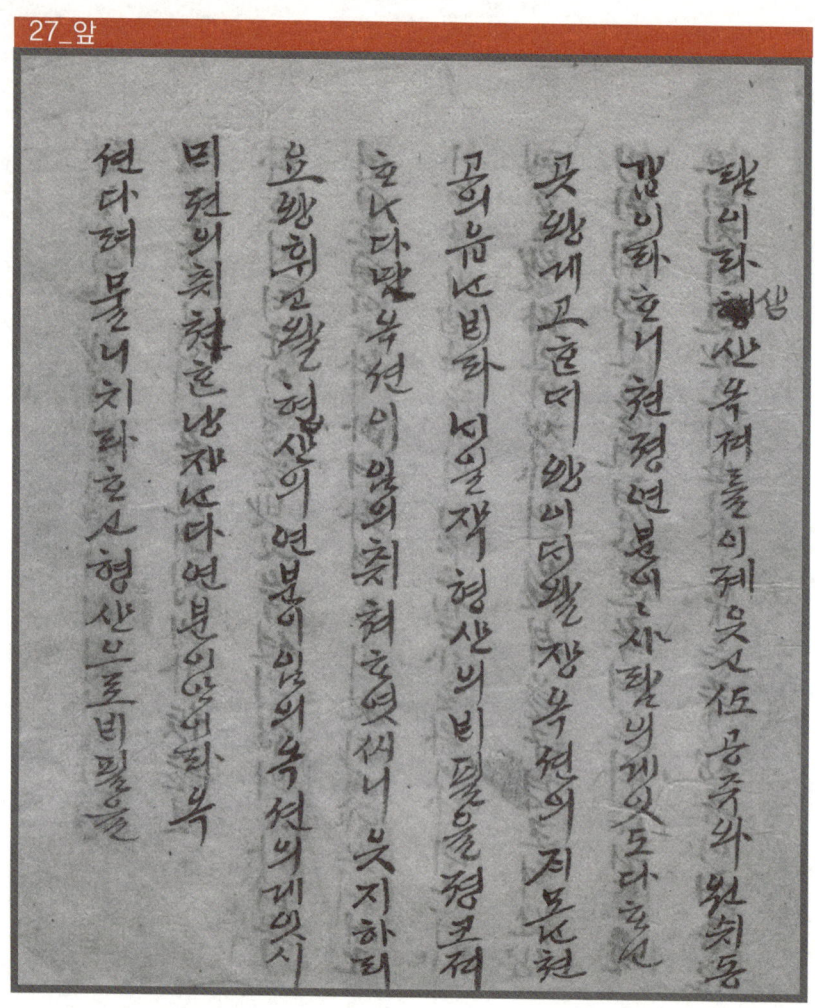

람이라, 샴샨 옥져를 이졔 웃고 또 공쥬와 원쉬 동갑(同甲)이라 ᄒᆞ니, 쳔졍연분(天定緣分)이 ᄯᅥ 샤람의게 잇도다!" ᄒᆞ고 곳 왕게 고ᄒᆞᆫ딕, 왕이 딕왈, "쟝옥션의 직모(才貌)는 쳔고(千古)의 읍는 빅라. 너 일쟉 형샨의 비필을 졍코져 ᄒᆞᄂᆞ 다만 옥션이 임의 취쳐(娶妻)ᄒᆞ엿씨니 웃지하리요?" 왕휘 고왈, "형샨의 연분이 임의 옥션의게 잇시미 젼의 취쳐ᄒᆞᆫ 낭쟈는 다 연분이 안이라. 옥션다려 물니치라 ᄒᆞ고 형샨으로 비필을

현대어로 옮겨 읽기

람이라 삼산옥저를 이제 얻고 또 공주와 원수가 동갑이라 하니, 하늘이 정한 연분이 이 사람에게 있도다!" 하고 곧 왕께 고하였는데, 왕이 대답해 말하였다. "자옥선의 재주와 용모는 천고에 없는 바다. 내 일찍 형산의 배필을 정하고자 하나 다만 옥선이 이미 아내를 얻었으니 어찌 하리오?" 왕후가 고하여 말하였다. "형산의 연분이 이미 옥선에게 있으므로 전에 처로 얻은 낭자는 다 연분이 아닙니다. 옥선에게 물리치라 하고 형산으로 배필을

해설
- 형산공주와 장옥선의 천정연분이 밝혀지면서, 그 이전의 여섯 미인들과의 부부 인연이 위기에 처하게 되는 장면이다.

27_뒤

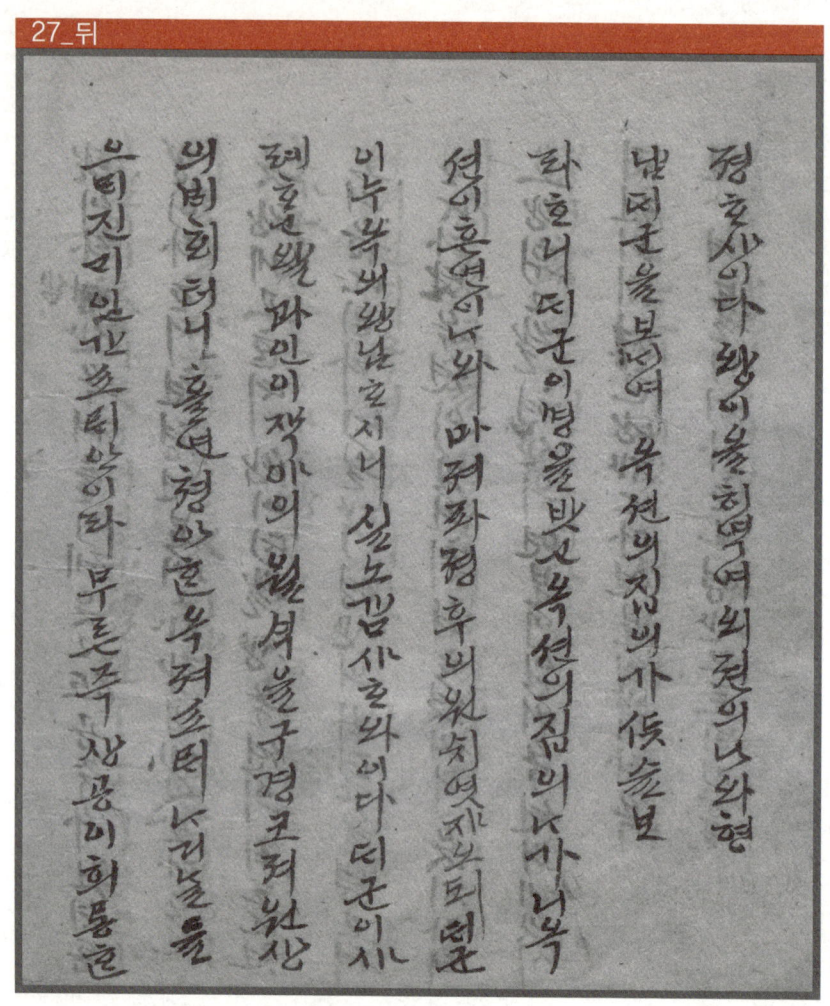

정호샤이다." 왕이 올히 역여 외젼(外殿)[174]의 나와 형남디군(荊南大君)을 보니여 옥션의 집의가 뜻을 보라호니, 디군이 명을 밧고 옥션의 집의 느가니 옥션이 흔연히 느와 마져 좌졍(坐定)[175] 후의 원쉬 엿쟈오디, "디군이 누옥(陋屋)[176]의 왕님(枉臨)[177] 호시니 실노 감샤호와이다." 디군이 샤례(謝禮)[178] 호고 왈, "과인(寡人)이 쟉야(昨夜)[179]의 월식(月色)[180]을 구경코져 원샹(園上)의 비회(徘徊)터니 홀연 쳥아훈 옥져 쇼리 나거늘 들으미 진기(眞箇)[181] 인간 쇼리 안이라. 무른 즉 샹공이 희롱훈

현대어로 옮겨 읽기

정하십시다." 왕이 옳게 여겨 외전에 나와 형남대군을 보내어 옥선의 집에 가서 뜻을 보라 하니, 대군이 명령을 받고 옥선의 집에 나가니 옥선이 기쁘게 나와 맞아 좌정한 후에 원수가 여쭈었다. "대군이 누추한 집에 왕림하시니 참으로 감사합니다." 대군이 사례하고 말하였다. "과인이 어제 밤에 달빛을 구경코자 뜰 위를 배회하다가 홀연 청아한 옥저소리가 나거늘 들으니 참으로 인간의 소리가 아니었습니다. 물으니 곧 상공이 희롱한

해설

- 형남대군이 장옥선을 찾아가 형산공주와의 혼인에 대한 장옥선의 의사를 떠보는 대목이다. 〈구운몽〉에서도 월왕이 양소유를 찾아가 난양공주와의 혼인에 대한 의향을 떠보는 대목이 있다.

174 외전(外殿) 임금이 거처하는 전각을 내전(內殿)에 상대하여 이르는 말.
175 좌정(坐定) 자리를 잡아 앉음. 남을 높일 때나 점잖게 이를 때에 쓴다.
176 누옥(陋屋) 누추한 집. 자기가 사는 집을 겸손하게 이르는 말.
177 왕님(枉臨) 몸을 굽혀 찾아옴.
178 샤례(謝禮) 언행이나 선물 따위로 상대에게 고마운 뜻을 나타냄.
179 쟉야(昨夜) 어젯밤.
180 월식(月色) 달빛.
181 진기(眞箇) 정말로. 참으로.

다 ᄒᆞ니 진젹(眞的)[182]ᄒᆞ며 그런 보비를 어니 곳으로 좃쳐 어든잇가?" 원쉬 황공 디 왈, "복(僕)[183]이 월흥(月興)을 이긔지 못ᄒᆞ와 드러온 쇼리를 ᄒᆞ얏던이 웃지 디군(大君)의 들으시미 될 줄을 ᄯᅳᆺᄒᆞ엿ᄊᆞ오리요? 옥젹(玉笛) 츌쳐(出處)[184]를 무루시니 감히 디답ᄒᆞ옵ᄂᆞ이다." ᄒᆞ고 낫ᄎᆞ치 셜화ᄒᆞ니 디군이 층탄불이(稱歎不已)[185]ᄒᆞ고 인ᄒᆞ야 왈, "옛말의 ᄒᆞ얏시되 임군이 혹 죠금 그룻ᄒᆞᆫ 닐을 ᄒᆡᆼᄒᆞᄆᆡ 신자(臣子) 도리의 ᄒᆡᆼᄒᆞᆫ다 하엿씨니 그 말이 올흔잇

현대어로 옮겨 읽기

다 하니 참으로 그러하며 그런 보배를 어느 곳으로부터 얻었습니까?" 원수가 황공하여 대답해 말하기를, "제가 달을 보고 흥을 이기지 못하여 더러운 소리를 하였더니 어찌 대군의 들으심이 될 줄을 뜻하였겠습니까? 옥피리의 출처를 물으시니 감히 대답하겠습니다." 하고 낱낱이 이야기하니 대군이 칭찬탄복하기를 마지않고 인하여 말하였다. "옛 말에 하였으되 임금이 혹 조금 그릇한 일을 행하면 신하의 도리에 행한다 하였으니 그 말이 옳습

---

182 진적(眞的) 참되고 틀림없음.
183 복(僕) 자신을 겸손하게 낮추어 지칭하는 말. 저.
184 출처(出處) 사물이나 말 따위가 생기거나 나온 근거.
185 층탄불이(稱歎不已) 칭찬하여 탄복하여 마지않음.

28_뒤

> 가 원슈 정식(正色) 왈, "웃지 그러리잇고? 현군(賢君)은 간신(諫臣)[186]을 쓴다 ᄒ엿씨니 임군이 허물이 잇시면 신직(臣子) 맛당히 죽기로 힘쎠 간(諫)ᄒᄂᆞᆫ 도리 당연ᄒᆞ오이다." 되군(大君)이 그 말 듯고 붓그러 샤례ᄒᆞ고 들어가 원슈와 슈작(酬酌)[187]ᄒᆞᆫ 말을 낫낫치 왕게 고ᄒᆞ되, 왕이 챠탄(嗟歎)[188] 왈, "가위 츙신(忠臣)이라 일을 지로다. 웃지 ᄒᆞ면 혼사(婚事)를 일울이요?" 이윽히[189] 싱각던 되군다려 일너 왈, "니 이제 승상(丞相)을 명쵸(命招)[190]ᄒᆞ야 혼사를 말ᄒᆞ면 승상은 지위 즁흔 지

현대어로 옮겨 읽기

가?" 원수가 정색하며 말하였다. "어찌 그러하겠습니까? 현군은 간쟁하는 신하를 쓴다 하였으니 임금이 허물이 있으면 신하가 마땅히 죽기로 힘써 간하는 도리가 당연합니다." 대군이 그 말 듣고 부끄러워 사례하고 들어가 원수와 주고받은 말을 낱낱이 왕께 고하니, 왕이 탄식하며 말하였다. "충신이라 이를 만 하도다. 어찌 하면 혼사를 이룰 수 있겠는가?" 한참 동안 생각하더니 대군에게 일러 말하기를, "내 이제 승상을 불러 혼사를 말하면 승상은 지위가 무거운 재

해설

- 임금이 신하에게 자신의 딸과 혼인하기를 강요하는 대목이 나타난다. 고전소설에서 영웅적인 남자주인공은 이러한 상황을 많이 겪게 된다. 이것을 흔히 늑혼(勒婚)모티브라 한다.

186 간신(諫臣) 임금의 잘못을 간쟁하는 신하.
187 슈쟉(酬酌) 말을 주고받음.
188 챠탄(嗟歎) 탄식하고 한탄함.
189 이윽히 한참 동안.
190 명쵸(命招) 임금의 명으로 신하를 부름.

샹(宰相)이라 박약(薄弱)지 못할 거시니 옥션이 아모리 흔들 인군의 명(命)이 엄절(嚴切)[191]ᄒ고 부친의 명이 쏘 잇시면 웃지 어긔리요?" 하고 곳 승샹을 명쵸(命招)[192]ᄒ시니, 승샹이 명을 응ᄒ야 들어오거늘, 샹이 쟈리를 쥬시고 연ᄒ야 왈, "예젼의 디슌(大舜)[193]이 조졍(朝廷)을 도와 디공(大功)을 이루고 쳔하를 틱평(太平)케 ᄒ시미, 졔외(帝堯)[194] 두 짜님을 나리샤 디슌의 공을 갑흐셧다 ᄒ니 이제 쳔하를 평졍하야 샤직(社稷)을 안보(安保)홈은 다 옥션의 공이라. 늬 옥션

현대어로 옮겨 읽기

상이라 박약치 못할 것이니 옥선이 아무리 한들 임금의 명령이 엄절하고 부친의 명이 또 있으면 어찌 어기리오?" 하고 곧 승상을 명하여 부르시니, 승상이 명을 받아 들어오거늘, 임금이 자리를 주시고 이어서 말하였다. "예전에 크신 순임금이 조정을 도와 큰 공을 이루고 천하를 태평하게 하시므로, 요임금이 두 따님을 내리셔서 순의 공을 갚으셨다 하니 이제 천하를 평정하여 사직을 편안히 보전함은 다 옥선의 공이다. 내 옥선

191 엄절(嚴切) 성격이 매우 엄격함.
192 명초(命招) 명하여 부름.
193 딕순(大舜) 큰 순임금.
194 졔외(帝堯) 요임금.

의 공을 갑지 못ᄒ얏기로 형산공쥬를 나려 첫지ᄂ 쳔졍연분(天定緣分)을 잇게 ᄒ고, 둘지ᄂ 옥션의 공을 갑고져 ᄒ노니, 웃더ᄒ뇨?" 승샹이 고두샤왈(叩頭謝曰)[195], "옥션이 무슴 공이 잇ᄉ오며, ᄯᅩᄒ 옥션이 임의 취쳐(娶妻)ᄒ엿ᄉ오니 셩샹(聖上)은 통쵹(洞燭)[196]ᄒ샤이다." 샹이 우워 왈, "그러ᄂ 너 임의 ᄯᅳᄉᆯ 졍혼지라, 다시 할 길 읍시니, 승샹은 의논하여 너 ᄯᅳᄉᆯ 어긔지 말ᄂ." 승샹이 황공(惶恐)[197]ᄒ야 곳 명을 밧고 집의 도라와 옥

현대어로 옮겨 읽기

의 공을 갚지 못하였기로 형산공주를 내려 첫째는 천정연분을 잇게 하고, 둘째는 옥선의 공을 갚고자 하니 어떠한가?" 승상이 머리를 조아리며 사례하여 말하였다. "옥선이 무슨 공이 있으며, 또한 옥선이 이미 아내를 얻었으니 성상은 살펴주십시오." 임금이 웃으며 말하였다. "그러나 내 이미 뜻을 정한지라, 다시 할 길이 없으니, 승상은 의논하여 내 뜻을 어기지 말라." 승상이 황공하여 곧 명을 받고 집에 돌아와 옥

195 고두샤왈(叩頭謝曰) 머리를 조아리며 사례하여 말함.
196 통촉(洞燭) 윗사람이 아랫사람의 사정이나 형편 따위를 깊이 헤아려 살핌.
197 황공(惶恐) 당황스럽고 두려움.

선다려 황상(皇上)의 명을 전하니 옥선이 할일읍서 닉당(內堂)의 들어가 그 말을 설화(說話)ᄒᆞ니 육 부인이 그 말 듯고 셔로 붓들고 울며 왈, "우리 육인(六人)이 샹공의 후은(厚恩)[198]을 마더[199] 빅년을 긔약코쟈 ᄒᆞ얏던이 ᄉᆞ계 허사(虛事) 되엿시니 우리 임의 쟝씨 문중의 허신(許身)ᄒᆞ지라, 웃지 다른 쯧시 잇씨리요?" 셔로 죽기로 쟈쳐(自處)ᄒᆞ니 원쉬 위로 왈, "황샹이 승명(聖明)[200]ᄒᆞ시니 닉 나어가 잘 품달(稟達)[201]ᄒᆞ면 이디지 학졍(虐政)[202]을 ᄒᆞ시지 안이

현대어로 옮겨 읽기

선에게 황상의 명을 전하니 옥선이 하릴없어 내당에 들어가 그 말을 이야기하니 여섯 부인이 그 말 듣고 서로 붙들고 울며 말하였다. "우리 여섯 사람이 상공의 두터운 은혜를 받아 백년을 기약코자 하였더니 이제 헛일이 되었으니 우리 이미 장씨 문중에 몸을 허락하였는지라, 어지 다른 뜻이 있으리오?" 서로 죽기로 자처하니 원수가 위로하여 말하였다. "황상께서 지혜가 밝으시니 내가 나아가 잘 아뢰면 이다지 사나운 정치를 하시지 않으

198 후은(厚恩) 두터운 은혜.
199 마더 '바더'의 오기. 즉 받아.
200 승명(聖明) 지혜가 밝음.
201 품달(稟達) 웃어른이나 상사에게 아룀.
202 학정(虐政) 포학하고 가혹한 정치.

30_뒤

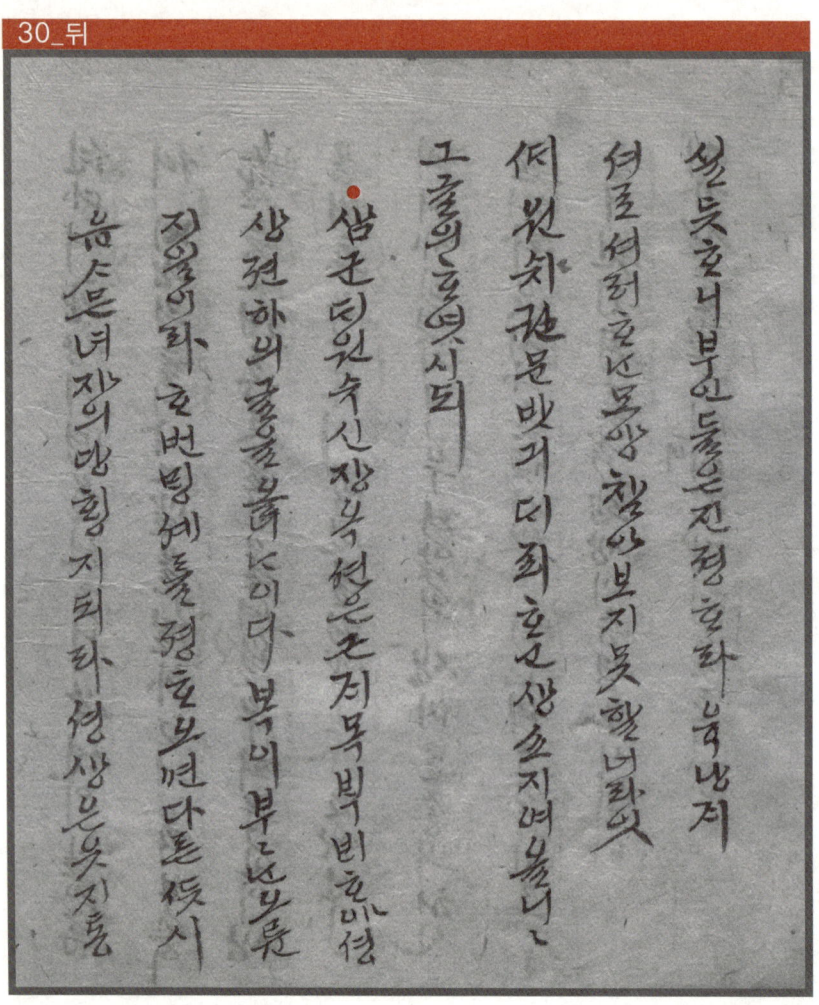

실 듯ᄒᆞ니 부인들은 진졍(鎭靜)[203]ᄒᆞ라." 육낭ᄌᆞ(六娘子) 셔로 셔러ᄒᆞ는 모양 참아[204] 보지 못 할너라. 잇ᄯᅥ 원슈 궐문 밧긔 ᄃᆡ죄(待罪)[205]ᄒᆞ고 샹쇼(上疏) 지여 올니ᄉᆞ 그 글의 ᄒᆞ엿시되

샴군ᄃᆡ원슈(三軍大元帥) 신(臣) 쟝옥션(張玉仙)은 근지목ᄇᆡᆨ비(近罪目百拜)[206] ᄒᆞ야 성샹젼하의 글을 올니ᄂᆞ이다. 복이(伏以)[207] 부ᄉᆞ는 오륜지일(五倫之一)[208]이라, ᄒᆞᆫ번 ᄆᆡᆼ셰를 졍ᄒᆞ오면 다른 ᄯᅳᆺ시 읍ᄉᆞᆷ은 녀쟈(女子)의 당ᄒᆡᆼ지되(當行之道)[209]라. 성샹은 웃지 통

현대어로 옮겨 읽기

실 듯하니 부인들은 진정하라." 여섯 낭자가 서로 서러워하는 모양은 차마 보지 못할 정도였다. 이때 원수가 궁궐 문밖에 대죄하고 상소를 지어 올리니 그 글에 하였으되

삼군대원수 신 장옥선은 죄목이 백배에 가까워 성상 전하께 글을 올립니다. 엎드려 생각하건대 부부는 오륜의 하나라, 한번 맹세를 정하면 다른 뜻이 없음이 여자가 마땅히 행해야 할 도입니다. 성상은 어찌 통

해설
● 다섯 번째 줄부터는 상소문의 내용이다.

203 진정(鎭靜) 흥분이나 아픔 따위가 가라앉아 고요해짐.
204 참아 차마.
205 대죄(待罪) 죄를 기다림.
206 근죄목빅비(近罪目百倍) 죄지은 항목이 백배에 가까움.
207 복이(伏以) 엎드려 생각하건대.
208 오륜지일(五倫之一) 오륜중의 하나 즉, 유학에서, 사람이 지켜야 할 다섯 가지 도리. 부자유친, 군신유의, 부부유별, 장유유서, 붕우유신 중의 하나를 뜻하는데 여기선 문맥상 '부부유별(夫婦有別)'을 가리킴.
209 당행지되(當行之道) 마땅히 행할 도.

31_앞

> 흐르지못ㅎ시느잇가 신은들으니 됴강지쳐는
> 불하당이라ㅎ오니 셩샹은 다시 하감ㅎ읍
> 셔 신을 송홍의 예로 디졉ㅎ시믈 복망
> 이라ㅎ얏더라
> 잇뛰 샹이 글을 보시고 경탄ㅎ샤
> 샹쇼를 가지고 뇌젼의 들어가샤 왕
> 공쥬게 뵈엿지오디 츙신은 불사
> 니군이요 녈녀는 불경이부ㅎ엿시

쵹(洞燭)지 못 ᄒ시ᄂᆞ잇가? 신은 들으니 죠강지쳐(糟糠之妻)는 불하당(不下堂)[210]이라 ᄒᆞ오니 셩샹(聖上)은 다시 하감(下鑑)[211]ᄒᆞ옵셔 신을 송홍(宋弘)[212]의 예로 디졉(待接)ᄒᆞ시믈 복망(伏望)[213]이라 ᄒᆞ얏더라.

잇ᄯᅢ 샹이 글을 보시고 경탄ᄒᆞ샤 샹쇼(上疏)를 가지고 ᄂᆡ젼(內殿)의 들어가샤 왕후와 공쥬게 뵈이신ᄃᆡ, 공쥬 졀ᄒᆞ고 엿ᄌᆞ오ᄃᆡ "츙신은 불사이군(不事二君)[214]이요 녈녀(烈女)ᄂᆞᆫ 불경이부(不更二夫)[215]라 ᄒᆞ엿시

현대어로 옮겨 읽기
촉지 못하십니까? 신은 들으니 조강지처는 버리지 않는다 하니 성상은 다시 내려다 보셔서 신을 송홍의 예로 대접하시기를 엎드려 바랍니다 라고 하였더라.

이때 임금이 글을 보시고 경탄하셔서 상소를 가지고 내전으로 들어가서서 왕후와 공주에게 보이셨는데, 공주가 절하며 여쭈되, "충신은 두 임금을 섬기지 않고 열녀는 두 남편을 바꾸지 않는다 하였으

해설
- 장옥선이 늑혼을 거두어달라고 올린 상소문이 나타나 있다. 늑혼이야기에서는 송홍의 이야기가 거절하는 명분으로 흔하게 거론된다.

210 죠강지쳐(糟糠之妻)는 불하당(不下堂) 젊어서 함께 고생한 아내는 내쫓거나 내보내지 않음.
211 하감(下鑑) 위에서 내려다 봄.
212 송홍(宋弘) 후한광무제 때 사람으로 광무제가 송홍에게 그의 누이와 혼인할 것을 권하였으나 송홍은 조강지처를 버릴 수 없다고 하며 이를 거절했다고 한다.
213 복망(伏望) 엎드려 웃어른의 처분 따위를 삼가 바람.
214 불샤이군(不事二君) 두 임금을 섬기지 아니함.
215 불경이부(不更二夫) 두 번 시집가지 않음.

31_뒤

니 쟝원슈(張元帥) 임의 육부인(六夫人)을 취ᄒᆞ야 빅년(百年)을 밍셰ᄒᆞ엿거날, 부친의 젼교(傳敎) 이딕지 엄졀(嚴切)ᄒᆞ시니 헐일읍서 육부인이 다 죽기로 쟈쳐(自處)ᄒᆞ엿다 ᄒᆞ오니, 웃지 ᄒᆞᆫ 샤람으로 하야곰 여섯 샤람의 목슘을 ᄭᅳᆾ오며, 쪼ᄒᆞᆫ 방금 날니지여(亂離之餘)의 군뷔(君父) 어진 졍샤(政事)를 힝ᄒᆞ시는 듸, 웃지 여쟈로 하여금 불인지졍(不仁之政)²¹⁶을 힝ᄒᆞ시리잇가? 쇼녀는 듯샤온즉 쟈고(自古)로 왕후(王侯)의 쌀이 ᄒᆞ가(下嫁)²¹⁷ᄒᆞ오미 잉쳡(媵妾)²¹⁸ 슈빅인(數百人)

현대어로 옮겨 읽기

니 장원수가 이미 여섯 부인을 취하여 백 년을 맹세하였는데, 부친의 전교가 이다지 엄절하여 하릴없이 여섯 부인이 다 죽기로 자처하였다 하니, 어찌 한 사람으로 하여금 여섯 사람의 목숨을 끊으며, 또한 지금 난리가 지난 후에 군부께서 어진 정치를 행하시는데, 어찌 여자로 하여금 인하지 않은 정치를 행하시겠습니까? 소녀는 들건대 예로부터 왕과 제후의 딸이 시집을 갈 때 잉첩 수백 사람

해설

● 형산공주가 잉첩제도를 통해 장옥선에 대한 늑혼의 해결책을 제시하고 있다.

---

216 불인지정(不仁之政) 어질지 않은 정치.
217 흥가(下嫁) 지체가 낮은 곳으로 시집간다는 뜻으로, 공주나 옹주가 귀족이나 신하에게로 시집감을 이르던 말.
218 잉첩(媵妾) 첩. 예전에, 귀인(貴人)에게 시집가는 여인이 데리고 가던 시첩(侍妾).

32_앞

이모신다 ᄒᆞ오니 웃지 육인(六人)을 두지 못ᄒᆞ올잇가?" 샹과 왕휘(王后) 갓치 좌정(坐定)ᄒᆞ엿다가 이 말 듯고 공쥬의 등을 어로만져[219] 층찬 왈, "녀자의 말이 실노 쟝부(丈夫)의 소견에 지난도다." ᄒᆞ시고 딕희ᄒᆞ샤 곳 외젼(外殿)의 ᄂᆞ셔 쟝승샹을 명쵸(命招)ᄒᆞ샤 공쥬의 말ᄉᆞᆷ을 젼ᄒᆞ시니, 승샹(丞相)이 복지(伏地)[220] ᄒᆞ얏다가 경탄ᄒᆞ야 이러 졀ᄒᆞ고 즉 왈, "공쥬의 너부신 도량이 ᄉᆞ럿탓 ᄒᆞ시니 가위(可謂)[221]

현대어로 옮겨 읽기

이 모신다 하니 어찌 여섯 사람을 두지 못하겠습니까?" 임금과 왕후가 같이 앉았다가 이 말을 듣고 공주의 등을 어루만져 칭찬하여 말했다. "여자의 말이 참으로 장부의 소견보다 낫도다." 하시고 크게 기뻐하여 곧 외전에 나가 장승상을 오라고 명하여 공주의 말씀을 전하시니, 승상이 땅에 엎드렸다가 경탄하여 일어나 절하고 곧 말하기를, "공주의 넓으신 도량이 이렇듯 크시니 능히

219 어로만져 어루만져.
220 복지(伏地) 땅에 엎드림.
221 가위(可謂) 가히, '능히', '넉넉히'의 뜻을 나타낸다.

32_뒤

제왕(帝王)의 여쟈²²²라. 신(臣) 등이 웃지 은명(恩命)²²³을 밧지 안이리요." ᄒ고 곳 샤례(謝禮)ᄒ고 물너ᄂᆞ와 옥션다려 공쥬의 말솜을 젼ᄒ니 옥션이 경탄 왈, "심규(深閨)²²⁴의 게신 낭지 웃지 이딕지 도량이 홍딕(弘大)ᄒ신고?" ᄒ고 곳 닉당(內堂)의 들어가 부인 젼의 그 연유를 고ᄒ고 별당(別堂)의 들어가니, 잇씨 육부인이 셔로 붓들고 우ᄂᆞ지라. 원쉬 희식(喜色)이 만안(滿顔)ᄒ야 일너 왈, "부인 등은 근심치 마르시고 닉 말을

현대어로 옮겨 읽기

제왕의 딸입니다. 신등이 어찌 은혜로운 명령을 받지 않겠습니까?" 하고 곧 사례하고 물러나와 옥선에게 공주의 말씀을 전하니 옥선이 경탄하며 말하기를, "깊은 규방에 계신 낭자가 어찌 이처럼 도량이 넓고 크신가?" 하고 곧 내당에 들어가 부인 앞에 그 연유를 고하고 별당에 들어가니, 이때 여섯 부인이 서로 붙들고 울고 있었다. 원수가 기쁜 빛이 얼굴에 가득하여 일러 말하였다. "부인 등은 근심치 말고 내 말을

222 여자 딸.
223 은명(恩命) 은혜로운 명.
224 심규(深閨) 깊은 규방, 여자가 거처하는, 깊이 들어앉은 집이나 방.

들으쇼셔" 호고 인호여 공쥬의 말숨을 셜화호니, 육부인 일희일경(一喜一驚)[225] 왈, "궁문(宮門)이 깁고 깁허 싱민(生民)[226]의 간고(艱苦)[227]를 명쵹(明燭)[228]지 못홀지라, 공쥬는 웃지 도량(度量)[229]이 숙되지 쟝(壯)호신고?" 호고 셔로 위로호야 챠탄호고 일너 왈, "공쥬의 도량이 숙되지 너부시니 우리 등은 반다시 은퇵(恩澤)[230]을 만히 입으리로다." 호고 셔로 치하(致賀)[231]호는 쇼릭 분분(紛紛)호더라. 잇찍 원쉬 곳 궐 닉(闕內)의 들어가 쳔은(天恩)을

현대어로 옮겨 읽기

들으소서." 하고 인하여 공주의 말씀을 이야기하니, 여섯 부인이 기쁘기도 하고 놀랍기도 하여 말하기를, "궁궐 문이 깊고 깊어 백성의 어려움과 고통을 맑게 살피지 못할 것임에도 공주는 어찌 도량이 이처럼 장하신가?" 하고 서로 위로하여 감탄하고 일러 말하기를, "공주의 도량이 이처럼 넓으시니 우리 등은 반드시 은택을 많이 입을 것이다." 하고 서로 치하하는 소리가 분분하였다. 이때 원수가 곧 궐 안에 들어가 천자의 은혜를

225 일희일경(一喜一驚) 기쁘기도 하고 놀랍기도 함.
226 싱민(生民) 백성.
227 간고(艱苦) 처지나 상태가 어렵고 힘이 듦.
228 명촉(明燭) 밝게 살핌.
229 도량(度量) 너그러운 마음과 깊은 생각.
230 은틱(恩澤) 은혜(恩惠)와 덕배.
231 치하(致賀) 남의 경사(慶事)에 대(對)하여 축하(祝賀)의 말을 하는 인사(人事). 기쁘다는 뜻을 표함.

33_뒤

> 시례혼뒤 샹이 공주를 뒤찬호시신
> 곳일관을 명호시 길일을 갈희여가
> 례를 힝할서 잇떠난 춘숨월 호시졀이라
> 도화는 쟉쟉호시 기엽은 진々호니 졍히 남혼
> 녀가 할[씨]너라 길일을 당호야 궐뇌의셔 젼
> 안쵸[녜]을 호고 밤을 당호야 신방을 챠려 션관션
> 녜 모[여] 안지니 쳔고의 읍난 승호 녜오 만고의 듯지
> 못호 위의라 원쉬 공쥬를 뒤호야 왈 공쥬

샤례(謝禮)혼뒤 샹이 공주를 뒤찬(大讚)호시고 곳 일관(日官)²³²을 명호샤 길일(吉日)²³³을 갈희여, 가례(嘉禮)²³⁴를 힝할시 잇써는 츈숨월(春三月) 호시졀(好時節)이라. 도화(桃花)²³⁵는 쟉々(灼灼)²³⁶호고 기엽(其葉)²³⁷은 진々(溱溱)²³⁸호니 졍히 남혼녀가(男婚女嫁)²³⁹ 할씨너라. 길일을 당호야 궐뇌의셔 젼안쵸례(奠雁醮禮)²⁴⁰호고 밤을 당호야 신방(新房)을 챠려 션관션녜(仙官仙女)²⁴¹ 모여 안지니 쳔고(千古)의 읍는 승(盛)호 녜(禮)요, 만고(萬古)의 듯지 못호 위의(威儀)²⁴²라. 원쉬 공쥬를 뒤호야 왈, "공쥬

현대어로 옮겨 읽기

사례하였는데, 임금이 공주를 크게 찬양하시고 곧 일관을 명하여 좋은 날을 가려서, 혼례를 행하려 하므로 이때는 춘삼월 좋은 시절이라. 복숭아꽃은 찬란하고 그 잎은 무성하니 바로 남녀가 혼인할 때였다. 좋은 날을 당하여 전안초례하고 밤을 당하여 신방을 차려 선관선녀가 모여 앉으니 천고에 없는 성한 예요, 만고에 듣지 못한 위엄 있는 의식이었다. 원수가 공주를 대하여 말하였다. "공주

해설
● 장옥선과 형산공주의 결혼식 장면을 다루고 있다. 장옥선이 형산공주와 혼인함으로써 장옥선이 마침내 일곱 미인을 아내로 맞이한다.

232 일관(日官) 길일(吉日)을 선택(選擇)하는 일을 맡아보던 관상감(觀象監)의 한 직장(職掌).
233 길일(吉日) 좋은 날.
234 가례(嘉禮) 5례, 경사(慶事)스러운 예식(禮式). 길례(吉禮), 흉례(凶禮), 군례(軍禮), 빈례(賓禮), 가례(嘉禮)의 하나로 혼례(婚禮)를 가리킴.
235 도화(桃花) 복숭아 꽃.
236 작작(灼灼) 화려하고 찬란한 모양.
237 기엽(其葉) 그 잎.
238 진진(溱溱) 무성한 모야.
239 남홈녀가(男婚女嫁) 남녀가 결혼하는 것. 홈은 혼의 오기이다.
240 전안쵸례(奠雁醮禮) 기러기를 전하고 혼례를 올림.
241 선관선녀(仙官仙女) 신선 같은 남자와 선녀 같은 여자.
242 위의(威儀) 위엄 있는 의식.

34_앞

의논 덕으로 여섯 사람 목숨을 살니다 오날 이
럿타초히 묘이니 공쥬의 너무신 도량이 웃
그더지 쟝호신잇가 실노 만고열녀의 밋지 못
비로소이다 공쥐 수괴 왈 쳡이 웃지 도량이
라 이르리잇가 쳡이 일쟉 가정 교육
와 허다호 음부투녀의 힝실을 본밧지
이호간 쟝부의 뜻슨 거사리지 안이 할
가 흔노이다 원쉬 이 말 듯고 흔연호야

의 은덕으로 여섯 샤람 목슘을 살니고 오날 이럿탓 죠히 모이니 공쥬의 너부신 도량이 웃지 그딕지 쟝호신잇가? 실노 만고열녀(萬古烈女)의 밋지 못 홀 빅로쇼이다." 공쥐 슈괴(羞愧)²⁴³ 왈, "쳡이 웃지 도량(度量)이라 이르리잇가? 쳡이 일쟉 가정 교육(教育)을 입사와 허다흔 음부투녀(淫婦妬女)²⁴⁴의 힝실은 본밧지 안이 ᄒ고 쟝부(丈夫)의 뜻슨 거사리지 안이 할가 ᄒ노이다." 원쉬 이 말 듯고 흔연(欣然)²⁴⁵ᄒ야

현대어로 옮겨 읽기

의 은덕으로 여섯 사람 목숨을 살리고 오늘 이렇듯 좋게 모이니 공주의 넓으신 도량이 어찌 그다지 장하십니까? 참으로 만고 열녀가 미치지 못할 바입니다." 공주가 부끄러워하며 말하기를, "첩이 일찍 가정교육을 받아 허다한 음란하고 투기하는 부인의 행실은 본받지 아니하고 장부의 뜻은 거스르지 않으려 합니다." 원수가 이 말을 듣고 기뻐하여

243 슈괴(羞愧) 부끄러워함.
244 음부투녀(淫婦妬女) 음란한 부인, 투기하는 여자.
245 흔연(欣然) 기쁘거나 반가워 기분이 좋은 모양.

34_뒤

화촉동방(華燭洞房)[246] 죠흔 밤의 금피옥요(錦被玉褥)[247] 펴여 놋코 원앙비취지낙(鴛鴦翡翠之樂)[248]을 질기니 그안이 승시(勝事)[249] 될이요. 밤을 지는 후의 원쉬 탑젼(榻前)[250]의 들어가 옹서지례(翁婿之禮)[251]로 샹과 왕후 젼의 뵈옵고 도라와 승샹과 부인 젼의 뵈옵고, 별당의 들어가 육부인을 뒤ᄒᆞ야 공쥬의 셩훈 위의(威儀)와 아람다온 쟈쉭(姿色)[252]을 말ᄒᆞ고 층찬불이[253] ᄒᆞ니 육 부인이 그 말 듯고 원슈게 치하 왈, "샹공이 쏘 현함(賢閤)[254]

현대어로 옮겨 읽기

화촉동방 좋은 밤에 비단 이불과 옥빛 요를 펴놓고 원앙과 비취의 즐거움을 즐기니 그 아니 좋은 일이 되리오. 밤을 지낸 후에 원수가 탑전에 들어가 장인과 사위의 예로 임금과 왕후 앞에 뵙고, 돌아와 승상과 부인 앞에 뵙고, 별당에 들어가 여섯 부인을 대하여 공주의 성한 위의와 아름다운 자색을 말하고 칭찬해 마지않으니 여섯 부인이 그 말을 듣고 원수에게 치하하여 말하였다. 상공이 또 어진 부인

246 화촉동방(華燭洞房) 신부의 방에 촛불이 아름답게 비친다는 뜻으로, 신랑이 신부의 방에서 첫날밤을 지내는 일. 결혼식날 밤 또는 혼례를 이르는 말.
247 금피옥요(錦被玉褥) 비단으로 된 이불과 옥과 같은 빛으로 된 요.
248 원앙비취지낙(鴛鴦翡翠之樂) 원앙새와 물총새의 즐거움. 금실이 좋은 부부를 비유적으로 이르는 말.
249 승수(勝事) 좋은 일, 훌륭한 일.
250 탑전(榻前) 왕의 자리 앞, 임금님이 계신 곳.
251 옹서지례(翁婿之禮) 장인과 사위의 예.
252 쟈식(姿色) 용모, 여자의 고운 얼굴이나 모습.
253 층찬불이(稱讚不已) 칭찬하길 마지않다.
254 현합(賢閤) 어진 부인.

을 으드시니 이는 천고(千古)의 드문 닐이라, 쳡등이 감히 하례(賀禮)ᄒ옵ᄂᆞ이다." ᄒ고 셔로 질긔여 화긔만당(和氣滿堂)ᄒ더라. 챠셜(且說) 원슈 칠미인을 다 으드미 틱을션관(太乙仙官)의 쳥옥칠긔(靑玉七箇)를 씌닷고 칠미인(七美人)으로 더부러 화긔옹ᄉᆞ(和氣雍雍)ᄒ고 위의습습(威儀襲襲)ᄒ야 죠곰도 편ᄋᆡ(偏愛)하고 투긔(妬忌)ᄒᄂᆞᆫ 모양이 읍고 ᄯᅩ한 황샹과 왕후게 극진 튱셩으로 셤기고 승샹과 부인게 영화효도(榮華孝道)로 셤기니 그 안이 죠

현대어로 옮겨 읽기

을 얻으시니 이는 천고에 드문 일이라, 첩 등이 감히 하례합니다." 하고 서로 즐겨 화기가 집에 가득하였다. 한편 원수가 일곱 미인을 다 얻으니 태을선관의 청옥 일곱 개를 깨닫고 일곱 미인으로 더불어 화한 기운이 따듯하고 위엄 있는 모습이 엄숙하여 조금도 편애하고 질투하는 모양이 없고 또한 황상과 왕후에게 극진히 충성으로 섬기고 승상과 부인께 영화로운 효도로 섬기니 그 아니 좋

255 화기만당(和氣滿堂) 화목한 기운이 (집 안에, 방 안에) 가득하다.
256 청옥칠기(靑玉七箇) 푸른 옥 일곱 개.
257 화긔옹々(和氣邕邕) 온화한 기색, 화목한 분위기.
258 위의습々(威儀襲襲) 위엄 있는 모양.

35_뒤

흘숀야! 잇쩍 원쉬 가샤(家舍)를 크게 이록할 졔 연延슈壽각閣은 웅쟝히 지어 승상 부쳐를 뫼시고 죠셕(朝夕) 문안범졀(問安凡節)과 의복음식지공(衣服飮食之功)을 극진 효셩(孝誠)으로 ᄒᆞ고, 별 쵸당(草堂) 칠간(七間)을 후원(後園)의 지을 시 연못슬 널게 파고 연못 안의 셕가산(石假山)모고 긔화이쵸(奇花異草)를 싱그고 비금쥬슈(飛禽走獸)를 길으고 별당(別堂) 일곱 간을 졍묘(精妙)히 짓고 현판(懸板)을 붓쳣쓰니 졔일 왕王낭娘각閣은 형샨공쥬(荊山公主) 거쳐 ᄒᆞ야 옥쇼(玉簫)로 셰월을 보늬고,

현대어로 옮겨 읽기

을소냐? 이때 원수가 집을 크게 지을 때 연수각은 웅장히 지어 승상 부부를 모시고 아침저녁 문안하는 범절과 의복과 음식을 드리는 일을 극진하게 효성으로 하고, 따로 초당 일곱 칸을 후원에 지으므로 연못을 넓게 파고 연못 안에 석가산을 모으고 기이한 화초를 심고 날짐승 길짐승을 기르고 별당 일곱 칸을 정묘하게 짓고 현판을 붙였으니 제일 왕낭각은 형산공주가 거처하여 옥소로 세월을 보내고

해설
- 장옥선이 일곱미인을 얻고 부귀영화를 누리는 이야기가 본격적으로 펼쳐진다.

259 가샤(家舍) 집. 건축물.
260 석가샨(石假山) 뜰 등(等)에 돌을 쌓아 올려서 만든 산.
261 긔화이쵸(奇花異草) 기이(奇異)한 꽃과 풀.
262 싱그고 심고.
263 비금쥬슈(飛禽走獸) 날짐승과 길짐승.
264 정묘(精妙) 정묘하다, 정밀하고 묘하다.

제이 단丹산山각은 정치봉(丁彩鳳)이 거쳐ᄒᆞ야 풍월(風月)노 세월을 보닉고, 제삼 효孝열烈각은 니홍능(李紅綾)이 거쳐ᄒᆞ야 거문고로 쇼적(消寂)하고, 제샤 운雲쇼霄각은 빅취란(白翠鸞) 거쳐ᄒᆞ야 비파(琵琶)를 청아히 타고, 제오 셜雪월月각은 뉴츈미(劉春梅) 거쳐ᄒᆞ야 칼츔으로 노닐고, 제육 눌嫩뉴柳각은 심잉ᄉ(沈鶯鶯)이 거쳐ᄒᆞ야 노릭를 말게 부르고, 제칠 샴三츈春각은 최무연(崔舞鷰)이 거쳐ᄒᆞ야 츔츄기로 일숨으니, 그 안이 죠흘손야! 원슈는

현대어로 옮겨 읽기

제이 단산각은 정채봉이 거처하여 풍월로 세월을 보내고, 제삼 효열각은 이홍륭이 거처하여 거문고로 고요함을 달래고, 제사 운소각은 백취란이 거처하여 비파를 청아하게 타고, 제오 설월각은 유춘매 거처하여 칼춤으로 노닐고, 제육 눌류각은 심앵앵이 거처하여 노래를 맑게 부르고, 제칠 삼춘각은 최무연이 거처하여 춤추기로 일삼으니, 이 아니 좋겠는가! 원수는

해설
● 승상부부와 여덟 미인들이 거처하는 처소를 소개하고 있다.

265 쇼젹(消寂) 심심풀이로 어떤 일을 함.
266 비파(琵琶) 현악기 중 한 종류.

36_뒤

옥져(玉笛)를 들고 이 각(閣) 져 각 두로 단이며 곡죠를 응호야 옥져를 부러 질탕(跌宕)²⁶⁷이 논이니 신션(神仙) 노름이 々에 지나지 못할너라. 이러구러 쳔히(天下) 티평(太平)호고 죠졍(朝廷)의 일이 읍셔 빅셩(百姓)이 격양가(擊壤歌)²⁶⁸를 부르고, 긔린(麒麟)²⁶⁹과 봉황(鳳凰)²⁷⁰이 쟈로 나린지라. 세월이 여류(如流)²⁷¹호야 오십 년이 지는지라. 승샹과 부인은 선관의 언약흔 쩍를 당호야 선관을 보이려고 세상을 이별호고

현대어로 옮겨 읽기

옥피리를 들고 이각 저각 두루 다니며 곡조를 응하여 옥피리를 불어 질탕하게 노니니 신선노름이 이에서 지나지 못하였다. 이럭저럭 천하가 태평하고 조정에 일이 없어 백성이 격양가를 부르고 기린과 봉황이 자주 내려왔다. 세월이 흐르는 물과 같아 오십년이 지났다. 승상과 부인은 선관과 언약한 때를 맞이하여 선관을 보려고 세상을 이별하고

267 질탕(跌宕) 신이 나서 정도가 지나치도록 흥겨움. 또는 그렇게 노는 짓.
268 격양가(擊壤歌) 옛날 중국 요임금 때 늙은 농부가 땅을 치면서 천하가 태평한 것을 노래한 데서 온 말로 태평한 세상을 즐기는 노래.
269 긔린(麒麟) 성인이 이 세상에 나올 징조로 나타난다고 하는 상상 속의 짐승. 몸은 사슴 같고 꼬리는 소 같고, 발굽과 갈기는 말과 같으며 빛깔은 오색이라고 한다. 인수(仁獸).
270 봉황(鳳凰) 예로부터 중국의 전설에 나오는, 상서로움을 상징하는 상상의 새. 기린, 거북, 용과 함께 사령(四靈) 또는 사서(四瑞)로 불린다. 수컷은 '봉', 암컷은 '황'이라고 하는데, 성천자(聖天子) 하강의 징조로 나타난다고 한다. 전반신은 기린, 후반신은 사슴, 목은 뱀, 꼬리는 물고기, 등은 거북, 턱은 제비, 부리는 닭을 닮았다고 한다. 깃털에는 오색 무늬가 있고 소리는 오음에 맞고 우렁차며, 오동나무에 깃들이어 대나무 열매를 먹고 영천(靈泉)의 물을 마시며 산다고 한다.
271 여류(如流) 흐르는 물 같아서.

37_앞

> 원슈난아 달이십일 형제들 두엇씨되 벼
> 살이 다 일품 지위 고 정 상셔와 니상셔
> 도다 승상의 이르러 팔십지년의 셰샹을 작
> 별 한 춘미 모친 이부인과 잉々 모친 교
> 부인 모친 홍부인도 쳔고의 읍난 병화를
> 보고 팔십 향슈 호엿시며 빅쥬부도 벼살이
> 일품이되 고팔십 향슈 호얏더라이
> 러구로 셰월이 지나 원쉬 위국공 츔

원슈는 아달 이십일 형제를 두엇씨되 벼살이 다 일품지위(一品之位)의 일으고 정상셔와 니상셔도 다 승상의 이르러 팔십지년(八十之年)의 셰샹을 쟉별ᄒ고, 츈미 모친 이부인과 잉々 모친 교부인과 무연 모친 홍부인도 쳔고(千古)의 읍는 영화(榮華)를 보고, 팔십 향슈(享壽)[272] ᄒ엿시며, 빅쥬부(白主簿)도 벼살이 일품이 되고 팔십 향슈ᄒ얏더라. 이러구로 셰월이 지나 원쉬 위국공(魏國功) 츔

현대어로 옮겨 읽기

원수는 아들 이십일 형제를 두었으되, 벼슬이 다 일품의 지위에 이르고, 정상서와 이상서도 다 승상에 이르러 팔십 세에 세상을 작별하고, 춘매의 모친 이부인과 앵앵의 모친 교부인과 무연의 모친 홍부인도 천고에 없는 영화를 보고, 팔십년 장수를 누렸으며, 백주부도 벼슬이 일품이 되고 팔십년 장수하였다. 이럭저럭 세월이 지나 원수가 위국공 충

272 향수(享壽) 오래 사는 복을 누림.

37_뒤

렬부원분군(忠烈府院君) 인동후(安東侯)²⁷³를 봉(封)ᄒ고 칠미인으로 더부러 다 연광(年光)²⁷⁴이 구십칠세(九十七歲)의 일은지라. 쟈숀이 극진 효성으로 봉양ᄒ던이 일ᄉ(一日)은 공이 칠미인으로 더부러 누각(樓閣) 우의 안져 서로 질기더이²⁷⁵, ᄉ옥고 오ᄉ(식)치운(五色彩雲)이 누각의 쟈옥ᄒ고 말근 향ᄎ위 진동ᄒ고 청학(青鶴) 빅학(白鶴)이 날어들며 옥져 소리 청아히 ᄂ더니 샴일 후의 구룸이 것치면서 향ᄎ위 읍ᄂ지라. 청학

현대어로 옮겨 읽기

렬부원군 안동후를 봉하고 일곱 미인과 더불어 다 나이 구십칠세에 이르렀다. 자손이 극진한 효성으로 봉양하더니 하루는 공이 일곱 미인으로 더불어 누각 위에 앉아 서로 즐기더니 이윽고 오색구름이 누각에 자욱하고 맑은 향취 진동하고 청학과 백학이 날아들며 옥피리소리 청아하게 나더니 삼일 후 구름이 걷히면서 향취가 없었다. 청학

273 인동후(安東侯) '인'은 안의 오기인 듯하다.
274 연광(年光) 사람이나 생물(生物)이 세상(世上)에 난 뒤에 살아온 햇수
275 질기더이 즐기더니.

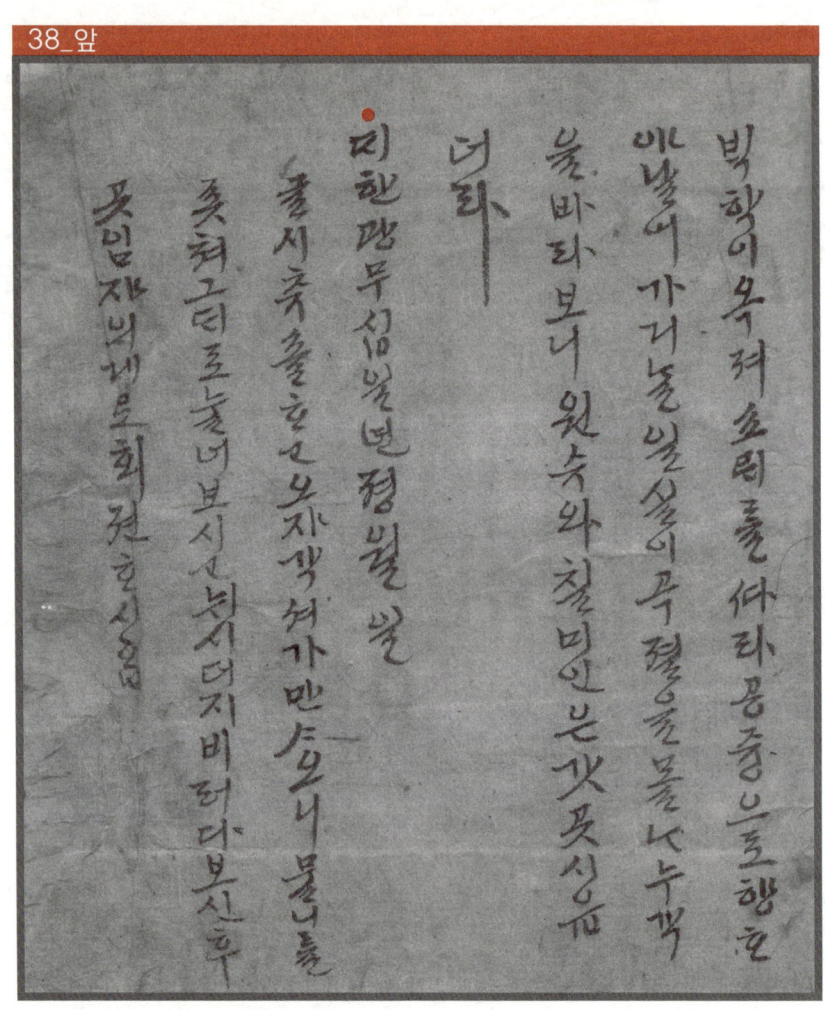

빅학이 옥져 쇼리를 따라 공즁으로 향ᄒᆞ야 날아가거늘 일실(一室)이 곡졀(曲折)을 몰ᄂᆞ 누각을 바라보니 원슈와 칠미인은 갓 곳시 읍더라.

딕한(大韓) 광무십일년(光武十一年) 정월일
글시 츄솔(麤率)[277]ᄒᆞ고 오쟈각(誤字落書)[279]가 만스오니 물니[280]를 좃쳐 그딕로 눌너보시고[281] 뉘시더지 비러다 보신 후 곳 임쟈의게로 회젼[282]ᄒᆞ시읍.

현대어로 옮겨 읽기

백학이 옥피리 소리를 따라 공중으로 향하여 날아가거늘 온 집안이 곡절을 몰라 누각을 바라보니 원수와 일곱 미인은 간 곳이 없었다.

대한 광무십일년 정월 어느 날
글씨 거칠고 잘못된 글자와 빠진 글자가 많으니 문리를 따라 그대로 눌러 보시고 누구시던지 빌려다 보신 후 곧 임자에게로 돌려주십시오.

해설
- 이 소설의 끝부분이다.
- '딕한(大韓) 광무십일년(光武十一年) 정월일'은 이 책을 필사한 날로 여겨진다. 광무 11년은 1907년에 해당한다. 이와 이 이후 대목을 흔히 필사기라고 부르며, 필사본 소설에는 대부분 필사기가 적혀있다. 짧지만 책의 필사내력을 추적할 수 있게 하는 중요한 근거가 된다.

276 일실(一室) 온 집안
277 추솔(麤率) 거칠고 경솔함. 덤벙댐.
278 '각' '각'은 '낙'의 오기인 것으로 생각된다.
279 오자(誤字) 잘못 쓴 글자, 낙서(落書) 글을 베낄 때에, 잘못하여 글자를 빠뜨리고 씀
280 물니(文理) 문맥.
281 눌너보시고 잘못을 탓하지 않고 너그럽게 보다.
282 회전 회전(回傳), 빌려 온 물건을 돌려보냄.